NOV 2 8 2011

BESTSELLER

Carolly Erickson es historiadora y novelista. Cuenta con veinticinco obras en su haber, desde ensayos de historia hasta novelas basadas en personajes reales. En *La hija del Zar*, ha recreado la vida de Tatiana, la segunda hija de Nicolás II, y con ella la historia trágica y sublime de una familia y de todo un pueblo.

CAROLLY ERICKSON

La hija del Zar

Traducción de
Nieves Nueno

DEBOLS!LLO

Título original: *The Tsarina's Daughter*

Primera edición en Debolsillo: febrero, 2011

© 2008, Carolly Erickson
© 2010, Random House Mondadori, S. A.
   Travessera de Gràcia, 47-49. 08021 Barcelona
© 2010, Nieves Nueno Cobas, por la traducción

Printed in Spain – Impreso en España

ISBN: 978-84-9908-737-5
Depósito legal: B-554-2011

Compuesto en Fotocomp/4, S. A.

Impreso en Novoprint, S. A.
Energia, 53. Sant Andreu de la Barca (Barcelona)

P 887375

Prólogo

Me llamo Daria Gradov y vivo en Yellow Rain, en la provincia canadiense de Saskatchewan. Soy viuda. Mi querido Mijaíl ha muerto, pero mis familiares viven cerca de aquí. Cuidan de mí, sobre todo mi hijo Nicholas y sus chicos.

Creen que su apellido es Gradov, como el de su padre. Sin embargo, su verdadero nombre, su verdadera herencia, es Romanov. Aún no lo saben, pero son herederos del trono de los zares.

Ahora que el mundo celebra la caída del Muro de Berlín y yo mis noventa y tres años de vida, ha llegado el momento de contar la historia de mi verdadera familia, como regalo para mi hijo y mis nietos. Como penitencia, tal vez, por volverle la espalda a mi derecho natural y ocultar la verdad de mis orígenes durante tantos años.

Y es que no fui Daria Gradov hasta 1918, cuando Mijaíl y yo subimos al tren que nos condujo a Múrmansk. Yo llevaba documentos falsos. Nadie sospechaba que en realidad era Tatiana Romanova, segunda hija del zar Nicolás y la zarina Alejandra. Esa muchacha había muerto, fusilada junto a su madre, su padre y sus hermanos en el sótano de una casa cochambrosa en Siberia. Solo Mijaíl, yo y unas cuantas personas de confianza sabíamos que la joven que murió en el sótano no era Tatiana.

Tatiana soy yo.

Y ahora debo contar mi historia y la de mi familia para así terminar con antiguas injusticias y dar a conocer al mundo la verdad.

1

$\mathcal{M}$i historia comienza cuando yo tenía seis años, donde alcanza mi memoria, en una tarde de enero en la que nevaba y parecía que las campanas de todas las iglesias de San Petersburgo sonasen a la vez.

Recuerdo que mi padre me cogió en brazos para que pudiese mirar por encima de la barandilla del balcón. Noté el viento helado en la cara y vi, a través de una bruma amarillenta, a la mayor multitud que había visto jamás.

La muchedumbre, que cantaba, gritaba y agitaba banderines y banderas, parecía extenderse hasta el horizonte, a través de toda la plaza del Palacio y más allá, hacia las esquinas de las avenidas e incluso a lo largo del puente que cruzaba el río.

—¡*Batiushka, batiushka!* ¡Padrecito! —gritaban, aunque el ruido parecía disolverse entre el resonante repicar de las campanas y el himno «Dios salve al zar».

Se acercaba el día de mi santo, la festividad de la santa y mártir Tatiana de Roma, que vivió en la época de los césares, y al principio creí que todos gritaban y cantaban para celebrar esa fecha, así que saludé sonriente y pensé que todos eran muy amables al mostrar tanta alegría por mí.

Pero, por supuesto, lo que celebraban no era mi santo sino algo mucho más importante, cosa que supe más tarde.

Mi padre me dejó en el suelo, pero seguí mirando a través de la balaustrada y continué oyendo aquel tremendo clamor. Las gentes empezaron a cantar «Sagrada Rusia» y a entonar «Saludos al ejército y la flota rusos» mientras aplaudían con las manos enrojecidas por el frío. Nuestra madre nos hizo pasar al salón blanco a través de las puertas acristaladas y entramos en calor frente al fuego.

Con una sonrisa en los labios, mamá nos dio leche caliente y bollos recién horneados con miel. Todos estábamos contentos aquel día porque acababa de contarnos un secreto maravilloso: pronto tendríamos un hermanito.

En ese invierno de 1904 éramos cuatro niñas en la familia. Yo tenía seis años, como ya he dicho; Olga acababa de cumplir ocho; la pequeña y gordinflona María tenía cuatro, y la pequeña, Anastasia, tenía dos y medio. La gente decía que necesitábamos un hermano, y mamá nos aseguró que no tardaríamos en tenerlo, dijera lo que dijese nuestra abuela Minnie. Ella siempre se mostraba antipática con mamá y decía que esta solo podía tener niñas.

—¿Grita la gente y suenan las campanas porque viene nuestro hermanito? —pregunté.

—No, Tania. Es porque aman a Rusia y nos aman a nosotros, sobre todo a tu querido papá.

—He oído decir a Shemodurov que es por la guerra —dijo Olga con su voz más madura y sabihonda.

Shemodurov era el ayuda de cámara de mi padre y la fuente de toda la información de Olga en ese momento.

—¡Silencio! Dejemos esas cosas a vuestro padre —ordenó mamá muy seca y dedicándole a Olga una mirada severa.

Mi hermana frunció el ceño enfurruñada, aunque obedeció y no dijo nada más.

—¿Cómo ha ido tu clase de baile, Tania? —preguntó mamá cambiando de tema—. ¿Has aprendido a no pisar a Olga?

—El profesor Leitfelter dice que soy una buena bailarina —aseguré con orgullo—. Sigo bien el compás con los pies.

Olga y yo acudíamos a clase de baile dos veces por semana en el Instituto Vorontsov para Señoritas de la Nobleza. Con otras cuarenta muchachas, todas vestidas con largos y blancos delantales idénticos y enaguas de color rosa, caminábamos y girábamos, hacíamos el paso militar e inclinábamos la cabeza mientras sonaba un piano de cola y nuestro maestro de danza iba de un lado a otro, corrigiendo nuestra postura y dando palmadas con gesto irritado cuando no seguíamos el ritmo.

Me encantaba la clase de baile. Todo en ella me gustaba, desde el blanco y bello salón de techos altos en el que se impartía, con sus grandes columnas de mármol e inmensas arañas, hasta los retratos con marco de oro que nos miraban desde las paredes mientras bailábamos, pasando por la gracia de las mejores bailarinas y la sensación de ligereza que me daban los movimientos.

Entre aquellas otras muchachas yo no era una gran duquesa mimada por niñeras y criadas. Solo era una más entre cuarenta jóvenes y no recibía un trato preferente por ser hija del zar. El profesor Leitfelter se mostraba igual de estricto con todas nosotras. Mientras duraba la clase me rendía feliz al fluir de la música y me dejaba llevar.

Al día siguiente, la inmensa multitud volvió a formarse en la plaza del Palacio y más allá. De nuevo sonaron las campanas de la iglesia, la gente cantó y gritó, y mi padre nos llevó al balcón para recibir su tributo.

—Nunca he visto nada semejante —nos dijo mi padre aquella tarde, a la hora del té—. ¡Qué enormes demostraciones de apoyo, qué efusiones de amor y afecto por la nación!

—Y por la dinastía, no lo olvides —le interrumpió mi madre—. Es por la casa de los Romanov, y por ti, Nicky.

Mi padre sonrió con ternura, como siempre que le recordaban que él, el zar, era el centro de la veneración del pueblo.

—Mi pueblo es leal —dijo—. Puede que se queje, puede que haga huelga y se manifieste, e incluso que tire bombas, pero cuando la nación le necesita, responde. Me han dicho que hay multitudes así en todas las ciudades —prosiguió—. Los hombres se apresuran a alistarse en el ejército como voluntarios y se recibe una avalancha de donaciones, decenas de miles de rublos. Y todo porque estamos en guerra con Japón.

—Ganaremos, ¿verdad, papá? —pregunté.

—Por supuesto, Tania. Solo los británicos tienen una armada mejor que la nuestra. Aunque el primo Willie también tiene muchos barcos excelentes.

Willie era el primo de mamá, el káiser Guillermo, emperador de Alemania. Yo había visto fotos suyas en el estudio de mamá. Era un hombre fornido con cara de enojo. A mamá no le caía bien.

Durante muchos días la multitud vino a lanzar vítores y a cantar, y todos salimos al balcón para saludar sonrientes. Pero papá, que siempre se mostraba melancólico, salvo cuando daba un largo paseo, montaba en su bicicleta o cortaba leña, empezó a mostrarse muy triste, y pronto cesaron el ruido y los cantos, aunque en la plaza del Palacio seguía habiendo mucha gente que miraba hacia el balcón y hablaba entre sí.

Olga me contó que los japoneses habían hundido algunos de nuestros grandes barcos rusos. Dijo que se habían ahogado muchos hombres, y yo pensé que no era de extrañar que papá estuviese triste.

—Hay una guerra, una guerra terrible, y estamos perdiendo. Lo dice Shemodurov.

Recuerdo que me sentí confusa y que me dio pena ver la cara triste de mi padre, pues era un hombre que solía mostrarse alegre. Lo siguiente que recuerdo fue el día en que nació mi hermanito.

Ese día, por la mañana, las niñas tuvimos que subir a nuestro cuarto para no estorbar. Nos dijeron que mamá estaba acostada en el dormitorio de la abuela Minnie.

—Todos los zares de Rusia han nacido en esa cama —nos contó nuestra niñera—. Su padre, su abuelo, que era fuerte como un buey, y su santo bisabuelo, el que murió cuando aquel hombre horrible le tiró una bomba.

Cuando empezaron a disparar los cañones de la fortaleza de Pedro y Pablo, supimos que nuestro hermanito había venido al mundo. Nos permitieron bajar a ver a mamá y al bebé. Mamá estaba tendida sobre las blandas almohadas de la cama y parecía muy cansada, como cuando le dolía la cabeza. Sin embargo estaba guapa, con su bello rostro suavizado por la fatiga y su abundante cabello rubio oscuro extendido sobre la almohada de encaje. Nos sonrió y nos tendió las manos.

Al lado de la cama, una cuna de oro brillaba a la luz del sol. Junto a la cuna se hallaba sentada una de nuestras doncellas meciéndola suavemente con el pie. Recuerdo que atisbé dentro de la cuna y vi allí, bajo una colcha de terciopelo morado bordada en oro, a nuestro nuevo hermano, que dormía plácidamente.

—Alexis —dijo mamá en voz baja—. Le llamaremos Alexis. Será el próximo Romanov en sentarse en el trono de todas las Rusias. Esto sí que hay que celebrarlo.

2

*P*oco después de que naciese Alexis, nuestro criado Sedinov trajo al cuarto de las niñas el artilugio horrible, el aparato espantoso que debía enseñarme a sentarme derecha.

En aquellos primeros días después del nacimiento de mi hermano, mamá estaba enferma y en cama en el piso inferior, y la abuela Minnie se ocupaba de nosotras en nuestro cuarto, en el piso de arriba. La abuela Minnie no era amable y cariñosa como mamá; nos pegaba en las manos con un palo cuando la disgustábamos, y una vez incluso levantó su fusta de montar como un látigo cuando Olga se negó a hacerle caso.

—Estáis demasiado mimadas, niñas —dijo el día en que trajeron el aparato a nuestro cuarto—. Ahora aprenderéis a comportaros como jóvenes damas educadas, jóvenes damas que no dicen inconveniencias, cruzan las piernas ni caminan encorvadas —añadió, mirándome con furia—. Sí, Tatiana, me refiero a ti. Caminas encorvada. Tienes que aprender a sentarte derecha.

Había ordenado a Sedinov que trajese el artilugio donde estábamos Olga y yo. Era una larga barra de acero con tiras de cuero en la parte superior e inferior. Siguiendo sus instrucciones, el hombre unió la barra a mi espalda, a lo largo de la columna vertebral, abrochando las tiras en mi cintura y en torno a mi frente.

No podía moverme; al principio incluso me era difícil respirar de tan fuerte como estaba atada.

—¡No! ¡No! ¡Quíteme esta cosa horrenda! —grité, retorciéndome y forcejeando para aflojar el cinturón de cuero mientras me ruborizaba intensamente.

Olga se echó a reír ante aquel espectáculo.

—¡Sedinov! ¡Quíteme esto de inmediato! —volví a gritar.

El criado, que nos había servido desde nuestro nacimiento y nos tenía aprecio, levantó los ojos bajo sus pobladas cejas hacia la abuela Minnie, que le miró con el ceño fruncido antes de mirarme a mí. Por supuesto, Sedinov tenía que obedecer a la abuela, que al fin y al cabo era la emperatriz madre.

—¡Caminaré erguida, abuela, te lo prometo, pero quítame esta cosa!

—La llevarás durante cuatro horas cada día hasta que tu columna vertebral se enderece, igual que hice yo cuando era pequeña. Tanto mi hermana como yo —dijo echándole una mirada a Olga, que enseguida puso la espalda recta y alzó la barbilla con la esperanza de evitar la tortura que yo estaba sufriendo.

La abuela Minnie fue la princesa Dagmar de Dinamarca antes de casarse con mi abuelo, el zar Alejandro, y su hermana fue la princesa Alejandra, ahora reina Alejandra de Inglaterra. La abuela Minnie decía a menudo que el motivo por el que su hermana y ella lograron matrimonios tan ventajosos fue su postura irreprochable, aunque en realidad, como ahora sé, la causa fue que, además de ser princesas, ambas eran muy hermosas.

La barra de acero se convirtió en mi cruz durante los meses siguientes. Me veía obligada a llevarla durante muchas horas al día. Incluso cuando me la quitaban notaba la espalda rígida y dolorida, y no podía bajar la cabeza sin sentir dolor.

—Lamento tener que hacer esto, señorita —murmuraba Sedinov siempre que abrochaba la barra de acero—, pero son órdenes de su excelsa abuela.

—Sí, Sedinov, lo comprendo. Tiene usted que hacer lo que le dicen.

—Gracias, señorita. Rezaré por usted.

Las doncellas también sentían pena por mí. La maliciosa Niuta me dedicaba miradas compasivas, y la amable Elizaveta metía dulces en los bolsillos de mi delantal cuando creía que nadie miraba. Shura, nuestra camarera principal, a veces desabrochaba la cruel barra durante una hora cuando tenía la certeza de que la abuela Minnie no acudiría a nuestro cuarto a ver qué pasaba.

En aquella estancia, estábamos acostumbradas a las incomodidades. Olga, María, Anastasia y yo dormíamos en estrechas y duras camas plegables, como las que usaban los soldados en los cuarteles. La abuela Minnie decía que era una tradición, y que las tradiciones debían mantenerse. Todas las hijas de los Romanov —aunque no los hijos— habían dormido en duras camas plegables a lo largo de muchas generaciones, desde que algún emperador decretase mucho tiempo atrás que sus hijas no debían dormir cómodas en colchones de plumas hasta que se casaran.

—No veo por qué tenemos que sufrir solo porque algún antepasado nuestro hiciese padecer a sus hijas —comentó Olga una noche mientras se metía en su estrecha cama junto a la mía—. Al fin y al cabo, somos propiedad de nosotras mismas y no del pasado.

Pero la fuerza de la tradición pesaba demasiado, y las camas plegables permanecieron en nuestro cuarto.

En realidad, todo lo que sucedía en aquella habitación, donde las cuatro hermanas pasábamos la mayor parte de las horas diurnas y todas las nocturnas, era entonces mucho menos importante que lo que sucedía en el cuarto de nuestro nuevo hermano, en el piso de abajo. Toda la atención se centraba en él, como heredero del trono largamente esperado.

Y existía un secreto acerca de él, un secreto alarmante que solo conocíamos la familia y unas cuantas personas de confianza: Alexis padecía hemofilia —que las gentes del pueblo llamaban «la enfermedad inglesa»—, y estaba tan enfermo que incluso podía morir.

Cuando nació, empezó a sangrar por su diminuto ombligo, y tuvo que llevar una venda sobre el vientre. La venda no dejaba de enrojecer de sangre y debía cambiarse cada media hora. Siempre que me llevaban a ver al bebé y a mamá observaba cómo las niñeras cambiaban su vendaje, una y otra vez, y pensaba que pronto no le quedaría sangre. Pero no se lo decía a mamá, pues estaba tan pálida y tan llena de preocupación que no quería aumentar sus temores.

El doctor Korovin y el cirujano Fiódorov solían merodear cerca de la cuna, observando a Alexis y hablando entre sí. Les oí utilizar mucho la palabra «grave» y supuse que querían decir que Alexis iba a morir. Resultó que en realidad se referían a que su estado era «grave» y nada más, pero yo era demasiado joven para entender eso e imaginaba lo peor.

Yo tenía dos primos con hemofilia, Waldemar y Heinrich, hijos de la tía Irene. Ambos, pálidos y delgados, habían venido a visitarnos varias veces a Tsárskoie Seló. Waldemar era muy inquieto y le gustaba saltar sobre la red con nosotras y correr mucho cuando jugábamos a la pelota. Unos meses antes de que naciese Alexis, mamá nos contó que Heinrich había muerto y nos pidió que rezásemos ante el icono de la Santa Madre de Dios por Waldemar, que también podía morir.

Mamá nos dijo que Heinrich se cayó y se golpeó la cabeza contra una silla, y que empezó a sangrar por dentro y ya no paró. Yo imaginaba su cabeza hinchándose como un globo para acabar explotando, con la sangre volando en todas direcciones. Aquella idea era horrible y me provocaba pesadillas. Me preguntaba si la cabeza de Alexis también se hincharía hasta explotar. Cada vez que entraba en su cuarto trataba de ver si le estaba creciendo la cabeza, pero solo veía el vendaje que tenía alrededor de la cintura. A veces, Alexis extendía un poco una pierna y alguna niñera le daba un masaje.

Los tíos de mi padre pasaban mucho tiempo en el cuarto del niño, sobre todo el tío Gega, alto, delgado y bastante agrio, y el imponente tío Bembo, con gafas y bigotes, que llevaba a todas partes un pequeño bloc de notas con el lomo de plata en el que siempre estaba tomando notas. El tío Gega no era muy hablador, pero siempre que hablaba lo hacía a gritos, alterando los nervios de mamá y avergonzándola. Estaba casado con la tía Isabel, la hermana mayor de mamá, cariñosa y de expresión dulce, y a la que llamábamos Ella. Siempre estaba guapa, aunque Niuta decía que se hacía su propia ropa, algo que ninguna dama educada y de alta cuna debía hacer.

—A ese niño le pasa algo —gritaba el tío Gega, atisbando dentro de la cuna de oro de Alexis—. ¡Mirad cómo le sobresale la pierna! Parece que la tenga rota. ¿No se puede arreglar?

Miró con severidad al doctor Fiódorov, el cirujano, que retrocedió y se volvió hacia su colega.

—¡Dejen de murmurar y denme una respuesta!

—Su Excelencia, los miembros del zarevich están... están...

—¿Están qué?

—Aún se están desarrollando —dijo el doctor Korovin con aire de rotundidad profesional.

—No me gusta su aspecto —fue el comentario de despedida del

tío Gega, mientras salía con gallardía de la habitación sin tan siquiera despedirse de mamá.

Alexis lloraba mucho. Por la noche se oían sus lamentos desde mi cuarto. Yo imaginaba que la cabeza se le llenaba de sangre y le dolía, y me preguntaba si su dolor sería tan grande como el mío, cuando día tras día me sometía a las correas de la cruel barra de acero y al severo y bárbaro enderezamiento de mi columna vertebral.

3

*E*stábamos de pie en el salón azul del Palacio de Invierno, frente a la alta ventana en forma de arco que daba al Neva bloqueado por el hielo y a la imponente fortaleza de Pedro y Pablo en la orilla opuesta. Yo estaba junto a la abuela Minnie y sentía sus ojos sobre mí, inspeccionando mi postura, mi comportamiento, mi expresión.

—Sonríe, Tatiana —decía a menudo—. Las muchachas bien educadas no fruncen el ceño. Las muchachas que fruncen el ceño nunca encuentran marido.

Sabía que me estaba examinando desde la coronilla hasta las botas de fieltro que llevaba —botas de campesina—, porque los suelos de palacio estaban helados y sin mis botas de fieltro los dedos de los pies se me ponían azulados.

Estábamos todos allí, de pie en fila, frente a la alta ventana, mis tres hermanas y yo, la tía Olga (a quien en familia llamábamos Olenka), la abuela Minnie, el tío Vladímir y la tía Miechen, así como el jefe de palacio y algunos de los sirvientes que habían venido con nosotros desde Tsárskoie Seló para presenciar la ceremonia. Mamá y Alexis no nos acompañaban; mamá tenía dolor de cabeza, y Alexis, solo un bebé, era demasiado pequeño para contemplar los acontecimientos en el río.

Todos habíamos ido a misa y habíamos vuelto para presenciar cómo mi padre llevaba a cabo la Bendición de las Aguas, la ceremonia sacra que santificaba el Neva e invocaba la ayuda divina sobre la ciudad para el año siguiente.

Mi padre destacaba sobre el hielo azul verdoso. Era una pequeña figura solitaria, con un grueso abrigo de pieles y un sombrero, que observaba cómo cortaban un agujero en la superficie congelada del río. Llegó un pequeño destacamento de policía naval que se situó detrás de él, a una distancia respetuosa. El obispo de San Petersburgo, con sus relucientes vestiduras doradas, caminó despacio hacia la reciente abertura en el hielo y se preparó para meter su báculo en las oscuras aguas.

La escena parecía desarrollarse en silencio; estábamos demasiado lejos para oír las oraciones. Por eso tardamos mucho en percatarnos de que algunos policías navales se volvían, señalaban hacia la fortaleza y corrían por el hielo como si estuviesen asustados.

Entonces llegó hasta nosotros el pequeño estallido y el martilleo de cañones lejanos que disparaban, y vimos que empezaban a caer hombres, alcanzados por balas y cañonazos, hasta que solo quedaron en pie mi padre y el obispo. Oí que el tío Vladímir llamaba a gritos a la guardia y que la tía Olenka chillaba mientras el cristal de la ventana ante la que estábamos se hacía añicos. Retrocedí alarmada justo cuando la abuela Minnie se llevaba la mano a la frente y caía al suelo con el vestido ensangrentado. Yo percibía el aire frío a mi alrededor, una confusión de voces y hombres que entraban en masa en la inmensa habitación.

Un oficial de uniforme me agarró del brazo.

—Venga, alteza.

—Papá… ¿Está papá sano y salvo?

Volví la cabeza para mirar la escena en el río, pero solo pude ver la imagen borrosa de unos cuerpos que se movían con rapidez. Dejé que el oficial que me había cogido del brazo me llevase por un largo corredor hacia uno de los cuarteles del cuerpo de guardia.

—Aquí, alteza. Quédese aquí. Aquí nadie la molestará.

Me hallaba en un oscuro armario forrado de estantes que olía a cerrado. Estaba sola. Oí que cerraban la puerta con llave.

¿Estaba bien papá? ¿Dónde estaban mis hermanas? ¿Qué había ocurrido en el hielo? Traté de abrir la puerta del armario, pero no cedió. ¿Me dejarían allí, olvidada, hasta que muriese de hambre?

—¡Mamá! —grité, aunque no me oyese—. ¡Sedinov! ¡Shura! ¡Niuta!

Nadie acudió, y pronto me rodeó el silencio. Solo oía los latidos de mi corazón, la sangre que me palpitaba en los oídos y el débil ruido de una rata que escarbaba en un rincón lejano del oscuro cuarto.

4

*P*oco después de aquellos acontecimientos escalofriantes recuerdo estar sentada en el salón malva de mamá, la habitación que siempre olía a lilas y a su perfume favorito de rosas blancas. Ella estaba tendida en su diván blanco. Le dolían mucho las piernas, cubiertas por un chal rosa pálido, y tejía un pasamontañas de lana gris para una de sus organizaciones benéficas.

Me gustaba entrar en la habitación especial de mamá, no solo porque la quería, sino porque allí siempre había mucha tranquilidad, con el pequeño reloj blanco y dorado que hacía tictac, el reloj que su abuela, la reina Victoria de Inglaterra, le regaló cuando era niña, y las fotos de santa Cecilia y de la madre de mamá, Alice, en la pared, junto al icono de la Anunciación. Allí tenía también fotos mías y de mis hermanos, además de una grande de la reina Victoria en la que salía viejísima, encogida y arrugada, llevando una cofia blanca de encaje pasada de moda sobre sus cabellos grises. Cuando yo era pequeña, siempre creía que la anciana reina me sonreía desde esa foto.

Mamá levantó las agujas y me miró con un gesto cálido en sus ojos de color azul intenso.

—¿Cómo está mi Tania? ¿Has tenido clase de baile?

—Estoy bien, mamá, pero la clase de baile ha sido cancelada. El profesor Leitfelter dice que las calles son demasiado peligrosas. Todo el mundo debería quedarse en casa.

Era cierto. En ese momento reinaba una gran agitación en la ciudad, con todos los trabajadores en huelga, disturbios y soldados por todas partes. Todo el mundo decía que era un milagro que mi padre se hubiese salvado el día en que le dispararon en el río. Desde ese día no había salido de palacio, salvo para viajar, rodeado de los miembros de la guardia y la caballería, hasta nuestro palacio de campo en Tsárskoie Seló.

—El Señor ha querido que viviese —oí decir a la abuela Minnie cuando entró en nuestro cuarto—. Su vida se ha salvado para que pueda proteger a Rusia de la maldad de las masas impías.

La abuela llevaba un vendaje en la frente para cubrir la herida que había recibido el día en que dispararon contra papá; se lo cubría con un velo, pero aun así se veía.

Miré a mamá, que movía las agujas con rapidez. Llevaba sus anillos preferidos, uno con una sola perla grande y otro pequeño, con el signo de la esvástica grabado, que según me había explicado era un antiguo símbolo indio que significaba bienestar.

Se le estaban poniendo las manos rojas, y sus mejillas también adquirían un tono rosado. Yo sabía qué significaba eso. Estaba intranquila. Me tendió la mano en la que lucía el anillo con la esvástica.

—Tania, ¿conoces el significado de este símbolo?

—Sí, mamá, me lo explicaste. Significa «bienestar».

—¿Y sabes por qué lo llevo?

—No, mamá.

—Porque me lo regaló un hombre maravilloso, un profesor llamado Philippe, que vino de Francia. Cuando me lo regaló me dijo que siempre debía recordar, pasara lo que pasase, que tendré una sensación de bienestar, porque soy una sagrada hija de Dios, y jamás puede ocurrirme nada realmente malo.

La miré sin saber qué decir.

—Escucha, tengo que decirte algo que es muy triste y angustioso, pero sigo sintiendo bienestar en mi interior y quiero que tú también lo sientas. Nada de lo que suceda puede afectarnos jamás en lo más hondo de nuestro ser. ¿Recordarás eso?

—Sí, mamá. No es sobre papá, ¿verdad?

—No, cariño. Es tu tío Gega... Lanzaron una bomba contra su carruaje. Resultó gravemente herido. En realidad, cariño, ha muerto.

Mi madre se santiguó.

—¡Oh! ¡Pobre tía Ella!

—Te cuento esto porque la tía Ella va a venir a visitarnos desde Moscú. Llegará dentro de unos días. Aquí, con nosotros, estará protegida. Tenemos que ser especialmente amables con ella.

Yo no quería al tío Gega. Lo cierto es que no me gustaba, e incluso pensaba que resultaba un tanto ridículo porque llevaba corsés bajo sus camisas de lino para reducir su cintura, y cuando las camisas eran ajustadas, Olga y yo veíamos con toda claridad las ballenas de los corsés y siempre nos reíamos, aunque nunca cuando él estaba cerca, por supuesto.

—¿Iremos al entierro del tío Gega?

—No, cariño. Le enterrarán en Moscú, y ahora no sería seguro para nosotros ir allí… Recuerda, Tania, que siempre llevas tu bienestar por dentro. Cuando venga la tía Ella, no debes mostrar tu angustia.

—Haré lo que pueda —asentí.

Sin embargo, cuando llegó mi tía, con un rastro de lágrimas en la cara y su habitual buena presencia y perfecta elegancia en desorden, no pude contener mis sentimientos. No pude evitar correr hacia ella y llorar entre sus brazos. Mi tía me abrazó y dijo que había crecido mucho. También abrazó a mis hermanos.

—Queridos —nos dijo—, tratad de no sufrir. Mi querido Sergio está en el paraíso con los ángeles. Sabía que los malvados terroristas andaban detrás de él. Intentaba burlarles. Incluso dormía en un palacio distinto cada noche, en la sólida fortaleza del Kremlin, para que no pudiesen encontrarle.

Me pregunté si todos tendríamos que empezar a dormir en un palacio distinto cada noche. Y es que había oído decir que los terroristas iban a matarnos a todos y cada uno de los miembros de la familia imperial. El tío Gega solo era el primero. ¿Creía tía Ella que también moriría pronto?

Mi hermana tenía un ejemplar de un periódico, *Russkoe Slovo*, que le prestó Shemodurov. Contaba todo lo ocurrido cuando la bomba alcanzó el cuerpo del tío Gega, que su cabeza quedó destruida junto con sus dos brazos y una de sus piernas, por lo que cuando la tía Ella fue a buscar lo que quedaba de él en la nieve ensangrentada, solo pudo encontrar su pecho, una pierna y una de sus manos, que yacía sola. Yo no esperaba que nadie sacase a colación nada de eso, pero, para mi sorpresa, la tía Ella nos contó que recogió los restos de Sergio y los puso en una gran cruz de madera hueca que colgó en la pared. También guardó allí lo que quedaba de sus ropas ensangrentadas, aunque conservó la medalla que él llevaba para su protección y ahora la llevaba ella alrededor de su propio cuello en una cadena de oro.

—Siento que sigue aquí, conmigo —nos dijo una tarde en que todos estábamos reunidos para tomar el té, tocando la medalla mientras hablaba—. Cuida de mí.

—Alguien debería haber cuidado de él —dije sin pensar.

—Chist —dijo la abuela Minnie, lanzándome una mirada de cólera por encima del borde de su taza.

—Solo me refería a la policía y los soldados, abuela. Deberían haberle protegido.

—Pero ¿cómo habrían podido si no sabían quiénes eran los terroristas? —preguntó la tía Ella con suavidad—. No pueden protegernos a todos contra un enemigo desconocido. Tengo entendido que vosotros mismos os habéis salvado por poco. A pesar de todos los soldados que hay aquí en palacio, os dispararon. Y luego están aquellos miembros del coro que resultaron ser terroristas. Tuvisteis suerte de libraros de ellos.

—¿Qué miembros del coro? —quiso saber Olga.

—Así que no se lo contaste a las niñas —le dijo la tía Ella a mamá—. Bueno, supongo que hiciste bien. No hace falta asustarlas.

—Cuéntanoslo ahora —dijo Olga volviéndose hacia mamá, que se puso colorada y no dijo nada.

—Hace poco tuvimos unos huéspedes no deseados —dijo mi padre con una ligera sonrisa—. Los sorprendieron en la capilla, vestidos como miembros del coro, a punto de empezar a cantar la misa nocturna. Un guardia, al que por cierto concedí luego una medalla, vio unos bultos sospechosos bajo sus túnicas. Fueron detenidos, y la policía averiguó que llevaban un cinturón de explosivos sujeto alrededor de la cintura.

Oí que Olga tomaba aire de golpe. Yo también me sentía conmocionada y asustada.

—Iban a volarnos en mil pedazos —dije.

—Puede que ese fuese su plan —respondió mi padre—, pero estamos bien vigilados, y su plan no surtió efecto.

Observé que la tía Ella tenía la mirada perdida, como si estuviera abstraída en sus propios pensamientos. Pensé que, ahora que era viuda, había cambiado. El corte de su vestido era sencillo y su tocado no parecía propio de una dama de la familia imperial, sino de una mujer del campo. Seguía siendo tan bella como siempre, con una piel muy hermosa y unos ojos de color azul claro que tenían un defecto distintivo: su ojo izquierdo tenía una mancha castaña muy visible en medio del azul. Era bella, pero estaba abatida, y no pude evitar sentirme triste mientras contemplaba su rostro, en el que resultaban visibles las huellas de las lágrimas en el centro de ambas mejillas.

—Si los terroristas pretenden impedir que vivamos nuestra vida cotidiana, sin duda quedarán decepcionados —dijo mamá, metiendo la mano en su profunda bolsa de labor y sacando un ovillo de lana gris del que sobresalían sus agujas de hacer punto—. Yo, por mi parte, pretendo seguir con mis tareas diarias, una de las cuales es acabar este pasamontañas para que pueda subastarse en el próximo mercadillo benéfico.

—¿Cuál de tus organizaciones benéficas es esta vez? —preguntó la abuela Minnie en tono mordaz—. ¿Las Viudas de las Guerras Alemanas, o el Fondo en Memoria de la Reina Victoria?

—Mamá… —empezó papá sin convicción, pero se interrumpió.

Me levanté y fui a sentarme junto a mamá.

—Deja que haga un ovillo, mamá. Espero que me enseñes a hacer punto uno de estos días. A mí tus organizaciones benéficas me parecen buenas. Ayudan a la gente.

Mientras decía esto miré, con tanta intención como pude, a la abuela Minnie. Oí que Olga empezaba a reírse.

—¿Por qué no fundamos una nueva organización benéfica, el Fondo para la Buena Postura de las Niñas Malas?

Era una amenaza. La abuela Minnie amenazaba con obligarme a llevar cada día el odioso aparato de acero durante más horas todavía. Me eché a llorar.

—Tania, Tania, ¿qué pasa? —dijo mi padre.

Mamá se hizo eco de sus palabras.

—¿Por qué te disgustas, Tania?

—No puedo decíroslo. Me obligó a prometer que no lo haría.

—¿Quién te obligó a hacer esa promesa? ¿A qué viene eso? —quiso saber mi padre.

No respondí.

—Debes decírmelo, Tania.

Nunca había podido resistirme a mi padre, en cuya voz se percibía la preocupación.

Me sorbí la nariz, miré a la abuela Minnie y levanté la mano despacio hasta señalarla con un dedo.

—Es de mala educación señalar, Tatiana —dijo la abuela Minnie en tono brusco—. Te lo he dicho cien veces, y tu institutriz también.

Mi padre se levantó en ese momento y se enfrentó con la abuela Minnie.

—¿Qué está pasando? Ten la amabilidad de decírmelo.

La abuela Minnie se encogió de hombros y se volvió hacia otro lado.

—Tu hija es una insolente. Y camina encorvada.

Ignorando esta respuesta, mi padre continuó interrogando a su madre.

—¿Qué es lo que no puede decirme?

No hubo respuesta por parte de la abuela Minnie. La tensión en la habitación aumentó. Al final la tía Ella se levantó de su silla, se acercó y me cogió de la mano.

—Vamos a dar un paseo —dijo con voz serena.

Me sacó de la habitación y me llevó al invernadero, con su olor fresco y su despliegue de plantas con flores y hojas verdes. Caminamos por allí durante un rato, en silencio. Al final llegamos a un banco y la tía Ella se sentó. Yo me senté a su lado.

—Cuando yo era niña y algo me disgustaba —dijo—, mi madre siempre me llevaba de paseo. Eso me ayudaba. Bueno, ¿estás dispuesta a hablar de lo que tanto te disgusta?

—Si lo digo me castigarán.

—¿Tu abuela?

—Sí.

—Pero me imagino que no te hizo prometerle que no me lo dirías a mí, solo a tus padres. ¿Estoy en lo cierto? Al fin y al cabo, no sabía que yo estaría aquí.

—Sí. Dijo: «Si le cuentas esto a tu mamá o a tu papá, te obligaré a llevarlo el doble de tiempo».

—¿Qué tienes que llevar?

—El artilugio.

—¿Qué artilugio?

—No sé cómo se llama. Sedinov me lo ata casi todos los días, y tengo que llevarlo durante cuatro horas o más.

Los hermosos rasgos de mi tía Ella adoptaron una expresión consternada.

—¿Dónde está ahora ese artilugio?

—En un armario de nuestro cuarto.

—Enséñamelo.

—¿Prometes protegerme si la abuela Minnie quiere castigarme?

—Desde luego. Aunque tengo la sensación de que la abuela Minnie no tendrá la oportunidad de castigarte nunca más a partir de hoy.

Llevé a la tía Ella a nuestro cuarto y le enseñé dónde guardaba Sedinov el horrible aparato con la barra de acero y las tiras de cuero. Describí mi tortura con aquella cosa atada a mi espalda.

La tía Ella solo pronunció dos palabras:

—¡Qué barbaridad!

A continuación, me dejó en nuestro cuarto bajo la atenta mirada de Niuta y salió.

Nunca volvió a hablarse del horrible artilugio, pero la siguiente vez que me atreví a mirar en el armario de nuestro cuarto vi que había desaparecido. Nunca me castigaron por contárselo todo a la tía Ella, y desde entonces observé que la abuela Minnie casi nunca venía a nuestro cuarto y yo era libre.

5

*T*ras la muerte del tío Gega mi padre empezó a fumar mucho, a acariciarse constantemente la barba y a dar largos paseos a solas por la pequeña isla del lago en Tsárskoie Seló que llamábamos «la isla de los Niños». Los bosques eran espesos; era un buen lugar para esconderse. Se pasaba allí las horas muertas, y la abuela Minnie decía que hacía esperar a sus ministros y no recibía a los mensajeros, que no paraban de traerle malas noticias sobre la guerra, los disturbios y los terroristas.

¡Pobre papá! Mamá siempre nos decía que rezásemos por él, ya que debía soportar una pesada carga. Le preocupaba la seguridad de Alexis. Hacía que sus niñeras le acostasen en una habitación distinta cada noche y que colocasen un muñeco en su cuna de oro para confundir a los terroristas que pretendiesen cometer un atentado.

Era inevitable que papá se sintiese preocupado, pues cada día entregaban en su despacho grandes y pesadas bolsas llenas de telegramas de todo el mundo, más de lo que cualquier hombre podría leer, y menos aún responder.

—Sé lo que dicen todos —comentaba a medida que traían más y más bolsas—. No me hace falta leerlos. Están llenos de críticas. «Renuncia a la corona», dicen. «Entrega Rusia al pueblo.» Pero si abdicase, ¿sería capaz el pueblo ruso de gobernarse a sí mismo? Yo creo que no.

Cada día entregaban más bolsas, y cada noche, según me contó Niuta, las cargaban en un carro con la basura y las tiraban al canal Fontanka.

A veces papá podía olvidar todas sus preocupaciones y comportarse de forma muy tonta, sobre todo con el tío Alejandro, al que llamábamos Sandro. A Sandro y a él les gustaba perseguirse por la habitación, luchar como niños o sacarse a empujones del sofá, riendo y dándose puñetazos. Pero el tío Sandro también estaba asustado en aquellos días difíciles que siguieron a la muerte del tío Gega, al igual que la tía Xenia, su esposa. Oí cómo les hablaban a papá y a mamá de su velero y del plan de navegar en él hasta Grecia y vivir allí.

—¡Jamás dejaré Rusia! —oí que decía papá—. Solo un cobarde se iría.

Pero, pese a sus palabras audaces, seguía escondiéndose en la isla de los Niños, y, aunque yo era pequeña, veía el miedo en sus ojos.

En aquella época teníamos un nuevo profesor particular, monsieur Pierre Gilliard, que nos daba clases de francés e historia, y nos contaba maravillas sobre lugares en los que había estado y cosas que había visto. Era un hombre serio, y cuando yo era pequeña le consideraba muy sabio. Sus trajes grises y sus corbatas a rayas sujetas con un alfiler, sus perspicaces ojos de color castaño claro y su espesa barba le daban aspecto de catedrático, cosa que había sido. Hablaba con nosotras en francés y alemán, aunque solo sabía un poco de ruso. Nos leía obras de teatro, interpretando todos los papeles, e incluso las escribía él mismo.

El primer día que vino a Tsárskoie Seló y mamá le trajo a nuestro cuarto para presentárnoslo, me ofrecí a llevarle a ver el elefante.

Sus ojos se iluminaron ante esa sugerencia. Yo le cogí de la mano y fuimos todos juntos, incluso la pequeña Anastasia, al zoológico del parque situado cerca de la isla de los Niños, donde el viejo y triste animal vivía en su propia casa para elefantes. La niñera de mis hermanas pequeñas vino con nosotros.

Nadie recordaba cuánto tiempo llevaba el elefante en Tsárskoie Seló, pero decían que lo trajeron de la India como regalo para el abuelo de papá. Era muy peludo y estaba cubierto de polvo, pues le gustaba lanzar tierra al aire con la trompa y dejarla caer sobre su lomo. El agua de su pequeño estanque estaba siempre sucia y olía mal.

—¿Sabéis dónde está la India? —nos preguntó monsieur Gilliard después de observar al animal durante unos minutos.

—¡Yo lo sé! —exclamó Olga—. Está justo debajo de China, y encima de Australia.

—¡Excelente, Olga, excelente!

Al profesor le gustaba esa expresión y la utilizaba a menudo, frotándose las manos.

—¿Puedes decirme algo sobre la India, Tatiana?

—Sé que hay elefantes y tigres. Papá mató un tigre en la India.

—No fue él. Fue el tío Vladímir.

Monsieur Gilliard ignoró la interrupción de Olga.

—¿Y el clima, Tatiana? ¿Crees que hace mucho calor allí en la India?

Me encogí de hombros. No lo sabía.

—Tonta, claro que hace mucho calor allí. Es todo desierto. Nadie puede vivir allí en verano.

Monsieur Gilliard estaba atisbando dentro del recinto del elefante. El elefante cubierto de polvo sacudía la cabeza y pateaba.

—Me imagino que debe de tener mucho frío, aquí en Rusia. Está acostumbrado al calor del sol. Y me imagino que se sentirá muy solo —dijo, bajando la voz.

—Me gusta —dijo María casi a gritos—. ¡Quiero montarlo!

Mi hermana corrió hasta los barrotes del recinto, se agarró a ellos y empezó a sacudirlos.

—¡María!

La niñera la apartó del recinto y la regañó.

Monsieur Gilliard continuó hablándonos, de forma muy natural y agradable, durante media hora antes de que entrásemos a tomar el té. Le tomamos afecto y mejoró nuestro francés al escucharle hablar, aunque todas empezamos a hablar el idioma como los suizos y no como los parisinos.

Fue monsieur Gilliard quien nos explicó, brevemente y de forma que Olga y yo pudiésemos entenderlo, por qué teníamos que permanecer en Tsárskoie Seló y por qué estaba todo el mundo tan asustado. Nos habló de la derrota de nuestra flota y del comportamiento vergonzoso de algunos marineros, que se levantaron en armas, se rebelaron contra sus capitanes e incluso asesinaron a algunos de ellos. Hablaba de forma serena y razonable acerca de estos acontecimientos terribles, y nos los mostraba como parte de la historia y no como golpes repentinos y horripilantes contra nuestra querida Rusia.

—Casi todo puede entenderse —dijo en tono de reflexión—,

siempre que se vea a la luz de la historia. Todos formamos parte de la historia, la hacemos cada día.

Pensé en eso el día en que papá se disponía a marcharse de Tsárskoie Seló para cabalgar al frente de un desfile de caballería en San Petersburgo. Llevaba los pantalones verdes y la casaca de rojo y oro de los húsares de Grozni, e iba montado en un espléndido y nervioso caballo ruano. Todas, mamá incluida, que tenía dificultades para caminar pues le dolía mucho la pierna, salimos a la terraza de palacio para contemplarle mientras se situaba al frente de un grupo de jinetes montados.

Justo cuando se abrían las puertas para dejar salir a los jinetes, con mi padre dirigiéndolos, llegó en un caballo cubierto de sudor un mensajero que jadeaba y gritaba.

Los jinetes se detuvieron, y por unos momentos continuamos observando, sin saber qué ocurría. Entonces vimos que las grandes puertas de hierro se cerraban y que papá obligaba a su caballo a dar la vuelta y galopaba de regreso a las cuadras.

Más tarde supimos que el mensajero había traído un aviso de uno de los ministros. Los terroristas estaban esperando en el itinerario del desfile. Tenían tres carros cargados de bombas. Pretendían matar a papá.

—¡Un complot infernal! —dijo la abuela—. ¡Un complot malvado e infernal!

Más tarde, a la hora de la cena, supimos que habían lanzado sus bombas, pero que solo había muerto un hombre, el viejo portero del hotel Mariinski.

Papá le conocía y le recordaba, pues cuando era niño le llevaban a menudo al hotel. Al ponerse el sol, vi a papá paseando por la isla de los Niños y recogiendo lirios de los valles. Supe que pensaba en el pobre anciano y me puse triste.

—¡Niñas! —nos dijo mamá a la mañana siguiente, con una alegre sonrisa en los labios—. Tengo que enseñaros una cosa —añadió, alzando un pequeño icono pintado de colores audaces y con un grueso marco de oro—. Un sabio *stárets*, un hombre santo de Pokróvskoie le ha enviado a papá este icono milagroso de san Simón Verjoturye. Fue este icono el que le salvó la vida ayer. De ahora en adelante le protegerá.

Colgó cuidadosamente el icono en la pared, y con un gesto le indicó a un criado que encendiese el cirio que estaba debajo. Todos nos arrodillamos y rezamos por la seguridad de papá. Me acordé de las palabras de monsieur Gilliard mientras me arrodillaba allí. Todos formamos parte de la historia. La hacemos cada día. Me pregunté qué traería el día siguiente, y el siguiente.

6

$\mathcal{J}$usto después de que regresásemos del crucero de verano a bordo de nuestro velero, el *Standart*, conocí a Daria.

Durante más de un mes habíamos navegado tranquilamente por las aguas en calma del Báltico, serpenteando entre las pequeñas islas situadas frente a Finlandia, con buen tiempo, temperaturas cálidas y vientos suaves. Desembarcamos y caminamos por el agua de la costa rocosa con los bajos de la falda sujetos por el cinturón y las enaguas desaliñadas y empapadas, tratando de pescar con nuestras redes mientras papá disparaba contra los cuervos y aves marinas y miraba a través de sus prismáticos.

Mamá, que siempre se sentía muy relajada y a gusto en nuestro velero, se sentaba en su butaca en cubierta con un chal sobre las piernas y nos tomaba fotografías, sonriendo cuando posábamos y enfadándose cuando hacíamos muecas o le dábamos la espalda al objetivo. Anastasia corría de un lado a otro de la cubierta demasiado deprisa para que mamá la fotografiase, y María sacaba la lengua a la cámara y luego trataba de trepar a los cabos y al mástil.

Aquellos fueron días despreocupados, aunque mamá y papá se pasaban el tiempo pendientes de Alexis por si sangraba de nuevo. La pierna izquierda de mi hermano permanecía siempre hacia fuera; nunca podía doblar la rodilla porque había demasiada sangre en su interior. No podía caminar con normalidad, así que cojeaba, pero entonces se caía mucho, por lo que un marinero corpulento y robusto llamado Derevenko debía sostenerle. Mamá tomó muchas fotos de Alexis en el velero en brazos de Derevenko.

Justo después de regresar a Tsárskoie Seló, como he dicho, conocí a Daria.

Niuta me estaba quitando los zapatos para llevarlos a limpiar cuando entró en nuestro cuarto una ayudante de cocina y le entregó una nota. Niuta la leyó y se la metió en el bolsillo. Vi enseguida que aquella nota la alarmaba.

Entregó mis zapatos sucios a un lacayo que esperaba y me calzó unos nuevos a toda prisa.

—¡Vamos! —dijo, cogiéndome de la mano—. Bajemos a las cocinas.

Al principio me alegré, pensando que iba a hacerme un regalo —unas pastas recién horneadas, un bocadillo de mermelada de los que tanto le gustaban a mamá o tal vez un pastelillo—, pero en lugar de eso cruzamos la calurosa panadería de palacio sin detenernos y bajamos las escaleras de piedra hasta llegar a una despensa llena de tarros, botes y latas.

En un rincón había una muchacha joven agachada como si tuviese miedo. Tenía la cara negra de hollín y sus ropas eran harapos grises cubiertos de hollín y ceniza. Agarraba firmemente una cesta. Dentro de la cesta había un perrito, con el pelo tan negro de hollín como su ama.

—¡Daria!

Niuta se acercó corriendo a la muchacha, la ayudó a levantarse y le dio un abrazo.

—¿Qué te ha pasado, Dariushka?

—Fuego —dijo la muchacha con una voz que era poco más que un susurro—. Fuego por todas partes.

—¿Dónde?

—La fábrica. Todas las fábricas —respondió entre toses—. Tanta gente… Todos corriendo… La policía persiguiéndonos…

La joven se interrumpió, incapaz de seguir hablando.

—Venga, venga, yo cuidaré de ti ahora.

Niuta se volvió hacia mí.

—Tania, cariño, ¿tendrías la bondad de volver a la panadería y traer unos paños mojados, unos bocadillos y un té para mi hermana pequeña?

—¿Tienes una hermana?

—Te presento a mi hermana, Daria. Daria, te presento a la gran duquesa Tatiana.

—¿Cómo está usted? —dije en tono cortés.

La muchacha me miró con desconfianza y apenas movió la cabeza.

Por supuesto, la situación me pareció muy rara, porque nunca me pedían que hiciese tareas tan ingratas y resultaba insólito que los sirvientes trajesen a sus parientes al palacio. Aun así, quería a Niuta y confiaba en ella, pues era la camarera principal de mi madre, venía mucho a nuestro cuarto y yo la conocía de toda la vida. Además, era evidente que su hermana necesitaba ayuda. Fui a la cocina y pedí unos bocadillos y un té. Mientras me traían la comida, encontré unos paños que tapaban unos panes frescos y los metí en una cazuela llena de agua. A continuación volví a bajar con todo aquello por las escaleras de piedra hasta la despensa.

—Gracias, Tania. Creo que ahora deberías volver a tu cuarto.

—Quiero quedarme a ayudar.

—¿Tú? ¿La hija del zar? ¿Tú quieres ayudarme?

La voz de Daria sonaba ronca y acusadora. Niuta le dio el vaso de té que yo había traído y la muchacha dio un buen trago.

—Sí. ¿Por qué no debería hacerlo?

Daria escupió.

—¿Sabes quién ha provocado el incendio en el que he estado a punto de morir? Han sido los policías de tu padre.

—¿Por qué iban a hacer eso? —quise saber.

Daria había empezado a engullir los bocadillos y a darle algunos al perro, que devoraba los bocados cubiertos de harina que ella le tendía como si llevase días sin comer.

—Porque estamos en huelga —dijo, con la boca casi llena.

—Daria trabaja en la fábrica metalúrgica Fénix —explicó Niuta—. Los trabajadores están en huelga.

—Todos los trabajadores de las fábricas de San Petersburgo están en huelga —dijo Daria con cierta vehemencia después de tragarse lo que quedaba de su bocadillo—. Queremos salarios justos. No queremos trabajar dieciséis horas al día, hasta caer rendidos o chocar con la maquinaria y matarnos.

Antes de seguir, se bebió el té y se frotó los párpados hinchados.

—El incendio ha empezado en la galería Shchukin. Lo han provocado los policías. Una amiga mía les ha visto. Han prendido fuego a unas viejas maderas secas y han echado encima unos trapos para que ardiesen más rápido.

El miedo se asomó a los ojos de la muchacha mientras seguía reviviendo el terror de lo que había visto y experimentado.

—Era como el infierno, las llamas del infierno. ¡El calor! ¡El olor de toda la madera que ardía! ¡Los gritos! ¡Tantos gritos! Oí decir a un hombre que la fábrica era pasto de las llamas. Se refería a una fábrica de goma que está junto a la nuestra. Olía a neumáticos quemados. Ha sido entonces cuando han abierto las puertas y nos han dejado salir a todos.

—¿Quieres decir que estabais encerrados?

Daria me miró con desprecio.

—Siempre estamos encerrados. ¿Acaso no se encierra al ganado para que no se escape? Todo el mundo echó a correr y me arrojaron contra la pared. Tuve suerte. Algunos compañeros quedaron atrapados.

—¿Nadie ha intentado ayudaros? ¿Ni la policía, ni los soldados? Habrán tratado de ayudar al menos a las mujeres… —empecé, pero la mirada feroz de Daria me hizo callar.

—Es demasiado joven para comprenderlo —le dijo Niuta a su hermana—. No debemos seguir hablando de esto ahora.

—No, no. Quiero comprenderlo. Quiero saberlo todo —insistí.

—¿Y si se lo cuenta a alguien? —le preguntó Daria a Niuta, temerosa de pronto—. Te meterán en la cárcel.

—No lo creo. La emperatriz siempre ha sido amable conmigo.

—Menos cuando te chilla —intervine, pues cuando mamá se enfadaba y se ponía muy nerviosa les gritaba a los criados—. Acuérdate de aquella vez que se te olvidó cerrar con llave el armario de los encajes.

—A veces las grandes damas pierden el control —dijo Niuta con picardía—. No se les tiene en cuenta.

El perrito de Daria dio un fuerte ladrido y Niuta miró a su alrededor con recelo.

—¡Haz que se calle! No nos conviene que entre nadie y te encuentre aquí —dijo Niuta mientras le daba a su hermana uno de los paños húmedos que yo había traído—. Ten, lávate la cara y las manos. Trataré de quitarte este hollín de la ropa. Luego te llevaré arriba.

En un momento, ante mis ojos, Daria pasó de ser una obrera mugrienta a convertirse en una campesina de cara redonda, con su pañuelo de color rojo vivo, limpio y colocado de nuevo sobre su cabello rubio. Tenía la tez amarillenta, aunque aún conservaba un rastro de frescura del campo. El cambio en su apariencia resultaba sorprendente, pero observé que sus ojos no cambiaban. Estaban llenos de hostilidad, temor y profunda desconfianza.

Niuta empezó a cepillar el hollín y la ceniza de la falda de Daria y entonces soltó un grito.

—¡Por todos los santos! ¡Estás embarazada!

Daria irguió la cabeza con orgullo.

—¿Y qué? ¡Puedo tener un hijo si quiero!

Niuta se santiguó.

—Pero Daria, ¡eres muy joven y no tienes marido!

—¡Iba a tener marido, hasta que los cosacos lo cortaron en pedazos!

Por primera vez vi que sus ojos se llenaban de lágrimas, aunque su voz ronca se mantuvo alta:

—Fue el día en que nos declaramos en huelga —siguió en tono desafiante—. Nos manifestamos a millares por la carretera de Schlüsselburg, junto a las fábricas. Cantábamos cogidos de la mano. ¡Nos sentíamos tan fuertes esa mañana! Entonces les oímos llegar. Centenares de cosacos con grandes caballos, cabalgando hacia nosotros con las espadas en alto, vociferando. Mi Sasha les plantó cara, pero le abrieron la cabeza. Cayó y no volvió a levantarse.

Yo escuchaba horrorizada, aunque también intrigada. Por otra parte, me daba vergüenza interesarme tanto por unos acontecimientos tan espantosos.

—Íbamos a volver a Pokróvskoie para casarnos. ¡En cambio soy viuda antes incluso de haber sido esposa! ¡Y voy a tener el hijo de Sasha!

Niuta ayudó a su temblorosa hermana a subir las escaleras mientras yo llevaba al perrito en su cesta. Daria fue acogida de forma temporal en la diminuta habitación de Niuta, en el desván, donde se alojaba todo el servicio personal de mamá, y le ofrecieron trabajo en la sala de plancha, el vasto taller donde docenas de criadas se dedicaban a planchar los vestidos de mamá y sus metros y metros de encaje.

Más tarde, cuando Niuta y yo regresamos a mi cuarto, me pidió que me sentara y me habló con seriedad:

—Tania, confío en que no le digas nada a nadie, ni siquiera a tu madre ni a tu padre, de lo que has visto y oído hoy.

Di mi palabra de buen grado, percibiendo que me habían permitido atisbar un mundo a cuya existencia siempre había dado la espalda y sintiéndome privilegiada por la confianza que Niuta depositaba en mí.

—Quiero a mi hermana pequeña, pero no es demasiado razonable. Vinimos juntas de Pokróvskoie, y un sacerdote nos ayudó a encontrar trabajo. Yo estoy muy contenta. Tu madre es una buena ama, aunque a veces se enfade. Pero Daria decidió trabajar en la fábrica y desde entonces ha estado enfadada e infeliz. Ojalá hubiese podido casarse y volver al pueblo.

—He estado ahorrando mi paga —dije—. Si se la diese, ¿podría volver a vuestro pueblo?

Niuta sonrió.

—Eres una muchacha muy amable, Tania, pero me temo que costaría mucho más de lo que tú tienes. Además, no estoy segura de que volviera. Pero al menos, de momento, estará bien. Sin embargo, cuando nazca su bebé todo cambiará. No sé qué hará entonces.

Esa noche, después de que Olga y yo nos bañásemos en nuestra bañera de plata con el agua caliente aromatizada con aceite de almendras, yo anhelaba hablarle a Olga de Daria, y sobre todo de lo que había dicho acerca de la policía. ¿Era posible que hubiese provocado un incendio y hubiese atacado y matado a los trabajadores en huelga? ¿Los orgullosos y distinguidos regimientos de cosacos de mi padre estaban matando gente, o se limitaban a mantener el orden? Desde luego, el orden debía conservarse.

Pensamientos molestos atormentaron mi mente cuando traté de dormir, y empecé a dar vueltas en mi incómoda cama plegable.

—¡En nombre de todos los santos, Tania, para de una vez! —me espetó Olga mientras golpeaba su almohada—. ¡Le preguntaré a papá si puedo tener un cuarto para mí sola!

7

—Mamá, ¿puedo tener un cuarto para mí sola?

Contemplaba cómo se vestía mi madre, que se puso el corsé de encaje rosa y blanco y miró su reflejo en el alto espejo triple mientras Niuta y Elizaveta se lo ajustaban alrededor de la cintura. El vestidor estaba lleno del aroma de verbena, mezclado con el perfume de los pétalos de rosa que flotaban en el agua del baño. Las mesas y sillas de la gran habitación estaban cubiertas de medias de seda, enaguas de gasa, docenas de pares de zapatos para los grandes pies de mamá y cuatro vestidos del modisto de moda, Lamanov.

—¿Qué vestido se pondrá, majestad? —preguntó Shura, la segunda camarera de mamá, una bonita muchacha con el pelo caoba, mientras sostenía un vestido de seda violeta con cuerpo de terciopelo morado y mangas largas—. Este le sienta muy bien.

Mamá cogió el vestido, se lo apoyó contra el cuerpo y se volvió hacia uno y otro lado para observar el efecto de la falda.

—Mamá… —volví a decir.

—Un momento, Tania.

Mientras dejaba caer el vestido violeta, que cayó al suelo arrugado, señaló un vestido amarillo claro colocado sobre una cesta forrada de raso. Niuta alzó la delicada creación y se la llevó. Una vez más, mamá se apoyó el vestido contra el cuerpo y observó el efecto en el espejo triple.

—Nunca me ha quedado bien el amarillo —murmuró—. Solo a las morenas les queda bien el amarillo. Lamanov se equivocó.

—Su majestad está hermosa con vestidos de todos los colores

—dijo Elizaveta, la más joven de las camareras y la que menos habilidad tenía con botones, corchetes y lazos.

—¡Tonterías! —dijo mamá en tono brusco—. Tráeme el malva.

El malva era el color favorito de mamá, y no me sorprendió que decidiese ponerse el vestido malva, con sus adornos blancos de encaje y su casto cuello alto. Las tres camareras se pusieron a abrocharle a mamá el cuerpo y la falda, de excelente confección.

—Sé lo que van a decir todas cuando me vean así. Lo sé muy bien. Ya me parece estar oyendo a esa dominante de Minnie, a la gorda y vieja Miechen y a Xenia... ¡Sí, Xenia puede ser muy malintencionada! Y a todas las demás. ¡Inglesa altiva! Así me llaman. ¡Inglesa estirada y remilgada!

Sacó un cigarrillo de una cigarrera de marfil apoyada en una mesa cercana y Elizaveta se lo encendió. El hedor del tabaco sustituyó el perfume de verbena y rosas.

—Mamá, de verdad, necesito mi propio cuarto. Olga le pidió a papá su propio cuarto, así que, ¿puedo yo tener el mío también?

—Tania, ya ves que estoy tratando de prepararme para mi recepción. Nunca he dado una recepción por mi cuenta, Minnie nunca lo ha permitido, y esto es muy importante. Todo el mundo está invitado, no solo la familia sino todas las personas que cuentan. Todos esos presuntuosos que van al ballet cada domingo y al teatro cada sábado y cenan en el Bear y en ese antro de depravación que se llama a sí mismo restaurante cubano.

—Pero, mamá, solo tienes que decir sí o no.

—Ahora no. Ahora mismo tengo otras cosas en la cabeza.

Niuta trajo un par de zapatos de raso malva y se los mostró a mamá.

—¡Niuta, cuántas veces tengo que decirte que no soporto los zapatos de raso! ¡Me molestan! Trae los de ante, los cómodos.

Se sentó y se puso los zapatos rozados.

—Bueno, eso está mejor. Ahora pueden decir: «¡Ahí va esa inglesa altiva con sus zapatos anticuados!».

Tuve que echarme a reír, e incluso Shura y Niuta sonrieron. Elizaveta había empezado a arreglar el cabello de mamá, que fumaba su segundo cigarrillo, cuando entró una de sus damas.

—Majestad, el doctor Korovin solicita su presencia en el cuarto del zarevich, que vuelve a estar enfermo.

Con una rapidez que me dejó asombrada, mamá saltó de su butaca y salió a toda prisa al corredor, bajó las escaleras y recorrió los pasillos que conducían al cuarto de mi hermano. Corrí tras ella. Mi madre cojeaba sobre su pierna dolorida, pero, pese a su cojera, avanzaba muy deprisa.

Oíamos a Alexis gritar al otro lado del corredor. Sus chillidos de dolor nos partían el corazón. Eran gritos fuertes y penosos que seguían y seguían durante horas, hasta que se quedaba sin voz y solo podía emitir roncos sollozos. A juzgar por el sonido, no llevaba mucho sufriendo. Mamá se precipitó en el cuarto de Alexis y se acercó a su camita, murmurándole palabras de consuelo y palpando su pálida frente. Me situé junto a ella anhelando poder hacer algo, lo que fuese.

—Dígame lo que ha ocurrido —le dijo al doctor Korovin, que estaba nervioso y asustado.

—No ha sido nada. No se ha caído ni se ha hecho daño. Ha sido muy repentino. Ha gritado: «¡Mi espalda!», y luego ha empezado a llorar y a chillar.

Papá entró muy desazonado y se puso a observar a Alexis, cuyo dolor era tan grande que no se percataba de nuestra presencia ni obtenía consuelo alguno de ella.

—Por el amor de Dios, ¿no puede hacer nada? —le gritó papá al doctor Korovin en medio de aquel alboroto.

—Puedo convocar a mis colegas de San Petersburgo, como hice la última vez, pero no creo que tengan nada nuevo que aconsejar. Nada surte efecto alguno, ni las cataplasmas calientes ni las frías, ni los emplastos de mostaza ni las sanguijuelas. Lamento tener que decirle esto, majestad, pero la ciencia médica no puede hacer nada por su hijo.

Mientras el doctor hablaba, los gritos de Alexis parecieron intensificarse y hacerse más apremiantes. Mamá se enrojeció.

—¡Márchese! —le gritó al doctor Korovin—. Si no puede hacer nada, salga de la habitación inmediatamente.

Con una mirada desdeñosa, el médico hizo una reverencia y se fue. Sus dos ayudantes le siguieron, dejando solo al enfermero.

Papá se tapó las orejas con las manos y se apartó, lejos de Alexis y sus lastimosos gritos.

Mamá agarró a papá del brazo.

—¿Y ese curandero de Pokróvskoie, el que te envió el icono de san Simón Verjoturye? —dijo casi gritando para que papá pudiera oírla.

Desconcertado, papá se volvió hacia ella.

—No sabemos nada de él.

—Dicen que puede embrujar la sangre.

—¿Qué es eso? —pregunté, aunque nadie me oyó.

Mamá continuó dando tirones del brazo de papá hasta que él gritó exasperado:

—¡Vale, muy bien, mándale llamar! ¡Manda llamar a quien quieras! Me voy a mi despacho.

Se liberó de un tirón de las fuertes manos de mamá y salió a toda prisa de la habitación.

Mamá le hizo una seña a Sedinov, que se hallaba cerca, le dijo que fuese a buscar al siberiano y le dio su dirección.

—¿Cómo es que sabes dónde encontrar a ese hombre, mamá?

—Cuando le trajo el icono a papá, dejó su tarjeta.

—Pero ahora no llevas ninguna tarjeta encima.

—Me aprendí la dirección de memoria. Pensé que algún día podía hacernos falta su ayuda. Al fin y al cabo, su icono le salvó la vida a papá.

Sedinov salió y volvió casi al instante. Su rostro rubicundo y arrugado tenía una expresión de asombro.

—Majestad —dijo—, el hombre está ya aquí, en palacio. Llegará muy pronto.

Un murmullo recorrió la habitación. Los presentes se preguntaban entre susurros cómo había sabido aquel hombre que debía acudir, qué hacía allí y quién era.

De pronto noté un cambio en la habitación, una sensación de calma y de dulzura. No puedo describirlo de otro modo. Todo el mundo lo notó. Los criados dejaron de hablar y de moverse en torno a la cuna de Alexis. Mamá abandonó su eterna inquietud y se quedó inmóvil. El enfermero que nunca se separaba de Alexis, y que era un hombre muy religioso, se arrodilló e inclinó la cabeza. Y Alexis, que hasta ese momento no paraba de gritar, gimoteó y sollozó un poco antes de quedarse en silencio.

Entró en la habitación un hombre poco común. Iba vestido como un campesino, con un largo abrigo negro, brillante por el desgaste.

Llevaba el pelo largo y revuelto, canoso en las sienes, y tenía una barba desordenada. No llevaba ornamento alguno, salvo una gran cruz de cobre colgada de una correa de cuero alrededor del cuello. Pero su rostro era distinto de cualquier otro que yo hubiese visto jamás. Parecía iluminado desde el interior; resplandecía suavemente. No podía apartar mis ojos de su cara. Sus ojos, de un suave color gris, chispeaban de vida y de una fuerza casi palpable.

Trajo algo consigo a la habitación, algo para lo que ninguno de nosotros tenía nombre. Algo que nos atrajo y nos mantuvo en su cálido y bondadoso abrazo.

—¡Se acabaron las penas! —dijo al entrar, alzando la mano en señal de bendición—. ¡Olviden todas las penas! ¡Solo la alegría del día!

Se acercó a la cuna de Alexis y empezó a sonreír y sacudir la cabeza.

—Se acabó, se acabó —dijo suavemente, tocando la sencilla cruz de cobre que llevaba alrededor del cuello y mirando el rostro de Alexis, que mostraba un rastro de lágrimas.

Alexis parpadeó rápidamente y luego estiró una manita hacia el extraño, que la agarró y dijo, en un lenguaje anticuado:

—¡Que tu mal sea aliviado, pequeño caminante!

Y empezó a mascullar para sí. Al cabo de un momento Alexis, tranquilizado por el sonido, cerró despacio los ojos y se durmió.

—Mañana volverá a estar bien.

Mamá rompió el silencio de la habitación diciéndole al extraño:

—¿Cómo podemos darle las gracias?

—Siendo buenos unos con otros. Amándose unos a otros.

—¿Cómo sabía que debía venir aquí hoy?

El hombre sacudió la cabeza.

—Trato de ir allí donde me necesitan, allí donde soy llevado.

—Es usted el *stárets*, el hombre santo, ¿verdad? El que le envió a mi esposo el icono de san Simón.

El hombre asintió.

—Me llamo Novi. En mi pueblo me llaman «bribón de Dios», «libertino», «Rasputín».

Su expresión cambió. Parecía desazonado.

—Tenéis un dolor en la pierna —le dijo a mamá, utilizando el anticuado tratamiento de «vos».

Ella asintió.

—Sentaos —ordenó el extraño.

Mamá tomó asiento en el sofá.

El hombre se situó de pie junto a ella, y una vez más tuve la curiosa sensación de que se producía un cambio en la habitación. Me dije que estaba invocando sus poderes.

—¡Que vuestro mal sea aliviado, caminante! —le dijo a mamá, que se agarró con firmeza la pierna temblorosa.

A continuación, mascullando para sí, el extraño se volvió y salió de la habitación, ignorando las manos que se tendían a su paso para tocarle.

Al día siguiente, tal como predijo el extraño llamado Novi, el dolor de Alexis había desaparecido, aunque no estaba curado de la hemofilia. Por otro lado, mamá seguía teniendo la pierna dolorida y estaba de mal humor. La recepción que había celebrado la noche anterior, que con tanto cuidado había organizado y a la que invitó a toda su familia política y a gran parte de la alta sociedad de San Petersburgo, fue un fracaso espectacular.

Nadie asistió. Cuando llegó la hora de que empezara la recepción, mamá se situó con su precioso vestido malva en el centro del grandioso salón, decorado con flores enviadas desde la Riviera, y cuyas mesas estaban llenas de exquisiteces y vinos, ponche y tartas. Docenas de lacayos con guantes blancos y librea impecable aguardaban para servir a los centenares de invitados. La orquesta tocaba. Las altas y ornamentadas puertas del salón permanecían abiertas. Pero ni una sola persona las cruzó.

Pasaron diez minutos, y luego veinte. Al cabo de media hora, mamá, con el rostro y las manos encendidos y la boca apretada en un gesto amargo, le tendió el brazo al lacayo más cercano y salió de la habitación.

Fue la tía Xenia quien le contó a mamá por qué no había acudido nadie a su recepción. La abuela Minnie había celebrado una recepción por su cuenta a la misma hora e insistió en que asistiese toda la corte. Y dado que a mamá se le tenía mucha antipatía y la abuela Minnie era temida, todo el mundo la obedeció.

Mientras observaba escondida desde mi atalaya del balcón el fracaso de la recepción, me sentí muy triste por mamá. Me imaginaba lo enfadada que debía de estar, y sin embargo, al mismo tiem-

43

po, tenía que sentirse contenta por Alexis y su encuentro con el extraordinario curandero siberiano. ¿Qué era una recepción fracasada en comparación con la esperanza de que mi hermano dejase de sufrir, con la esperanza de que sobreviviese?

8

*S*e produjo una violenta tormenta la noche en que toda la familia se reunió en el salón de banquetes de malaquita para cenar y asistir a *La novia de Mesina*, la nueva obra de teatro de KR. KR era el gran duque Constantino, primo de mi padre, pero todo el mundo le llamaba siempre KR, incluso Olga y yo. KR tenía el honor de estar sentado a la derecha de mi padre en la cabecera de la larga mesa del banquete, y se pasó la cena regodeándose satisfecho, alzando su copa una y otra vez para brindar, contando chistes, hablando en voz alta con papá y coqueteando con las mujeres, en especial con mi hermana Olga, que se sentía muy madura y especial porque en ese momento la estaban considerando como posible prometida para el príncipe heredero de Rumanía, aunque solo contaba catorce años de edad.

Los truenos retumbaban como cañonazos y la lluvia golpeaba contra las altas ventanas mientras servían una larga serie de sugerentes platos: crema de gambas y caldereta Pompadour, trucha del Loira estofada en Sauternes, filete de cordero, perdices reales asadas y escribanos con trufas. Cada plato iba acompañado de su propio vino, y a medida que avanzaba la cena y se bebía más vino, más escandalosa y expansiva se mostraba la familia.

Si mal no recuerdo, esa noche debíamos sentarnos a la mesa al menos veinte personas: papá, KR, Olga, María y yo (mamá no estaba presente; detestaba cenar con la abuela Minnie y le guardaba rencor por haber causado el fracaso de su gran recepción), pero no Anastasia ni Alexis, que eran demasiado pequeños, la abuela Minnie presidiendo la mesa en el otro extremo, el tío Vladímir, la tía

Miechen, la tía Xenia y el tío Sandro, además del viejo tío Bembo, con cara de mal genio porque le desagradaban las extravagantes obras de KR, que consideraba indignas de un Romanov.

La tía Olenka estaba allí —interpretaba un papel en la obra de KR y no se quedó a tomar el postre, porque tenía que ponerse el traje y el maquillaje— junto con su marido Petia, que según se murmuraba no era un marido para ella y que comía con mucha finura, picoteando con desgana.

La tía Olenka podía mostrarse muy alegre cuando quería. Era mi tía favorita, aunque quería mucho a la tía Ella por su amabilidad y bondad. La tía Olenka era la hermana menor de mi padre y, a diferencia de su otra hermana, Xenia, era muy poco atractiva, con dientes de conejo y grandes orejas que le sobresalían de la cabeza y cierta cara de rata. Era una mujer grande y bastante informe, con una sonrisa traviesa y gusto por las ropas elegantes y caras, en especial las pieles. Ningún miembro de la familia tenía pieles como las de la tía Olenka, ni siquiera la abuela Minnie. Mamá decía que no estaba bien gastar tanto dinero en pieles cuando tantos habitantes de San Petersburgo eran pobres y pasaban frío durante el invierno, pero nunca decía que estuviese mal gastar dinero en diamantes (que, al fin y al cabo, son mucho más caros que las pieles), y ella misma tenía un anillo con un enorme diamante rosa que según Niuta debía de haber costado el rescate de un rey.

Por lo general, Olenka hablaba mucho en las cenas familiares y también se reía mucho, pero esa noche estaba callada, seguramente porque unos días antes había sufrido una gran conmoción y se había salvado por poco de morir cuando iba con Petia en su flamante automóvil. En esa época los automóviles eran una rareza en San Petersburgo; solo algunas personas muy ricas los tenían. Mi padre desconfiaba de las cosas mecánicas y seguía yendo en carruaje. En más de una ocasión oí cómo le decía a mamá que los automóviles eran una moda peligrosa y que pronto volvería todo el mundo a utilizar solo caballos.

Pero la tía Olenka y Petia siempre tenían que tener lo más nuevo y reciente, y Petia se jactaba de que su automóvil corría a la velocidad inaudita de treinta verstas por hora. Sin embargo, Petia era mal conductor —eso decía la abuela Minnie—, y además en aquella época las carreteras estaban cubiertas de fango, surcos y profundos hoyos, por lo que es posible que el accidente no fuese culpa de Petia. Sea como fuere, el coche bajaba a toda velocidad por una carretera estrecha a través del bosque y chocó contra un árbol.

Todos los presentes en la mesa del banquete aquella noche estaban enterados del accidente, pero nadie hablaba de él. Se limitaban a mirar a Olenka y a Petia con mala educación mientras hablaban de otras cosas. Mientras tanto los truenos estallaban y la lluvia continuaba azotando las ventanas. En un par de ocasiones vi que la abuela Minnie hacía una mueca cuando se oyó un fuerte crujido seguido de una furiosa ráfaga de lluvia.

En ese momento habló la tía Xenia en tono de broma.

—Dinos, Olga, ¿cuándo viene a visitarnos el príncipe heredero rumano?

Olga se ruborizó.

—Me han dicho que está ansioso por casarse, muy ansioso, y que le tiene echado el ojo a cierta gran duquesa rusa.

Una carcajada siguió a este comentario.

—Bueno —dijo Olga, dejando su tenedor y consciente de todas las miradas que se clavaban en ella—, creo que ya es hora de que se case. Tiene veinticuatro años. ¿O son veinticinco?

—Aún no hay nada decidido —dijo papá—. Hay mucho tiempo para pensar lo que es mejor… No solo para Olga sino para todas mis hijas.

—Ese príncipe heredero tuyo, Olga, ¿es guapo?

—Me han dicho que sí.

—¡Ja! Pues entonces no se quedará con ella. Tiene la frente demasiado alta —dijo la abuela Minnie—. Además, es demasiado sabihonda.

Lo cierto es que Olga era muy buena estudiante, muy inteligente. Monsieur Gilliard estaba contento con ella.

—Me siento muy orgulloso de la inteligencia y el sentido común de Olga —dijo papá, sonriéndole a mi hermana—. Ya lo sabes, madre.

—Pero Tatiana es más guapa —intervino KR—. Igual que la joven ingenua de mi obra. Una auténtica rosa rusa. Vaya, en el segundo acto de *La novia de Mesina*…

—¡No queremos oírlo! —le espetó el tío Bembo—. ¡Ya es bastante malo tener que aguantar esa obra detestable!

—¡Olga! —gritó de pronto la tía Miechen—. ¡Tira el zapato!

Era un juego tradicional al que jugaban las muchachas campesinas. Tiraban sus zapatos por encima del hombro y luego comprobaban qué letra formaban. Se creía que esa letra era la inicial del nombre de pila de su futuro marido.

Olga miró a papá, que se encogió de hombros como diciendo que a él no le importaba.

Lo que pasó a continuación fue tan rápido e inesperado que nos pilló a todos por sorpresa. Olga se quitó los zapatos, se situó de espaldas a la mesa y los tiró por encima de su hombro izquierdo.

Uno aterrizó en el plato de la abuela Minnie y el otro volcó su vaso, salpicando de vino tinto toda la delantera de su vestido de terciopelo azul claro y haciendo que chillase enfadada.

—¡Oh, muchacha perversa! ¡Mira lo que has hecho! Todo es culpa de tu repelente madre, que te ha criado sin normas, sin moral, sin respeto por nada ni nadie…

—¡Madre! —dijo papá—. ¡Estás perdiendo el control! Te aconsejo que vayas a cambiarte de vestido y tomes unas cuantas gotas tranquilizantes. Olga, discúlpate con tu abuela.

—Lo haré si ella se disculpa conmigo por su comentario sobre mi frente y por llamarme sabihonda —respondió Olga en tono firme.

En ese momento me sentí orgullosa de mi hermana. Como respuesta al enfrentamiento que tenía lugar en la sala, estalló sobre nuestras cabezas un potente trueno que duró un minuto largo.

Suspirando y sacudiendo la cabeza, papá se puso en pie y recorrió con la mirada la larga mesa.

—¿No podemos tener paz y orden dentro de nuestra familia al menos, aunque solo tengamos desorden y violencia en el mundo en general? ¿No podemos reunirnos como una familia, con amor, y apoyarnos unos a otros? No hace tanto que el tío Sergio estaba entre nosotros, y ahora ha desaparecido, destrozado por una bomba. A mí me han disparado y los terroristas me amenazan. Todos sabemos qué es vivir con el miedo y la incertidumbre en el cuerpo. Unamos nuestras manos, démonos un beso de paz y olvidemos nuestras mezquinas discusiones.

Extendió la mano y agarró la de KR a su derecha, y la del tío Sandro a su izquierda. De uno en uno, los demás hicimos lo que pedía, hasta que todo el mundo en torno a la mesa estuvo conectado con el resto. Luego cada uno de nosotros se inclinó para besar la mejilla de quienes tenía a derecha e izquierda. Yo besé al viejo tío Vladímir y a Petia, y oí que KR gritaba:

—¡Larga vida a la casa de los Romanov!

Siempre recordaré aquel momento, el comedor iluminado con velas, los espejos dorados, la plata reluciente y los platos con borde de oro, el mantel blanco y los cuencos de flores, las relucientes columnas de malaquita verde en torno a las paredes, el sonido de los truenos y la intensa lluvia.

Papá ordenó que iluminasen el escenario en un extremo del salón y nos condujo a nuestros asientos para asistir a la obra de KR. Me levanté para abandonar la mesa, y al hacerlo eché un vistazo al sitio de la abuela Minnie y a los zapatos de Olga. Habían caído en una clara «V». ¿Se casaría con alguien cuyo nombre empezase por V? En tal caso, pensé, no habría compromiso con el príncipe heredero de Rumanía, cuyo nombre, según mamá, era Carol.

9

*S*obró mucha comida del banquete, así que le pedí a Sedinov que bajase a las cocinas y preparase un cesto con las sobras. Juntos subimos el cesto a la sala de plancha, donde confiaba en encontrar a Daria, la hermana de Niuta.

Aunque era de madrugada, la habitación estaba muy iluminada y varias docenas de mujeres se hallaban encorvadas sobre sus tablas de planchar, pasando las pesadas planchas por telas y encajes. Niuta me había contado que las planchadoras nunca dejaban de trabajar. Cuando algunas se marchaban a comer o a descansar, siempre había otras esperando para ocupar sus puestos. Las planchas se mantenían calientes, y no paraban de llegar vestidos, enaguas y metros y metros de encaje para ser planchados, a todas horas del día y de la noche.

Encontré a Daria inmediatamente, ya que llevaba el mismo pañuelo rojo intenso del día en que llegó al palacio huyendo del incendio. Se asombró al verme, aunque su expresión sorprendida se hizo desconfiada enseguida, cuando se fijó en mi vestido de seda verde claro y en mis cabellos peinados con cuidado y sujetos con un lazo de seda verde. Yo llevaba al cuello las relucientes perlas que mamá me había regalado por mi cumpleaños. Se notaba que venía de un espléndido banquete o de una fiesta.

Al verme, las demás planchadoras hicieron una reverencia y se apartaron de las tablas en señal de respeto. Pero Daria apoyó ruidosamente la pesada plancha en el soporte metálico y se quedó donde estaba, enfrentándose a mí.

—¿Qué hace aquí? —quiso saber.

—¡Vamos a ver, muchacha! —gritó Sedinov airadamente—. ¡Recuerda a quién te diriges! ¡Esta es la gran duquesa Tatiana!

El hombre avanzó hacia ella como para golpearla o agarrarla del brazo.

—No, Sedinov —dije—. Daria y yo nos conocemos. Sabe muy bien quién soy.

—Entonces, ¿por qué no le muestra a usted respeto?

—Por la misma razón por la que decidió trabajar en una fábrica en lugar de hacerlo en palacio cuando llegó a San Petersburgo. No tiene buena opinión de mi padre ni de su gobierno.

—¿Y quién es ella para opinar? Una muchacha, solo una muchacha. Una muchacha cuyo marido no puede mantenerla, según parece. Si pudiese, no estaría aquí. Estaría en la cocina de su casa, o en el cuarto de los niños.

Sus ojos recorrieron la figura de Daria y se detuvieron en su vientre abultado. Sedinov no era muy hablador. Me sorprendieron sus palabras mordaces, aunque no su fervorosa lealtad.

Daria se volvió hacia Sedinov.

—No tengo marido —dijo—. Tenía prometido, pero los cosacos del zar lo mataron.

—Sin duda se lo merecía —respondió Sedinov con una mueca desdeñosa—. No llevarás una bomba debajo de la falda en lugar de un bebé, ¿verdad?

Al oír estas palabras, las demás planchadoras echaron a correr hacia la puerta entre chillidos. Antes de que pudiese tratar de detenerle, Sedinov había agarrado a Daria y se había puesto a estrujarle el vientre. La muchacha gritó de dolor.

—¡Cómo se atreve! ¡Deténgase! ¡Le hace daño a mi hijo!

Sedinov se encogió de hombros y soltó a Daria.

—Ya no podemos confiar en nadie —dijo—. El otro día arrestaron a doce albañiles aquí, en Tsárskoie Seló. Dos de ellos llevaban bombas en lugar de ladrillos en las carretillas.

—Daria —intervine—, te he traído comida del banquete que hemos celebrado esta noche. He pensado que tal vez quisieras llevártela al barrio en el que vivías. Niuta dice que allí tienes amigos que necesitan comida.

A regañadientes, Sedinov trajo la cesta y la dejó delante de Daria, que apenas le dedicó una mirada.

—¿Cuántos trabajadores muertos de hambre espera poder alimentar con esa cesta raquítica? ¿Cinco? ¿Diez, si dan bocados pequeños?

—¿No estaría bien alimentar aunque solo fuese a unos pocos? —dije alzando la voz, pues me sentía herida, arrepentida e irritada al tiempo por el rechazo de Daria.

Ella no respondió, pero cogió su pesada plancha y siguió trabajando. Sedinov fue a coger el cesto.

—Deje eso, Sedinov. Puede que tenga hambre durante la noche.

Nos acercamos a la puerta. Justo antes de llegar, oí la voz de Daria.

—Si de verdad quiere ser útil, lleve diez cestos a la puerta del lechero de la despensa al amanecer. Busque a la lechera llamada Avdokia. Ella se los llevará y se encargará de repartirlos.

—Lo haré si puedo —respondí, antes de cruzar la puerta que Sedinov me sostenía abierta.

Cuando regresé, solo las velas situadas bajo los iconos de las paredes iluminaban nuestro cuarto. Los criados se habían acostado, Niuta debía de estar en su habitación del desván y solo una de las adormiladas doncellas jóvenes esperaba despierta para ayudarme a desvestirme.

—Despiértame al amanecer —le dije mientras me quitaba el vestido y me ayudaba a desabrocharme las enaguas.

Le había pedido al fatigado Sedinov que preparase más cestos y los dejase junto a la puerta del lechero.

—Es inútil, alteza —me dijo—. No puede hacer gran cosa, por más que lo intente. Hay demasiadas bocas hambrientas. Y esa muchacha, esa hermana de Niuta, está llena de odio.

—Buenas noches, Sedinov —dije en tono cortés pero seco—. Por favor, haga lo que le he pedido.

El sirviente se marchó quejándose, y yo me acosté para dormir lo que pudiese.

Me desperté antes del amanecer y me lavé rápidamente la cara en el aguamanil de mármol. Tan deprisa como pude, me puse un traje de campesina que mi padre me había comprado el verano anterior; nos había proporcionado a todas faldas y chalecos bordados de vivos colores, y blusas de flores de un mercado al aire libre en una de nuestras escasas salidas al campo. Él se compró un par de pantalones de color rojo vivo y una camisa verde hecha de algún material basto. Con esas ropas parecía un granjero campechano y de buen corazón que saliese de sus campos de girasoles. Me trencé el pelo y me até bajo la barbilla un pañuelo rojo. A continuación, haciendo lo posible para no despertar a Olga, me deslicé fuera de la habitación y bajé hasta las cocinas y las despensas adyacentes.

No había nadie en la despensa de la leche, fresca y poco iluminada, con sus grandes tarros de loza y sus lecheras junto a las paredes. Fui hasta las altas puertas dobles de madera y las abrí con un crujido, justo lo suficiente para atisbar el patio.

Había llovido, y la tierra negra estaba empapada y llena de arroyuelos de agua sucia. Los charcos reflejaban la luz rosada del cielo, mientras los pájaros se lanzaban en picado para picotear trozos de paja, solo para alzar el vuelo en un torbellino de alas al paso de los carros cargados de cestas y sacos de mercancía para el palacio.

Sedinov me había obedecido. Conté diez cestos apilados junto a las puertas de la despensa, en espera de ser recogidos.

En ese momento entró en el patio un carro destartalado, tirado por un viejo caballo pinto.

—¡So, Folia! ¡No tan deprisa!

La mujer que llevaba el carro tiró de las riendas y soltó un gruñido.

—¡Hala, quieto ahí!

Despacio, como para acomodar su gran barriga, se apeó del carro y hundió las botas en el fango. Pensé que era tan corpulenta y alta como un hombre, y que también su voz era masculina. No obstante, su rostro ancho y poco atractivo, de carrillos fofos y nariz ancha, ojos hundidos y boca pequeña, casi remilgada, era sin lugar a dudas un rostro femenino, y había un atisbo de coquetería en la forma en que su espeso y lacio cabello negro se rizaba en torno a las orejas, con sus pequeños pendientes de oro.

Izando dos grandes recipientes de leche del carro, se me acercó dando fuertes pisadas, chapoteando en los charcos y haciendo caso omiso de los manchurrones oscuros que el agua dejaba en su mugrienta falda amarilla. Cuando llegó a las puertas de la despensa, las abrió de un empujón, a punto de derribarme, y dejó su carga. Sin embargo, apenas me dedicó una mirada antes de ver los cestos. Cogió tantos como pudo llevar y, tras dejarlos en el carro, volvió con más leche.

—¿Es usted Avdokia? —pregunté con un ligero temblor en la voz, pues era verdaderamente formidable, sobre todo para mí, que aún era una niña.

—Avdokia Stepanovna Novi —dijo con su voz profunda y áspera mientras levantaba los demás cestos y regresaba al carro.

—¡Espere! Quiero… quiero ir con usted.

No tenía pensado decirlo; en realidad no tenía pensado decir nada. Nunca supe por qué lo hice.

—Me dijo Daria que la buscase, que la esperase —añadí.

—¿Daria? ¿Eres amiga de mi Daria?

—Y de Niuta —dije, a sabiendas de que, desde luego, Daria no me habría llamado amiga, y de que Niuta era criada de mi madre.

Avdokia me miró con atención por primera vez, fijándose en mis ropas de campesina, mis trenzas, mi pañuelo… y mis zapatos de raso. Poseía un par de botas de campesina de fieltro, pero no de piel, así que me había limitado a ponerme los zapatos que llevaba en el banquete.

Vi desconfianza en los hundidos ojos negros de la lechera y comprendí que estaba tomando una decisión acerca de mí. Al final dijo:

—Sube.

La mujer me indicó con un gesto que subiese al carro con ella.

—Te llevaré a Víborg, hijita —dijo—. Te enseñaré cosas que nunca has visto.

10

Carretas de carga bloqueaban la carretera mientras nos aproximábamos a las afueras de la ciudad, y el aire estaba cargado de polvo y humo. Yo iba en la parte trasera del carro, detrás de la imponente silueta de Avdokia, que ocupaba el asiento del cochero, y me sentía cada vez más pequeña y perdida entre el tráfico lento que nos rodeaba.

Estábamos en la ciudad de las chimeneas, como Olga y yo llamábamos a los suburbios fabriles que a menudo divisábamos desde las ventanas del Palacio de Invierno. Había visto muchas veces la ciudad de las chimeneas desde lejos, pero nunca había estado cerca de ella, ni había recorrido sus calles estrechas como hacía ahora, con Avdokia gritando, insultando a los demás cocheros y azotando a su viejo caballo con la fusta en un vano intento por lograr que fuese más deprisa.

En aquellas carreteras no había carruajes elegantes como en la ancha avenida Nevski, situada en la orilla del río en que se hallaba el palacio, y no pasamos junto a tiendas ni hoteles elegantes, solo junto a filas y filas de apretados bloques de pisos feos, uniformes y en malas condiciones, con alguna que otra taberna y prostíbulo, donde las mujeres se exhibían en sórdidos escaparates.

Perros flacos iban por las calles con el rabo entre las piernas, y había borrachos tumbados en las cunetas, por donde corrían apestosos chorros de agua. Caballos muertos y cubiertos de moscas, que nadie se había molestado en retirar, obstruían el paso.

Junto al mercado Shchukin cruzamos una zona donde habían ardido todos los edificios y solo quedaban maderas ennegrecidas.

Pensé en lo que Daria había dicho sobre el terror del fuego, en el pánico que debieron de pasar los trabajadores encerrados en la fábrica antes de ser liberados para correr al exterior, rodeados de calor, humo y llamas abrasadoras.

En ese momento llegamos a un edificio inmenso que parecía reparado después de arder de forma parcial; encima de las enormes puertas estaba pintada la palabra FÉNIX en gruesas y desiguales letras negras. Una docena de guardias se hallaban ante aquellas puertas, armados con fusiles, y conté a diecisiete policías y soldados a caballo preparados, observando a una multitud andrajosa que pululaba y se había reunido en la calle. Algunas personas llevaban carteles que decían TRABAJADORES UNIDOS Y FRATERNIDAD. Nos cayó encima una densa ceniza gris procedente de dos chimeneas altas que se cernían sobre el tejado del edificio, dando un tono uniforme de gris apagado a la multitud, los guardias, la policía, los soldados e incluso los caballos.

Avdokia blandió la fusta y seguimos adelante por calles cada vez más estrechas en las que se pudría la basura y se acumulaban desperdicios humanos y animales. Me pregunté dónde estarían los basureros. ¿Por qué no habían recogido toda aquella suciedad como hacían cerca del Palacio de Invierno y en Tsárskoie Seló?

El hedor era insoportable. Me tapé la nariz e intenté convencerme de que solo sería un momento. Pronto saldríamos de aquel lugar espantoso. Por primera vez empecé a asustarme. ¿Y si nunca salía? ¿Y si me quedaba atrapada allí, obligada a trabajar en una fábrica como Daria, encerrada para siempre? ¿Envejecería y moriría allí? ¿Sabría algún miembro de mi familia dónde buscarme?

De pronto Avdokia dio un brusco giro y pasó por debajo de un arco para entrar en un sórdido patio. Detuvo el fatigado caballo y se bajó del carro, diciendo:

—Bueno, ya estamos.

Cogió varios de los cestos, que habían quedado cubiertos de ceniza gris.

Bajé tras ella por un tramo de empinadas y estrechas escaleras de piedra, tambaleándome y a punto de caer ya que no había barandilla a la que agarrarse. Tampoco había luz, y a medida que descendíamos se hacía cada vez más difícil distinguir los peldaños, aunque se oían muchas voces, algunas alzadas en tono de discusión. Por fin llegamos al pie de la escalera y, sin molestarse en llamar, Avdokia abrió de golpe una pesada puerta.

La escena del interior resultaba de una miseria indescriptible. Unos cuantos peldaños más conducían a un cuarto asqueroso en el que ardían varias velas tenues en candelabros colgados de las paredes mugrientas. Había una docena de personas de pie, a algunas de las cuales les llegaba un agua maloliente hasta los tobillos, discutiendo en voz alta, mientras en el hueco de la escalera una pareja trataba de dormir en un estrecho catre, con un niño muy pequeño entre ambos.

Las calles me habían parecido repugnantes y fétidas, pero el hedor de aquella habitación oscura era mucho peor. El tufo agrio de sopa rancia de col se mezclaba con el olor penetrante y dulzón del alcohol y la peste de cuerpos sucios y orinales sin vaciar. En un rincón de la habitación una mujer lavaba ropa en un cubo de estaño; en otro, un hombre fumaba una larga pipa llena de tabaco barato de la clase que Sedinov prefería.

Avdokia se hallaba en el umbral y sostenía en alto varios cestos llenos.

—¡Comida! —gritó—. ¡He traído comida!

Surgió un grito, un grito de sorpresa e incredulidad.

Uno de los hombres, corpulento y con las mejillas enrojecidas, echó a correr escaleras arriba con sus botas mojadas y trató de abrazar a la lechera.

—¡Avdoshka, dulce Avdoshka, dame un beso! ¡Estás más fea que nunca, pero eres mi chica! ¡Ven aquí!

—¡Cuidado con tus huevos, Mihajlik! ¡Tengo un cuchillo!

Ambos se echaron a reír. El hombre cogió uno de los cestos y volvió a bajar las escaleras mientras los demás se apiñaban a su alrededor.

Dejaron la comida en un banco y todos los presentes se arrojaron sobre el cesto con glotonería, olvidando la discusión que mantenían hacía un instante. Avdokia salió de nuevo a buscar los demás cestos, y sus idas y venidas llamaron la atención. Pronto acudieron en masa al sótano otros vecinos del edificio para participar del festín.

Me quedé cerca de Avdokia, que me ignoraba, mirando las caras de la gente que devoraba la comida deliciosa que habíamos llevado.

Poco imaginaban que se trataba de comida de la mesa del propio zar.

En su mayoría eran caras grises y demacradas, con los ojos muy brillantes de hambre y las mejillas macilentas. De los hombres, solo Mihajlik, el que había hablado con Avdokia, tenía el cuerpo de un hombre maduro; los demás tenían la estatura y los miembros de unos muchachos, aunque sus rostros mostraban que sin duda eran mucho mayores.

—¿Dónde está el vodka, Avdokia? —gritó uno de los hombres—. ¡Hay que brindar!

—Para ti agua, Drozia. ¡Solo te mereces agua!

—¡Me merezco lo mejor!

—¡Que alguien traiga agua!

—¡Vamos, chica, sube corriendo a buscar agua!

Alguien me puso un cántaro en las manos. Yo no sabía qué hacer. En palacio, eran los criados quienes iban a buscar toda el agua, y yo ignoraba de dónde la sacaban.

—¡No te quedes ahí parada, chica, tráenos agua!

Abrí la boca para contestar, pero antes de que pudiese responder nada el hombre que me había dado el cántaro estaba gritándole a Avdokia:

—¿Es una de tus hijas, Avdokia? Siento mucho decírtelo, pero me parece un poco holgazana —dijo, antes de mirarme de nuevo—. No, pensándolo bien no puede ser una de tus hijas, porque va demasiado limpia.

Este comentario fue acogido con una carcajada, y me di cuenta de que muchos de los presentes me estaban mirando.

—Ha venido de palacio con la comida —les aclaró Avdokia en tono seco.

El hombre que estaba a mi lado se inclinó hacia mí, fingiendo mirarme con furia.

—Entonces tal vez deberíamos asarla —masculló.

—No, está demasiado flaca.

Comprendí que tenía que decir algo, aunque, por supuesto, no quería que nadie averiguase mi verdadera identidad. Además, pensé que si les decía que era hija del zar se limitarían a reírse de mí y a tomarme por una loca.

—Mi madre trabaja en la sala de plancha de palacio, con Daria. En palacio nos obligan a bañarnos al menos una vez por semana

—dije con voz apagada y aguda de nervios—. Odio el baño —añadí, al darme cuenta de que debía sonar demasiado remilgada para ser hija de una planchadora. En realidad pensaba justo lo contrario, que en ese momento daría cualquier cosa por poder meterme en la bañera de plata que compartía con Olga y oler el jabón de almendras que utilizábamos.

—¡Seas quien seas, tengo sed!

Avdokia se me acercó con un cántaro en la mano y salió conmigo hasta el patio en el que aguardaba su carro. Al fondo había un grifo. Sobre él habían clavado un cartel que decía: HIÉRVASE TODA EL AGUA ANTES DE BEBERLA.

Avdokia me enseñó a abrir el grifo y llenar el cántaro, y a continuación llenó el suyo.

—¿Por qué hay que hervir el agua? —le pregunté.

—¡Madre del amor hermoso, qué inocente eres! ¡Tienes que saber que el agua te pone enferma!

Sabía que muchas personas se ponían enfermas en San Petersburgo, miles y miles de ellas según decía mamá, pero ¿por beber agua?

—La gente de este edificio es afortunada —me decía Avdokia—. Puede subir aquí, hasta este caño, y tener agua siempre que quiera. Los pobres desgraciados de la puerta de al lado no cuentan con esa suerte. Tienen que ir al río.

Pensé en todas las veces que había visto tirar al río estiércol, basura y animales muertos, además de todos aquellos telegramas que recibía mi padre. En el río había toda clase de cosas repugnantes. ¿Cómo podía beber alguien de él?

Cuando regresamos al piso y Avdokia puso el agua en un hervidor sobre la cocina ennegrecida, alguien trajo vodka y las botellas pasaron de mano en mano.

—Vamos, chica, da un sorbo. ¡No te hará daño!

Sintiéndome imprudente, dejé que un poco de aquel líquido abrasador me cayese en la lengua… y enseguida empecé a toser. Una docena de brazos me dieron unas palmaditas en la espalda.

—Venga, venga, niña de palacio, niña de bañera. Toma otro trago. Te sentará bien. ¡Y come un poco! ¡Apuesto a que nunca has probado en toda tu vida nada tan bueno!

De modo que cogí un trozo de cordero y empecé a comer, mientras a mi alrededor brindaban por la huelga, por los trabajadores de todas partes y por Avdokia, la cual bebió tanto que se durmió en el viaje de regreso a Tsárskoie Seló, y Folia, el cansado caballo gris, tuvo que encontrar el camino de vuelta a casa.

11

Fue más o menos por esa época cuando empecé a ver que la abuela Minnie y nuestro tutor, monsieur Gilliard, hablaban muy a menudo. Caminaban juntos por los jardines de Tsárskoie Seló y ella le invitaba a tomar el té en la glorieta o en la pagoda china, junto al lago. No pude dejar de observar que hablaban durante mucho rato y que la abuela Minnie parecía muy seria.

Confié en que no hablasen de mí. Sabía que la abuela Minnie me consideraba una muchacha perezosa y encorvada, y que estaba convencida de que no seguía las clases tan bien como Olga, lo cual era cierto. Olga era mucho más lista que yo, aunque la abuela Minnie siempre la estaba criticando por tener la frente grande y no tenía buena opinión de ella por sus modales demasiado audaces.

Empecé a preocuparme cada vez que veía juntos a la abuela Minnie y a monsieur Gilliard. ¿Planeaba ella algún terrible castigo para mí? ¿Tendría que hacer más trabajo escolar, o debería pasar más horas al día en el aula?

Supongo que me sentía nerviosa y culpable por mi viaje secreto a la ciudad de las chimeneas con Avdokia, la lechera. Ningún miembro de mi familia se enteró de las horas que pasé lejos de Tsárskoie Seló; solo Daria y Niuta sabían dónde había estado y qué había hecho, y tenían motivos de sobras para guardar silencio. Temía que la abuela Minnie pudiese enterarse y tratase de confinarme para que no pudiese volver a irme. Hasta soñé que me encadenaba a la cama, y desperté gritando que me liberasen.

Para entonces habían hecho caso de mis súplicas para que me diesen un cuarto para mí sola, mi propio dormitorio pequeño, rosa y amarillo, con mi incómoda cama plegable y un catre para Niuta, que dormía cerca por si yo necesitaba algo durante la noche. Mi querido perro lobo Artipo dormía en mi cama, aullando mucho debido a su pata llagada e hinchada. Yo hacía lo posible por consolarlo, poniéndole un ungüento curativo en la pata y envolviéndosela en suave fieltro, pero seguía aullando y yo sabía que sufría.

Monsieur Gilliard nos daba clases acerca de los dioses y diosas griegos y romanos. Los parterres de palacio estaban llenos de estatuas clásicas, y el profesor me encargó la tarea de sacar mi cuaderno de dibujo y dibujar las estatuas, intentando identificar a cada una. Esbozaba ensimismada un Zeus de espesa barba cuando oí la voz estridente y autoritaria de la abuela Minnie y la voz de barítono comedida y con un ligero acento de monsieur Gilliard. Me agaché detrás de la estatua y hallé un escondite entre dos hileras de rosales, confiando en que no me viesen. Pasaron muy cerca de mí y se sentaron en un banco de hierro forjado. Contuve la respiración, temiendo que pudiesen descubrirme. Sin embargo, muy pronto me quedé totalmente absorta en lo que decía la abuela Minnie y me puse a escuchar con atención.

—¡En qué estado se halla, Pierre! Le digo a usted que cada día está peor. Tiene una mirada muy rara, ¿no se ha fijado? Como si desconfiase del mundo entero. Permanece en esa habitación suya día y noche, no sale, siempre tiene dolor de cabeza o de pierna, o si no pasa noche tras noche en vela con el niño, o haciendo Dios sabe qué con ese asqueroso Novi siberiano, ese que se autodenomina «bribón de Dios», Rasputín. Quisiera saber, Pierre, qué opina usted de él.

—Nunca he conocido a nadie como él. La verdad, no sé qué pensar. Parece como si… perteneciese a otra raza de hombres.

—¡Otra raza de ladrones, dirá usted! ¿Sabe que la policía le vigila? Yo he dado la orden.

—¿Ha hecho algo sospechoso?

—Dicen que estuvo encarcelado en Tobolsk.

—¿Está segura de eso?

—Intento asegurarme, sí. Quiero averiguar la verdad para lograr que Nicky la crea y acabar con el poder que ella tiene sobre él, y que ese asqueroso siberiano tiene sobre ella.

Hablaban de mamá, por supuesto, y del siberiano, a quien llamaban padre Grigori. Confieso que mi primera reacción fue de alivio al ver que no hablaban de mí. Sin embargo, mientras escuchaba a la abuela Minnie, me di cuenta de que lo que decía era muy cierto. Mamá se había vuelto más retraída y desconfiada. Pero eso se debía a que caía mal, a que casi ningún miembro de la familia imperial se moría por verla ni quería estar con ella. Al contrario, se esforzaban por criticarla e insultarla.

—¿Sabe usted? El otro día, cuando llovió tanto, se puso a chillar porque nadie encontraba su impermeable. Estuvo así media hora, gritándoles a sus doncellas y tirando cosas. Parecía una loca. Luego resultó que le había regalado el impermeable a su hermana Irene cuando vino de visita, pero lo había olvidado y acusaba a sus camareras de robar el impermeable y venderlo. ¡Imagínese!

—Se ha vuelto olvidadiza. Creo que debe ser por esa medicina que toma para dormir. La deja atontada y le nubla la mente.

Oí que la abuela Minnie lanzaba una exclamación de desprecio.

—¿Es esa medicina la que hace que vea a su difunta madre?

—¿Cómo?

—Me lo contó Niuta. Alejandra afirma ver a su difunta madre, caminando por los corredores de palacio.

Se produjo una pausa y luego oí que monsieur Gilliard decía:

—No estaba enterado de eso.

Lo dijo de un modo que me hizo pensar que le parecía preocupante. A mí no me preocupaba, pues toda la vida había oído decir a mamá que veía a su madre. Yo juzgaba normal ver fantasmas. Los criados estaban seguros de que el fantasma del zar Pablo recorría los pasillos del palacio de Alejandro, y les oía susurrar otras historias sobre espíritus. Yo personalmente nunca había visto ninguno.

Cuando la abuela Minnie volvió a hablar, lo hizo en un tono distinto, más prudente.

—¿Ha oído hablar de un médico judío de Viena que trata las mentes desequilibradas? Muchas personas acuden a él, algunas muy bien relacionadas, incluso miembros de la realeza. No es un curandero como el siberiano, aunque algunas ideas suyas parecen rebuscadas.

—Si se refiere usted al doctor Freud, sí, he oído hablar de él.

—Me he informado. Creo que podría convencerle de que tratase a Alejandra, si ella cooperase.

—Pero no irá usted a decirme… que cree que la zarina está loca.

—Creo que está desequilibrada, sí. Y otros también lo creen.

—¿Qué dice el zar?

—No lo he comentado con él, pero lo haré. Y creo poder persuadirle de que su esposa está enferma y necesita tratamiento.

Se levantaron del banco y echaron a andar juntos hacia la isla de los Niños, sin dejar de hablar de ese médico y de mamá. Me pregunté si sería una artimaña. ¿Tramaba algo la abuela Minnie? Yo no confiaba en ella. Deseaba proteger a mamá.

No, me dije. No permitiría que ocurriese. Sabía que a los locos se les encerraba en habitaciones oscuras y se les maltrataba, tal vez incluso se les torturaba. No podía permitir que le ocurriese a mi querida mamá. Yo la protegería.

Cuando se marcharon la abuela Minnie y monsieur Gilliard, traté de seguir con mi esbozo del barbudo Zeus, pero mis pensamientos intranquilos no dejaban de estorbarme. En lugar de la estatua del dios no dejaba de ver a un médico vienés, un médico con gafas como el doctor Fiódorov y traje oscuro con chaleco como el otro médico de Alexis, el doctor Raujfus. Llevaba un gran cazamariposas en la mano y perseguía a mamá por el césped, pero mamá, con su pierna mala, no podía correr lo suficiente para escapar de él.

Sacudí la cabeza para tratar de ahuyentar aquellas imágenes aterradoras, aunque no pude desechar el temor de que le ocurriese algo a mamá, y cuando por fin acabé mi pobre esbozo de Zeus y se lo entregué a monsieur Gilliard al día siguiente, el hombre me miró sorprendido.

—Has captado la furia del gran dios, Tania, pero ¿dónde está su benevolencia? ¿Dónde está su sabiduría? —preguntó, sacudiendo la cabeza—. Hay una estatua de Dafne en la isla de los Niños. ¿Por qué no tratas de esbozarla? ¿Recuerdas la historia que te conté, la que narra que Dafne, perseguida por Apolo, suplicó a Zeus que la rescatase y la convirtiese en un laurel? La estatua está bien concebida; el escultor ha creado una mujer que se está transformando en algo completamente distinto. Es mitad mujer, mitad árbol. Veamos si puedes captar esta transformación en tu boceto.

Hice lo que monsieur Gilliard pedía, y volví a llevarme el cuaderno de dibujo a los jardines. Pero mientras miraba fijamente la estatua de Dafne e intentaba observar cómo sus brazos se convertían en ramas, sus piernas en un tronco y su rostro atormentado y boquiabierto en la corteza de un laurel, solo podía pensar en mamá. ¿También ella se estaba transformando, como la abuela Minnie parecía creer? ¿Estaba dejando de ser mi guapa y cariñosa madre para convertirse en una loca gritona de extraña mirada, desconfiada e incapacitada, demasiado asustada para afrontar el mundo y obsesionada con el fantasma de su difunta madre?

Querida mamá, pensé, ¿cómo puedo ayudarte? ¿Qué puedo hacer por ti? Decidí, en ese momento y lugar, hacer todo lo que pudiese para protegerla.

12

Las aguas azules y centelleantes del Solent lanzaban destellos a la luz del sol mientras docenas de elegantes veleros estaban anclados entre el suave oleaje. Nuestro velero, el *Standart*, destacaba entre ellos por su tamaño y magnificencia, así como por el gran número de lanchas que iban y venían entre él y el suntuoso embarcadero que se extendía desde la Escuadra Real de Yates con sus torrecillas imaginativas y su amplio porche entoldado que daba a la preciosa vista del agua.

Habíamos viajado hasta Cowes, en la isla de Wight, frente a las costas meridionales de Inglaterra, invitados por el tío de mamá, el rey Eduardo VII, y la hermana de la abuela Minnie, la reina Alejandra.

«Ven para las regatas, Nicky», decía la carta del rey a papá. «¡Tienes que ver cómo aplasto a ese arrogante sobrino mío, a ese Willie! ¡Puede que tenga una armada más grande que la mía, pero te aseguro que no tiene un velero más rápido!»

El *Standart* no era un velero de regatas y no iba a participar en la competición. Como era mucho más viejo y pesado que los demás, tendía a revolcarse —eso decían los marineros— y no se tripulaba con la facilidad de las embarcaciones más ligeras y rápidas, que al fin y al cabo estaban concebidas para la velocidad y no para la comodidad o la elegancia. Además, papá no era un deportista como el tío Eduardo; aunque le gustaba cazar, no le agradaba competir. No habría disputado una regata por muy rápido que navegase o por muy ligeramente que pasase rozando el agua. Por otra parte, el tío Eduardo siempre estaba compitiendo con algo o alguien, tal como me dijo mamá con cierto aire de desdén:

—Mi primo Bertie siempre ha sido un hombre de gustos superficiales. Tu tío representó una gran decepción para su madre. Lo sé porque ella nos lo confesó con frecuencia cuando éramos pequeños.

Yo me hallaba de pie ante la valla, contemplando la amplia extensión de veleros y barcos más pequeños, y podía distinguir con facilidad los dos veleros, que pertenecían respectivamente al tío Eduardo, al que en familia apodaban Bertie, y al primo de mamá, Willie, que era el emperador alemán Guillermo II, el hombrecillo beligerante de quien tanto se hablaba, cuyo rostro reconocí por la fotografía que mamá tenía en su habitación, conocido por sus arrebatos de cólera y por tener el brazo izquierdo atrofiado.

—Willie siempre tiene que ganar —dijo papá junto a mí, sonriendo con ternura—. ¡Mirad ese velero! Es el producto más nuevo y de mayor calidad de los astilleros de Kiel. El barco de Bertie nunca lo alcanzará.

Además de ser una visita familiar, nuestra visita a Cowes era, por supuesto, una visita de Estado, y los periódicos estaban llenos de fotografías de los tres soberanos, es decir, el tío Eduardo, Willie, primo de mamá, y papá, todos con aspecto simpático y alegre. No parecían en absoluto gobernantes a punto de sumir a sus países en la guerra.

Pero eso era lo que publicaban los periódicos bajo las agradables fotografías: «Empeoran las relaciones. El káiser, enfrentado con Gran Bretaña, Rusia y Francia». «La visita de la realeza a la isla de Wight puede ser el preludio de la guerra.» «Fracasa el conciliábulo naval.»

No importaba lo que dijesen los titulares; lo cierto es que teníamos ganas de pasarlo bien. Todas las tardes se celebraban bailes, uno de ellos en nuestro honor. Me puse un vestido de seda a rayas azul y marfil, con mangas abullonadas de encaje y lazos de color rosa. Era mi primer vestido con el cuerpo ceñido, diseñado no para una niña sino para una muchacha, con volumen añadido para mis nuevos pechos, que empezaban a emerger. Me sentía orgullosa y avergonzada al tiempo por los cambios que se producían en mi cuerpo. Esperaba nerviosa que algún día me manase sangre de entre los muslos, tal como mamá me había explicado que ocurriría. Olga había empezado a experimentar sus días de sangre y se mostraba muy engreída, trayendo incluso su ropa interior manchada a mi habitación y haciendo ostentación de ella, cosa que resultaba sumamente impúdica.

—Tranquila, Tania, tardará siglos en sucederte a ti —decía—. Siempre vas retrasada. Retrasada en crecer, en tu trabajo escolar, en tu comprensión del mundo real... Sigues siendo una cría. Tu sitio está en el cuarto de los niños.

Pero cuando el príncipe Adalberto me invitó a bailar, ya no me pareció que mi sitio fuese el cuarto de los niños. El príncipe era hijo del primo Willie y mucho más atractivo que su padre, un hombre inquieto que apenas me miró cuando nos presentaron y no paró de desplazar el peso de una pierna a otra con gesto nervioso. El káiser tenía una carita cómica parecida a la de un duende y un enorme bigote oscuro vuelto hacia arriba, pero Adalberto era rubio, con unos preciosos ojos azules y un bigote rubio de aspecto suave que adornaba su labio superior de una forma muy masculina.

Me cogió de la mano y me sacó a la pista de baile con una sonrisa que conquistó mi corazón de inmediato. Me enamoré como una colegiala. El tacto ligero de su mano en mi cintura, sus dedos en los míos mientras bailábamos el vals y sus palabras amables me produjeron una suave confusión, por lo que trastabillé con mis respuestas y olvidé mis clases de la escuela de baile sobre cómo seguir a mi pareja con elegancia. Al parecer, mi torpeza le resultó encantadora, y me dijo que era una muchacha muy bonita.

Me llevó a bordo del *Meteoro*, el enorme velero de su padre, y me mostró su elegante diseño, así como su cubierta y entablado de liviana madera de balsa, su ligera estructura de acero y sus casi once mil pies de velamen.

—El barco de mi padre es mucho más rápido que el del rey, el *New Britannia* —dijo con cierto orgullo—. El *Meteoro* ganó el año pasado la copa de las regatas del sultán de Johore. Dejó muy atrás a todos los demás.

—¿Tú también compites? —le pregunté a Adalberto, pensando en lo guapo que era, con sus ojos azul claro y su pelo rubio y rizado, sus labios rosados y sus dientes blancos. Nunca me habían besado, pero quería que ahora él lo hiciese. Hube de recordarme que Adalberto era primo segundo mío, y mucho mayor que yo.

—Por supuesto. Tengo mi propio velero, el *Mercurio*. Naturalmente, es mucho más pequeño que el *Meteoro*, solo una embarcación de cuarta clase. Pero sus velas son alas. ¡Vuela!

Adalberto no estuvo presente en el gran baile celebrado la noche siguiente en nuestro honor en la Escuadra Real de Yates. El primo Willie había declinado la invitación al saber que el tío Eduardo le acusaba de querer ser el «amo de Cowes», y Adalberto también se había visto obligado a declinar su invitación.

—No solo soy el amo de las regatas de veleros —dijo el primo Willie, según la abuela Minnie—, sino que además pronto seré el amo de todos los océanos del mundo.

—¡Qué fanfarrón! —exclamó mamá al oír esto mientras terminábamos de arreglarnos para el baile—. ¿Quién se imagina que es para hablar así?

—Según dicen, posee la armada más grande del mundo —comentó papá, cogiendo su copa de champán. Estaba reclinado en una mullida butaca del vestidor de mamá, fumando un cigarrillo y haciendo anillos de humo.

—Tal vez sea la más grande, pero desde luego no es la mejor. Sin duda, ese honor le sigue correspondiendo a la flota del tío Eduardo.

—Desde luego, no le corresponde a la nuestra —dijo papá con un suspiro—. No después de los daños que sufrimos cuando atacaron los japoneses. ¡Tantos barcos y hombres buenos perdidos!

—¡No te preocupes! ¡Algún día la armada rusa recuperará su grandeza!

Mamá hacía lo posible por hablar con voz alegre y segura, pero suponía un evidente esfuerzo para ella, y me di cuenta de que se sentía muy agobiada. Se estaba poniendo colorada, y en sus mejillas se veían las manchas que siempre le salían cuando estaba tensa. Los actos públicos le causaban pavor y ansiedad. Se alisó el vestido y se acomodó el pelo, peinado en un moño alto.

—¡Olga! ¡Tania! Venid aquí, niñas, y escuchad con atención. En la corte del tío Bertie hay normas distintas de las nuestras. En primer lugar, nunca os quedéis mirándole la barriga.

No pude evitar soltar una carcajada.

—Es susceptible con el tema de su peso, y le gusta hacer como si aún fuese joven y atractivo. Dejemos que lo haga. Y cuando nos sentemos a cenar, no toquéis la confitura de Bar-le-Duc. Es su pre-

ferida. No le preguntéis nada ni le digáis nada si no os habla él primero. Recordad que es un rey.

—¡Pero nosotras somos grandes duquesas!

Mamá no pudo evitar una sonrisa.

—No deshonréis a vuestra familia. Además, si soltáis risitas o
hacéis el ridículo, sin duda papá y yo nos echaremos a reír, y eso no
puede ser.

Cuando nos presentaron al tío Eduardo y a la reina Alejandra,
tuve que parpadear varias veces para asegurarme de que lo que veía
no eran imaginaciones mías. El rey era un anciano de pelo y barba
blancos, inmensamente grueso, que llevaba un chaleco escocés de
color rojo bajo el traje de etiqueta. Estaba sentado en una amplia
butaca en forma de trono que habían instalado en un extremo del
salón de baile, junto a la tía Alejandra, sonriente, guapa y morena,
y tenía el historial reciente de las regatas doblado y apoyado en el
regazo.

Cuando anunciaron nuestros nombres, Olga y yo echamos a
andar en dirección a los monarcas y les dedicamos una reverencia.

El rey nos miró con gravedad y luego dijo con voz ronca de
bajo, lo bastante alto para que mamá le oyese:

—Veo que traes dos buenas potras, Sunny. ¿Dónde está el resto?

Jamás había oído que nadie llamase a mamá por su apodo de la
infancia, «Sunny», rayito de sol. Ella se ruborizó al oír aquel apelativo, aunque no pareció muy disgustada. Luego oí que respondía
con su voz suave:

—Están en el *Standart*, Regordete.

El rey pareció sobresaltarse y luego estalló en una carcajada tan
sincera y contagiosa que fueron muchos los que sonrieron.

—¡Regordete! ¡Ja! ¡Regordete! —contestó el anciano, cuyas
facciones risueñas resultaban infantiles—. Hacía años que no oía ese
nombre. Así me llamaba nuestra amada reina. ¡Regordete! Tienes
que venir conmigo en mi nuevo Daimler, Sunny. ¿Vendrás?

—Con mucho gusto, si su majestad lo desea.

—Vamos, Sunny, olvida los tratamientos. ¡Prefiero «Regordete»!

El rey nos hizo sentar junto a él en la cena y continuó mos-
trándose alegre y contento mientras devoraba plato tras plato de
espléndidos manjares, cada uno acompañado de un vino distinto
y excelente. Tenía junto al codo un tarro de confitura de grosellas

de Bar-le-Duc, con la que untaba generosamente las carnes y los pescados, la langosta e incluso las guarniciones de sutiles sabores. A veces el rey hacía una pausa para escuchar a la animada orquesta —la Blue Hungarian— y agitaba el tenedor en el aire al compás de la música.

El salón de baile era magnífico, con enormes centros llenos de orquídeas y lilas blancas que adornaban las mesas para la cena. Comíamos en una preciosa vajilla de Sèvres y bebíamos en relucientes copas de cristal que brillaban con tanta intensidad como las diademas de las damas. Detrás de cada silla, altos lacayos de casaca amarilla y pantalón verde aguardaban preparados para retirar platos, llenar copas e incluso recoger las flores sueltas que caían de los vestidos de tul blanco de las mujeres.

Yo no podía dejar de pensar en las escenas que había presenciado en Víborg, aquel mundo horroroso y sin embargo fascinante de necesidad, hacinamiento y miseria en San Petersburgo. ¿Qué pensarían todas aquellas personas vestidas con elegancia y bien alimentadas si pudiesen ver lo que yo había visto allí? ¿Qué pensaría mi familia si supiese que había ido al piso de Daria en el sótano con Avdokia, la lechera, no una vez sino varias, llevando en cada ocasión comida y ropa usada, y la última vez medicinas para la mujer del piso repugnante que tenía aquella tos tan mala?

Mis reflexiones se vieron interrumpidas por la voz estridente de una mujer sentada frente a mí, una norteamericana.

—Me la hicieron en París —le decía a su vecino—. Es una copia exacta de la corona de una reina española.

—La mía es la réplica de una que llevó la emperatriz Josefina en su coronación —se oyó otra voz femenina.

—Por supuesto, unas son auténticas y otras no. Dicen que las casas de empeños están llenas de diademas con gemas falsas. Al fin y al cabo, la realeza tiene sus oropeles.

Este comentario tan poco acertado se vio acogido por un silencio. Todos los comensales miraron al rey por si se había ofendido. Sin embargo, el monarca estaba concentrado en la fuente de perdices colocada ante él y no parecía haber oído nada.

Ante nuestra mirada, el rey cogió un cuchillo y untó las aves asadas con confitura de Bar-le-Duc. A continuación dio un bocado. Al instante las comisuras de sus labios se inclinaron hacia abajo y su nariz se arrugó de disgusto. Escupió el bocado de perdiz en la fuente de delicada porcelana.

—¡Esta salsa sabe a cuero de zapato viejo! —exclamó—. Además, las aves están duras. Traedme mi suflé de ciruelas pasas.

Cogió la fuente de perdices, la arrojó sobre la alfombra y alargó el brazo hacia su copa de vino.

13

$\mathcal{L}$os preparativos para la regata avanzaban a un ritmo febril. Cada tarde, Willie, el primo de mamá, organizaba prácticas para su tripulación, con viento favorable o desfavorable, dirigiéndola en persona. Varias veces ordenó sacar el *Meteoro* del agua y rascar su proa para que la superficie lisa y rápida del estrecho casco no quedase deslucida por ninguna suciedad, alga o crustáceo.

El tío Bertie no iba a bordo del *New Britannia*, pero contaba con una magnífica tripulación —eso decían— y contemplaba cómo navegaban de un lado para otro frente a la Escuadra Real de Yates cuando no estaba ocupado conduciendo su Daimler, organizando desfiles a la luz de las antorchas o hablando de las esperanzas que tenía en sus magníficos caballos de carreras Persimmon y Witch of Air.

Estaba prevista la participación de cinco veleros en la regata, aunque todo el mundo estaba de acuerdo en que sin duda ganaría el *Meteoro* o el *New Britannia*, ya que los demás barcos eran inferiores en cuanto a diseño y manejo.

—Además —nos dijo mamá a Olga y a mí—, no dejarían que participase en la regata ningún barco verdaderamente rápido. No pueden permitir que el barco de un plebeyo derrote a un velero perteneciente a la realeza.

A medida que se aproximaba el día de la regata, mamá se fue sintiendo cada vez más hastiada de tanta conversación sobre regatas y cansada de esperar en el césped ante la Escuadra Real de Yates para presenciar las carreras de prueba de las tardes.

—Me parece que invitaré a las señoras a tomar el té a bordo del

Standart —dijo—. Sí. Una fiesta solo para las damas. Podemos tomar langosta y caviar, tartas y pastas.

—Pero mamá —le recordé—, acuérdate de lo que pasó cuando diste tu última fiesta. Las damas pueden ser muy crueles.

—No digas tonterías, Tania. Las que están en Cowes son parientes mías, inglesas y alemanas bondadosas y afables, ¡no rusas altivas!

—La abuela Minnie estará allí —le recordé.

No pude evitar pensar en las palabras duras y críticas de la abuela Minnie acerca de mamá y en lo que le había dicho a monsieur Gilliard sobre ella. Estaba convencida de que la abuela Minnie quería meter a mamá en un manicomio o en una oscura mazmorra.

—Pero estará con su hermana, la reina —respondió mamá—. Sin duda, no será capaz de mostrarse cruel conmigo en presencia de la reina Alejandra, que es muy amable y considerada.

—No escuches a Tania, mamá —dijo Olga—. Solo es una cría. Aún no puede comprender a las mujeres como nosotras.

La merienda se organizó como mamá deseaba, y si le preocupaba que las invitadas no viniesen a su fiesta, pronto pudo relajarse a medida que llegaba al *Standart* lancha tras lancha, trayendo a damas vestidas de seda, con guantes blancos y sombreros de paja.

Entre ellas se hallaban la reina Alejandra y sus tres hijas: Victoria, de ojos saltones; Louise, poco atractiva, y Maud, de orejas salientes; las hermanas mayores de mamá, Victoria e Irene (mi tercera tía favorita, después de tía Ella, porque siempre se mostraba contenta y alegre), y Ducky, prima de mamá, que estuvo casada con el tío Ernie, hermano de mamá, pero decidió divorciarse y casarse con Kiril, hijo del tío Vladímir, a quien de verdad amaba.

Había más parientes de las que yo podía contar, la mayoría de ellas con la cara redonda y el cuello grueso, como la bisabuela Victoria. También había algunas damas norteamericanas, mistress Yerkes, mistress Martin, mistress Astor y varias otras.

La abuela Minnie llegó del brazo de un caballero canoso de aspecto respetable a quien presentó como herr Schmidt, el cual se disculpó ante mamá por presentarse sin invitación en una merienda para damas.

—No quisiera molestar —dijo en un inglés con acento alemán, aunque distinto del acento del primo Willie y de Adalberto.

—Está aquí como acompañante mío —explicó la abuela Minnie—. Esta tarde no me siento muy bien, me he tomado unas cuantas gotas para tranquilizarme y necesitaba el brazo de un hombre que me sostuviera para venir en la lancha. Nicky estaba en el *Meteoro* con Willie, así que le he pedido a herr Schmidt que me acompañase.

Mamá ordenó que trajesen una silla para la abuela Minnie y le dio la bienvenida a herr Schmidt, instándole a ponerse cómodo. El hombre fue a sentarse en un rincón del salón y se puso a sonreír y saludar a las damas. Me fijé en que hablaba poco, pero observaba todo lo que ocurría a su alrededor.

Esa tarde, mamá, quien solía vestir de forma muy elegante pero simple, había decidido ponerse, sobre un sencillo vestido de color marfil, un quimono japonés de vivos colores.

—¡Qué singular! —oí que decía una de las damas norteamericanas a su llegada.

—Es raro, muy raro —susurró otra a su compañera, aunque la oí de todos modos.

—¿Así os vestís ahora en Rusia, Alix? —dijo una tía de mamá, Helena, con cierta aspereza—. No creo que tu madre lo hubiese aprobado.

Solo la reina Alejandra reaccionó con generosidad, elogiando el precioso quimono por su excelente seda y sus bonitos bordados y añadiendo lo guapa que mamá estaba con él.

La habitación se llenaba de humo a medida que mamá iba encendiendo un cigarrillo tras otro, tensa por las miradas y los comentarios desdeñosos que suscitaba su quimono.

—A mi madre le habría gustado mi quimono —dijo—. Seguramente también se habría puesto uno. Hacía lo que se le antojaba y tomaba sus propias decisiones.

Mamá acostumbraba a alabar así a su madre, mi abuela Alice, diciendo que era la más abierta e inteligente de los nueve hijos de la reina Victoria. También decía que su madre y Helena discutían.

—Es que mi hermana Alice era una librepensadora —comentó Helena, sin esforzarse lo más mínimo por ocultar su desdén—. Era atea y cuestionaba todas las verdades de la Biblia.

—Sí, era una estudiosa de la Biblia, al igual que de muchos textos religiosos distintos. Tenía una mente genial, una mente hecha para escarbar en la verdad de las cosas.

—A mí me gustaría escarbar en esa fuente de pasteles de aspecto delicioso —saltó una de las damas norteamericanas, acercándose a la mesa del té, en la que se hallaban dispuestas bandejas de plata con canapés, bollos, panecillos, queso y paté de gambas, junto con una gran tarta roja y muchas clases de pastas distintas—. La conversación seria me abre el apetito.

Varias invitadas se levantaron rápidamente y se unieron a la dama norteamericana. Pero la interrupción no le impidió a mamá continuar hablando de su madre.

—Era la mejor madre del mundo. Quería a sus hijos con locura. Maud, Louise —siguió, dirigiéndose a las princesas—, recordáis a mi madre, ¿verdad?, a vuestra tía Alice. ¿Recordáis lo cariñosa e inteligente que era? Tenéis que acordaros.

—Recuerdo algo acerca de la Providencia —comentó Maud con timidez—. Creo que afirmó que no existía.

—¡Bueno! ¿Qué os dije? —exclamó Helena—. Era atea.

Me asaltó una idea.

—¿Adónde van los ateos cuando mueren? —pregunté—. Para ellos no hay cielo ni infierno.

—Se condenan eternamente, por supuesto —dijo Helena con un resoplido—. Niegan a Dios. Solo pueden ir al infierno.

—¡Mi madre no está en el infierno! —exclamó mamá—. Su espíritu sigue entre nosotros. La veo a menudo.

Cesó el murmullo de las conversaciones en la estancia, y todos los ojos se volvieron hacia mamá, que encendió otro cigarrillo con gesto nervioso y se quedó donde estaba, con el quimono torcido, mirando a Helena y fumando.

En ese momento, herr Schmidt se levantó despacio de su asiento y se aproximó a mamá. Observó su ceño fruncido y comentó en voz muy baja:

—No es de extrañar que esta conversación acerca de su difunta madre la haya angustiado. ¿Por qué no se sienta conmigo un momento, solo hasta que recupere el sosiego?

Mamá se quedó mirándole, al principio con desconfianza, después con gesto inquisitivo, y finalmente con una insólita expresión sumisa.

Me pregunté quién sería aquel hombre.

—¿Mamá? ¿Te encuentras bien? ¿Puedo ir contigo?

—Por supuesto, Tania. Ven y siéntate junto a mí. Dejemos que las señoras tomen el té.

—He observado que una charla serena suele calmarme —dijo herr Schmidt, sentándose y dando unos golpecitos en el cojín que estaba junto a él.

Mamá se sentó, se aflojó la faja del quimono y suspiró.

—¡Ah, ya me siento mejor! ¿Sabe? Creo que este *obi* me incomodaba. Es como un corsé japonés.

Herr Schmidt asintió.

—Lo imaginaba. ¿Cómo se encuentra ahora?

—Puede que vaya a sufrir una migraña. Los disgustos afectan a mi salud.

—¿Sufre a menudo esas migrañas?

—Son mi cruz. ¡Madre mía, qué fácil es hablar con usted!

El hombre sonrió.

—Me gusta mucho conversar con las damas hermosas, y también con sus hijas —respondió—. He estado admirando su quimono. ¿Ha visitado Japón?

—No, pero me gustaría ir. A menudo quisiera…

—¿Qué es lo que a menudo quisiera?

—Quisiera poder huir a algún lugar como Japón, en el que nadie me odiase.

Me sobresalté y estuve a punto de decirle que nadie la odiaba, pero algo me lo impidió. Tal vez fuese la actitud de herr Schmidt, amable y llena de interés. Entonces también pensé si mamá estaría en lo cierto.

—Japón es el país que atacó a Rusia —dijo herr Schmidt—, el que destruyó muchos barcos de la armada rusa, ¿no es así? Me resulta ilustrativo que se vista con un quimono japonés aquí en Cowes, donde se celebran las proezas de los veleros británicos y alemanes… y a bordo de su propio velero ruso. Se viste con el traje de una enemiga, no de una amiga. ¿Por qué cree que es?

Mamá le miró asombrada.

—No tengo ni idea.

—Puede que no sea nada significativo —añadió él, encogiéndose de hombros—. Una vez me pasé varias semanas tratando de imaginar por qué un hombre al que conozco no deja de soñar con un árbol lleno de lobos blancos.

Se produjo una pausa. Miré hacia el otro lado del salón. Las damas comían y charlaban. No parecían prestar ninguna atención a nuestro grupito del rincón.

—Yo tengo muchos sueños extraños —dijo mamá, con voz un tanto lejana—. A veces sueño con arándanos… o con alfileres, miles de alfileres de acero. Intento recogerlos todos pero no puedo, se enganchan en la alfombra. Los piso. Alexis los pisa y sangra.

—Es muy natural que en sus sueños se preocupe por su hijo, la esperanza de la dinastía Romanov. Lleva una gran carga sobre sus pequeños hombros, y sé que está enfermo.

Mamá se echó a llorar.

—Bueno, bueno, querida. No tenía ni idea de que la afligiría. Solo pretendo ofrecer apoyo, amabilidad… y comprensión.

—Es usted muy amable —oí que murmuraba mamá cuando dejó de llorar, enjugándose el rostro con su pañuelo de lino—, aún más amable que el padre Grigori, que a veces me regaña. Dice que mi fe es demasiado pequeña.

—He oído hablar de ese padre Grigori. Parece un hombre extraordinario. Dígame, ¿sueña alguna vez con él?

—¿Con el padre Grigori? Pues no. Solo sueño con arándanos, alfileres y… y…

—¿Sí?

—Y la paloma gris.

—Hábleme de esa paloma.

Mamá reflexionó unos instantes.

—Emite gorjeos suaves. Parece delicada y débil. Necesita que la protejan.

—¿Le recuerda a alguien esa paloma gris?

Mamá se quedó pensativa un momento y luego dijo:

—Cuando era niña y visité a mi abuela, la reina Victoria, durante unas semanas tuve a una institutriz llamada miss Dove; ya sabe que en inglés significa paloma.

—¿Y era delicada y débil?

Mamá se echó a reír.

—En absoluto. Era severa y despiadada. Tenía el pelo canoso. A mis hermanas y a mí nos daba mucho miedo.

—Dígame, majestad, ¿qué le ocurre a la paloma en su sueño?

—Trata de alzar el vuelo, pero no puede. Sus patas rosadas están atrapadas en un fango pegajoso. Agita las alas pero no puede liberarse.

—¿Quién la ha atrapado?

Mamá sacudió la cabeza.

—No lo sé.

—Ah, entonces tal vez aún no le haya llegado el momento de entender el significado de ese sueño.

Herr Schmidt dio una palmadita en la pierna de mamá con gesto afectuoso, como el que podría hacerse con un niño, pero resultó que se trataba de su pierna dolorida. Ella se enfureció y apartó la pierna con brusquedad.

—Me ha hecho daño. ¿Qué hace? No tiene usted permiso para tocarme.

—Le aseguro, majestad, que no tenía intención de ofenderla. Gracias por esta breve charla. Ahora, si me disculpa, me voy a tomar el té.

—Queda disculpado.

Había regresado la actitud gélida que mamá solía mostrar con los extraños.

—¿Quién era ese hombre, mamá? —pregunté, observando cómo se iba.

—Supongo que un amigo de la abuela Minnie, aunque tal vez sea un amigo de su hermana. Hablaba de forma muy extraña, y sin embargo...

—No me cae bien.

—¡Tonterías, Tania! No le conoces. Parece totalmente inofensivo. En realidad, bastante apaciguador.

Le llevé a mamá una taza de té y unos pasteles, y me senté con ella un rato mientras las damas venían, una tras otra, a decirle unas palabras antes de marcharse. Al cabo de unos momentos, Olga se unió a nosotras.

—Todas chismorrean sobre el tío Miguel —nos confió Olga—, sobre que se casó con la tía Natalia sin el permiso de papá.

Era la más reciente de una serie de «indiscreciones» familiares, como mamá las llamaba; la abuela Minnie las llamaba «escándalos» o «tragedias». Miguel, el atractivo hermano menor de papá, que era el segundo en la línea de sucesión al trono después de Alexis, se había negado a casarse con una novia de la realeza que la abuela

Minnie escogió para él, y en cambio se había casado con una plebeya, Natalia Cheremetevskaya. Papá estaba muy disgustado porque el tío Miguel le había dado su palabra de que no se casaría con aquella Natalia, pero luego se había ido a Francia o a algún otro lugar perverso y se habían casado de todos modos.

—No tienes que comentar esas cosas, Olga. Si oyes que alguien chismorrea, limítate a volver la cabeza o a decir: «No creo que resulte adecuado comentar este tema». Avergonzarás a la otra persona.

—Sí, mamá, pero es tan interesante…

—¡Silencio!

Le llevé a mamá más té. Parecía haber vuelto a ser ella misma. Se puso en pie cuando la abuela Minnie vino a despedirse, apoyada en el brazo de herr Schmidt.

—Gracias por el té, Alix. Espero que nos veamos en las carreras contrarreloj. Asistirás a ellas, ¿no es así?

—Por supuesto.

—Me temo que el *Meteoro* llevará ventaja, como de costumbre.

—Yo tengo depositada la confianza en el *New Britannia*, querida madre, sobre todo porque estamos en aguas británicas.

—¿Quiere hacer una pequeña apuesta, majestad? —preguntó herr Schmidt—. Digamos… ¿cinco libras?

—Me temo que solo tengo rublos, herr Schmidt. Además, no tengo costumbre de apostar.

—Yo sí —intervino la abuela Minnie—. Cinco libras por el *New Britannia*, en nombre de Alix.

—Hecho. Podemos ajustar cuentas después de la regata.

Herr Schmidt y la abuela Minnie salieron tomados del brazo, hablando con gesto íntimo. Les seguí hasta la cubierta, donde ayudaban a las damas a subir a las lanchas. Me entretuve en las proximidades, fingiendo hablar con uno de los marineros pero en realidad escuchando las conversaciones informales que tenían lugar a mi alrededor.

—Es tan guapa como dicen, pero parece desconfiar de todo el mundo.

—Me parece más inglesa que rusa. Dicen que está obsesionada con lo oculto, y no me extrañaría.

—Me han dicho que Nicky la adora, pero tiene algo raro, no sé si me entiende.

Supe que hablaban de mamá y deseé poder conseguir que se callasen. Me acerqué a la abuela Minnie y a herr Schmidt.

—Bueno, ¿qué le parece? —preguntaba la abuela Minnie.

—Un caso interesante —respondió herr Schmidt—. Represión grave, melancolía extrema. Si no tuviese tantos hijos, diría que padece frigidez. Creo que podría ayudarla.

—Entonces no está tan perturbada como yo pensaba —dijo la abuela Minnie, en un tono de voz que a mí me pareció de decepción.

—Oh, sí lo está. Más loca que una cabra, por decirlo de manera vulgar. Desde luego, no me cabe la menor duda.

14

A medida que se acercaba el día de la regata, papá se iba animando. Navegó con las tripulaciones del *Meteoro* y del *New Britannia* en las carreras de prueba, invitó al primo Willie y al tío Bertie a subir a bordo del *Standart* y visitó la Escuadra Real de Yates, donde permaneció hasta altas horas de la noche. Estaba contento, pero mamá se sentía disgustada y ansiaba regresar a Rusia. Les oí discutir por ese motivo.

—No podemos quedarnos más. A Alexis se le agarrota la pierna, y me pone nerviosa que el padre Grigori esté tan lejos. ¿Y si le necesitásemos? Percibo que voy a sufrir una migraña de las fuertes. Ya sabes cómo me disgusta tu madre, y aquí no puedo escapar de ella tal como lo hago en casa.

—Alix, aquí estoy seguro. Sé que nadie va a dispararme o tirarme una bomba. No tengo que tener cuidado por dónde voy o qué hago.

—Hay asesinos por todas partes, Nicky. A la abuela Victoria le dispararon varias veces aquí mismo, en Inglaterra.

—Pero vivió hasta los noventa y tres años, ¡y murió en su cama!

—Fue a los ochenta y uno, no a los noventa y tres, y tuvo suerte. ¿Podemos irnos, por favor? Ya va siendo hora.

—No podemos marcharnos antes de la regata de veleros.

—¿Por qué no? El *Standart* no participa.

—Vamos, Alix, por favor, sabes que no estaría bien. Bertie nunca nos perdonaría, ni tampoco tu primo Willie, por muy mal que te caiga. Además, ¿y tus hermanas? ¿Y el joven Adalberto? Le ha cogido mucha simpatía a nuestra Tania, ¿sabes? Todos los marineros del *Meteoro* lo comentaban.

Me ruboricé al oír eso. No me había dado cuenta de que Adalberto y yo fuésemos objeto de tan atenta observación mientras estábamos en el *Meteoro*.

—¡Nicky, solo tiene doce años!

—Muchas muchachas de la realeza se han casado a los doce años… y menos.

—No una hija mía. ¡Y no con un hijo de ese loco de Willie!

Mamá continuó diciendo que quería marcharse, pero papá decidió quedarse. Ella se quejaba, sobre todo cuando él salía de noche a la Escuadra Real de Yates, o a la Villa Violetta, la casita privada que el tío Bertie tenía en la playa, donde, según decían, el rey recibía a actrices y bailarinas de Londres e invitaba a sus amigos a unirse a él.

Olga aseguraba saber por Shemodurov, el ayuda de cámara de papá, lo que ocurría en la Villa Violetta.

—Bailan el tango —me contó con los ojos relucientes—, el nuevo baile de Argentina. Me lo enseñó Felipe en el *Standart*.

Felipe era su marinero favorito, al que llamábamos su «conquista». Mi hermana empezó a deslizar por el suelo su cuerpo anguloso, contorsionado y falto de gracia, mientras hacía una demostración de los extraños pasos del baile.

—Uno, dos, uno-dos-tres. Uno, dos, uno-dos-tres.

Sus movimientos me parecieron repugnantes, aunque no se lo dije, como tampoco le conté que herr Schmidt o, mejor dicho, el doctor Freud, le había dicho a la abuela Minnie que mamá estaba más loca que una cabra.

No había tardado mucho en adivinar quién era en realidad el apaciguador herr Schmidt, es decir, el célebre médico vienés de quien la abuela Minnie le había hablado a monsieur Gilliard.

Ella dijo que intentaría convencer a aquel doctor Freud de tratar a Alix. Me pregunté si la estaba tratando aquel día a bordo del *Standart* o si simplemente pretendía conocerla. Todo lo que hizo fue hablar con ella, hacerle preguntas. ¿Solo pretendía hacer eso? Pensaba vigilarlos a todos de cerca para asegurarme de que mamá no se quedase a solas con aquel herr Schmidt.

—Y eso no es lo único que hacen —seguía Olga—. Bajan deslizándose por el pasamanos sobre las bandejas para el té, se tiran de los sofás uno a otro cuando se sientan, se ríen como niños y prenden fuego a las patillas de los criados. También beben mucho, suben a los dormitorios con las actrices y tardan mucho en bajar.

Yo empezaba a aprender cómo funcionaba el mundo y cómo actuaban los hombres cuando estaban lejos de sus esposas. Se incitaban a hacer cosas que no se les pasarían por la cabeza si estuviesen sobrios. No me gustaba imaginar que papá era uno de esos hombres, aunque lo era, naturalmente. Tenía que serlo. Era el zar.

—¿Dijo Shemodurov que Adalberto estaba en la Villa Violetta?

—¡No! No invitan a los alemanes. Además, dice que los alemanes hacen otras cosas, cosas peores. Se reúnen en sus propios refugios privados y llevan allí muchachos jóvenes vestidos como muchachas, o los hombres se disfrazan de mujeres. Luego beben y hacen trastadas.

—¿El primo Willie también?

—No lo sé.

Me disgustaba pensar en el rubio y atractivo Adalberto, con sus delicados bigotes, vestido como una muchacha.

Alexis pilló una tos, y mamá aprovechó la excusa para abandonar Cowes a bordo del velero de su hermana Irene, y se llevó a María y a Anastasia pero permitió que nos quedásemos Olga y yo, ante la insistencia de papá, para ver la regata y luego regresar a Rusia con él en el *Standart*. Lo cierto es que me alegré de quedarme, pues lo estaba pasando bien con todos los bailes y las fiestas a los que asistíamos y toda la libertad que teníamos para ir y venir sin miedo. Los ingleses me parecían anticuados y retrógrados, pero dignos de confianza y a veces muy divertidos, mientras que los alemanes, a pesar de todas sus fanfarronadas (los hombres, salvo Adalberto, tendían a hablar demasiado alto y siempre estaban dando órdenes), eran distinguidos y encantadores. Sentía que, cuando llegase el momento, lamentaría marcharme. Acabé apreciando al grueso tío Bertie y a su hijo, el príncipe Jorge, que según se decía pronto sería rey, ya que el tío Bertie era viejo y tenía mala salud.

Por fin llegó el día de la regata, y el *New Britannia*, el *Meteoro* y otros tres veleros —el *Genesta*, con un italiano al timón; el *Lady Hermione*, con una tripulación alemana al mando del barón Von Buch, y el *Corsair*, de Nueva Zelanda— se prepararon para tomar la salida de la carrera de trece millas.

A las dos en punto se izó la bandera en la Escuadra Real de Yates, y el cañón disparó una salva ensordecedora. Una banda militar tocó los himnos nacionales británico, alemán y ruso. Los espectadores se quitaron el sombrero y se pusieron firmes.

Luego, a una señal, zarparon los barcos.

Un cálido sol brillaba sobre las aguas embravecidas mientras el viento, caprichoso y mudable, empujaba los elegantes navíos hacia la línea de salida. Se elevó un grito desde la multitud cuando el *New Britannia* se situó en cabeza, seguido por el *Corsair*. Olga y yo nos hallábamos junto a la barandilla del *Standart* con papá, observando con atención y protegiéndonos los ojos del sol. Cuando alcanzaron la primera boya de la carrera triangular, había empezado a distraerme y tenía sueño. Me costaba mantener los ojos abiertos.

Entonces oí gritar a papá:

—¡Juego sucio! ¡Es juego sucio!

Los marineros repitieron el grito, y también se oyeron exclamaciones procedentes de tierra.

—¡Mirad! ¡Está izando velamen ilegal! ¡Canalla! ¡Sinvergüenza!

Al parecer, el *Meteoro* estaba enarbolando más vela de la que permitían las normas de la regata. Cruzó como una exhalación por delante del *Genesta*, a punto de volcar el barco italiano con su estela, y se situó en cabeza mientras los navíos viraban en la dirección del viento.

—Deberían descalificarlo —dijo papá—. Bertie debe de estar furioso.

El *Lady Hermione*, que se había rezagado con respecto a los demás casi desde la salida, se retiró cuando se le rompió la caña del timón, pero el *New Britannia* siguió adelante, a través de vientos en aumento y olas más desafiantes, hasta el giro final contra el viento para la bordada hacia la línea de meta.

Para entonces la ovación se había vuelto fuerte y ronca, con trompas, silbatos y campanas añadidos al enorme griterío. Una consigna estridente de «¡*Mete-oro!* ¡*Mete-oro!*» quedaba casi sofocada por el himno de «Rule Britannia», al que nos unimos Olga y yo, cantando tan fuerte como podíamos, aunque el viento arreciaba y se llevaba nuestras voces, y yo tuve que sujetarme el sombrero para impedir que saliese volando.

El *Meteoro* llegó el primero a la línea de meta, aunque no por mucha distancia, y la victoria alemana quedó claramente manchada. Papá soltó unas palabrotas y desembarcó para presentar una queja formal ante los jueces. Olga y yo, algo decepcionadas, cenamos en nuestro camarote preguntándonos qué dirían de la regata los periódicos.

Fue una suerte que tuviésemos que marcharnos al día siguiente, porque hubo una protesta acerca del velamen adicional embarcado a bordo del *Meteoro* de forma ilegal, no solo en los periódicos sino también en las mesas del almuerzo y el té de la Escuadra Real.

—Lo convertirán en un *casus belli* —dijo papá, cuya ira se había aplacado para convertirse en un humor irónico—. Claro, que Bertie ya debería saber que Willie no juega limpio. Vuestra madre se lo podría haber dicho… Seguramente lo hizo antes de marcharse.

Añorábamos a mamá, Alexis, María y Anastasia, y nos alegrábamos de volver a casa. Me despedí de todos los parientes, el grueso rey, su hermosa reina y sus hijas, el príncipe Jorge, que me besó la mano y dijo que me echaría de menos, el káiser, que parecía aún más severo en la victoria que antes de que empezase la regata, todas las tías, los tíos y los primos, y en especial de Adalberto, que me llevó aparte y dijo que esperaba que supiese que él no había tenido nada que ver con la actuación de su padre. Le aseguré que le creía.

—¿Puedo escribirte, Tania? —preguntó, mirándome con sus sinceros ojos azules.

—Sí, claro, como amigo.

—Pronto serás lo bastante mayor para ser más que una amiga —dijo, apretándome la mano—. Un día no muy lejano volveremos a vernos, estoy seguro. Tal vez antes de lo que imaginas. Hasta entonces, ¿puedo darte un beso de primo?

No supe qué decir. No podía mirar a Adalberto y bajé la vista.

Con dedos suaves y cálidos me cogió por la barbilla y me besó en la mejilla.

—Adiós, pequeña Tania.

—Adiós, Adalberto.

Subió a la lancha y se despidió con la mano. Yo le devolví el saludo, hasta que solo pude ver una pequeña figura blanca contra el agua azul oscura.

Y entonces zarpamos, mientras los cañones disparaban una salva de despedida desde tierra. El *Standart* surcaba las olas del Solent, hacia mar abierto y hacia casa.

15

*C*uando la vida era demasiado confusa, hablaba con el elefante. En cierto modo, el viejo animal peludo y cubierto de polvo suponía un consuelo para mí. Era con diferencia la criatura más vieja de Tsárskoie Seló, y me parecía que había soportado muchísimos años de soledad y tristeza. ¿Cómo no iba a estar triste, alejado de la tierra en que nació y de todos sus parientes? Casi nadie le prestaba atención salvo su cuidador, el criado indio que hablaba muy poco ruso y se dedicaba a ocuparse del elefante y echar cabezadas en el pequeño cobertizo adyacente a la jaula del gran animal.

Mis hermanas me tomaban el pelo acerca de mis visitas al elefante.

—Puede que vayas a casarte con él —dijo Anastasia con una sonrisa traviesa antes de salir corriendo.

—Te pondrás triste cuando muera —sentenció María—. Te arrepentirás de haber sido amiga suya.

—Solo los locos conversan con los animales —anunció Olga—. Es señal de que estás perdiendo la cabeza.

Pero, por supuesto, no estaba perdiendo la cabeza; simplemente me estaba haciendo mayor. Ahora lo sé, viéndolo en retrospectiva. Sin embargo, entonces solo intentaba entender las numerosas partes de mi vida que no encajaban: la gran riqueza y magnificencia de los palacios de mi padre, la miseria de la ciudad de las chimeneas, el miedo que sentíamos de asesinos visibles e invisibles y la urna de protección en la que nos veíamos obligados a vivir, los fuertes lazos familiares que nos unían y la hostilidad de la abuela Minnie hacia mamá y hacia todas nosotras; y es que, a medida que

María y Anastasia crecían, resultaba evidente que tenía de ellas una opinión casi tan mala como la que tenía de Olga y de mí. Además, estaba la constante preocupación por mi hermano: ¿moriría, tal como esperaba todo el mundo menos mamá? Y si moría, ¿se convertiría en zarevich uno de los hijos del tío Vladímir, causando más rencor dentro de la familia? Se daba por sabido que el tío Miguel, hermano menor de papá, no podía gobernar después de caer en la deshonra y ultrajar a la familia al casarse con Natalia, la plebeya.

El elefante lo oía todo y parecía asentir con su vieja cabeza arrugada o discrepar barritando. Su compañía era un consuelo.

Pero, por supuesto, tenía poco tiempo para dedicarlo a la conversación ociosa. Monsieur Gilliard me mantenía ocupada aprendiendo las desordenadas formas de los verbos irregulares franceses, leyendo libros de historia rusa y actuando en obras de teatro. Por su parte, mi maestro de danza, el profesor Leitfelter, me enseñaba los pasos del vals (pero no el tango, el baile de los clubes nocturnos y tabernas de baja estofa), y mamá, que me había enseñado a hacer punto, me animaba a producir mantas, gorros y mitones para vender en sus mercadillos benéficos.

Tan a menudo como me atrevía, me encontraba al alba con Avdokia, la lechera, e iba con ella a los barrios bajos de Víborg, donde entraba en el círculo de quienes vivían en el abarrotado piso de Daria, acogida como uno de ellos, aunque mi identidad exacta constituía un misterio que, por otra parte, no parecían tener demasiado interés en resolver.

Se acercaba mi decimotercer cumpleaños y la ropa se me quedaba pequeña. Todas mis faldas resultaban demasiado cortas. Cuando el modisto Lamanov vino al palacio para mis pruebas, comentó lo alta que me estaba volviendo.

—Alta y elegante, igual que su madre —dijo—. Delgada y esbelta, como una ninfa. Una encantadora ninfa rubia.

Se me quedó pequeña la falda campesina que papá me había comprado, y Niuta me hizo otra que me ponía para acudir a la ciudad de las chimeneas. Tenía un nuevo par de botas campesinas para mis pies, que no paraban de crecer, y femeninas cofias para cubrirme el cabello. En conjunto, parecía una muchacha joven de Pokróvskoie. Al menos eso me dijo Niuta, e incluso Daria se mostró de acuerdo, aunque a regañadientes.

Daria continuaba viviendo en palacio, en un rincón de la habitación de Niuta en el desván, con su perrito enroscado en una cesta apoyada en el suelo. Continuaba levantando pesados baúles de ropa, manejando la plancha metálica durante varias horas seguidas y subiendo y bajando muchos tramos de escaleras cada día pese a su embarazo, ya muy avanzado.

—¿Qué hará cuando se ponga de parto? —le pregunté a Niuta. Me sentía muy mayor porque sabía o creía saber mucho sobre cómo nacían los niños—. ¿Llamará a una comadrona o al doctor Korovin?

El doctor Korovin seguía siendo médico de Alexis y el principal facultativo de la corte.

—¡Oh, no! Nunca acudiría a tratar a una criada. No, hay una clínica para trabajadores en San Petersburgo. Allí la llevaremos. Allí tienen comadronas y médicos. Los trabajadores reciben tratamiento gratis.

En aquel momento no pensé mucho sobre ello, ya que Niuta parecía tan segura acerca de lo que haría y adónde iría cuando Daria necesitase ayuda para dar a luz a su bebé. Además, sucedió otra cosa que ocupó mis pensamientos e incluso me provocó pesadillas.

Papá, mamá, mis cuatro hermanos (cuando Alexis se encontraba bien) y yo íbamos los domingos, y a veces entre semana, a asistir al oficio divino en la iglesia de los Santos Inocentes, cerca de Tsárskoie Seló. Un domingo por la mañana bajamos de nuestro carruaje cerca de los peldaños de la iglesia mientras la guardia real formaba un cordón a nuestro alrededor para asegurarse de que no hubiese aspirantes a asesinos entre la multitud que aguardaba. Como de costumbre, nos detuvimos brevemente para saludar a la gente reunida para vernos. Aquel día había más personas de lo habitual, y no tardamos en saber por qué.

En el centro de una pequeña plaza delante de la iglesia había una joven sentada en el suelo con la falda oscura extendida a su alrededor y un chal que le cubría los delgados hombros. Me quedé mirando su cara pálida, con los ojos bajos, pero no vi emoción alguna en ella y me quedé consternada. ¿Quién era y qué hacía allí, sola, con tantas otras personas observándola como si esperasen que algo sucediese?

Entonces vi la lata abierta de queroseno en el suelo, junto a ella.

Con calma, lentos movimientos y brazo firme, cogió la lata y se vertió el contenido sobre la cabeza, dejando que le cayese por la espalda, sobre la blusa y el chal, y luego encima de la amplia falda. La mano pareció temblarle mientras se sacaba la caja de cerillas del bolsillo de la falda, y sacudió la cabeza una vez, como para impedir que el queroseno le entrase en los ojos. A continuación, antes de que nadie pudiese detenerla, encendió una cerilla y se la llevó a la falda.

—¡No! ¡Párenla! ¡Que alguien la pare! ¡Traigan agua! —gritaban los curiosos.

La falda llameó al instante. Luego se prendió fuego el chal, y la mujer no tardó en quedar devorada por una bola de fuego. No la oí gritar, pero más tarde otras personas afirmaron haberla oído, o al menos eso dijeron los periódicos, y que no murió enseguida, sino que se retorció, se arañó e incluso pidió ayuda antes de que las llamas convirtiesen su cuerpo en un amasijo carbonizado de carne ennegrecida.

Yo me hallaba al lado de papá, el cual, tan pronto como empezó a suceder aquella cosa horrible, me estrechó entre sus brazos y dijo:

—No mires, Tania. No debes ver esto.

El incidente entero solo tardó unos momentos en desarrollarse. Nuestros guardias nos condujeron enseguida de vuelta al carruaje. El cochero chasqueó la fusta y regresamos a toda velocidad al palacio mientras la multitud se abría a nuestro paso.

Mi conmoción y sorpresa eran tan grandes que me quedé sin habla durante varios minutos. Apoyé la cabeza en el hombro de papá, sintiendo la fuerza tranquilizadora de su brazo a mi alrededor y consciente solo del movimiento rítmico del carruaje y el golpeteo de los cascos, del tintineo de los arneses y el ruido de la fusta que chasqueaba el cochero.

Al cabo de un rato levanté la cabeza.

—¿Quién era, papá? ¿Por qué se ha quemado?

—No lo sé, Tania. Ojalá ni tus hermanos ni tú la hubiéseis visto. Ojalá no la hubiese visto yo.

—Pero eso era lo que quería, ¿verdad? Que tuviésemos que verla y contemplásemos cómo ardía. Por eso esperaba en la plaza. Debía saber que iríamos.

—¡Silencio, Tania! —exclamó la voz de mamá, más severa de

lo normal—. ¡No digas esas cosas! ¿Quién sabe lo que quiere una mujer desequilibrada? No quiero que vuelvas a repetir esa idea tan retorcida.

Pero yo sabía que estaba en lo cierto. El terrible acto de la mujer pretendía conmocionarnos, decirnos algo. Pero ¿qué? Me pasé días meditando sobre la horrible acción. La imagen de la joven vertiendo el queroseno y prendiéndose fuego se repetía una y otra vez en mi mente. Por las noches soñaba con ella, aunque en mis sueños no bajaba los ojos sino que los clavaba en mí, y yo creía ver, en sus oscuras profundidades, la espantosa y feroz mirada de la culpa.

16

Cuando se iniciaron los dolores de parto de Daria era de noche, y me despertó el rumor de voces ahogadas en el corredor, junto a mi cuarto. Segura de que oía hablar a Niuta y Daria, me levanté de inmediato y me puse mi vestido más sencillo, prescindiendo de las enaguas y las medias. Me costó abrocharme el vestido, pues no estaba acostumbrada a vestirme sin ayuda. Cuando terminé mi apresurado aseo ya no se oía a nadie en el corredor, pero supuse que Niuta llevaría a Daria a los establos, así que me dirigí allí tan aprisa como pude.

Mi marcha fue advertida —había criados en los corredores, sentados o tumbados en bancos, supuestamente de guardia pero en su mayoría dormidos—, pero nadie me detuvo. Pensé que Sedinov podía oírme si no había bebido demasiado vodka la noche anterior, pero no apareció.

Cuando llegué a los establos, Niuta y Daria se encontraban ya allí, junto con un guardia cosaco al que había visto a menudo con Niuta, un hombre corpulento y barbudo que estaba enganchando un caballo a una de las carretas de la basura. Observé cómo Niuta y el cosaco ayudaban a Daria, que se quejaba, a subir a la parte trasera de la carreta.

—¿Qué está haciendo ella aquí? —oí que decía Daria, con voz débil y áspera, mientras se preparaba para tumbarse en el interior de la carreta.

Niuta me miró.

—Vuelve, Tania —me dijo.

—Pero es que quiero ayudar.

—De nada nos sirves. Vuelve.

—¡No! —exclamó el cosaco—. Despertará a los mozos de cuadra. Nos verán y no dejarán que nos llevemos la carreta. Que la muchacha vaya en la parte trasera, con Daria.

Subí al fondo plano de la carreta, donde yacía Daria sobre una manta, doblada hacia delante y agarrándose el abdomen hinchado mientras una mueca de dolor deformaba sus facciones. La carreta apestaba a los desperdicios que solía transportar. Sentí náuseas, pero traté de ignorar mi reacción y me senté junto a Daria, poniéndole la mano en el hombro y confiando en que el contacto la tranquilizase. La muchacha gimió.

El cosaco subió al pescante y cogió las riendas. Salimos de los establos y nos dirigimos a la carretera hacia el cercano pueblo. Aunque el cosaco chasqueaba la fusta una y otra vez, la carreta traqueteaba demasiado despacio por la carretera llena de rodadas mientras los gemidos de Daria se hacían cada vez más fuertes y prolongados. Deseé llevar el icono milagroso de san Simón Verjoturye que el padre Grigori le había regalado a mi padre para proteger su vida. Quizá hubiese iconos en el lugar al que íbamos. Eso esperaba yo.

De pronto Daria gritó.

—¿Cuánto falta? —pregunté.

—Solo unos kilómetros —respondió Niuta con voz ansiosa—. Pronto llegaremos a la clínica.

—Solo un poco más, Daria —le dije a la joven que sufría a mi lado y que siguió dándome la espalda, gimiendo y gritando.

El cosaco empezó a cantar una canción popular con una jovial voz de barítono, sonora y resonante, mientras Niuta se daba palmadas en la rodilla al compás de su canto. La canción era tan pegadiza que empecé a tararearla. Se me levantó el ánimo. Creí ver que el cuerpo contorsionado de Daria se relajaba un poco y me figuré que la vibrante voz del cosaco le daba ánimos.

Gracias a la música, los últimos kilómetros pasaron más deprisa. Llegamos a un pequeño edificio de madera con un cartel en la ventana que decía: CLÍNICA PARA TRABAJADORES. Aunque apenas había amanecido y era demasiado temprano para que hubiese mucha actividad en las calles, todas las ventanas de la clínica aparecían iluminadas, y no dejaba de entrar y salir gente por la puerta principal.

Niuta y el cosaco consiguieron sacar de la carreta a Daria, que sollozaba, y llevarla al interior, donde se adelantó enseguida para atenderla un joven alto y serio con el pelo rubio rojizo. Pensé que parecía demasiado joven para ser médico, aunque su gravedad compensaba de sobras su juventud.

Al instante me llamó la atención la intensa expresión de preocupación de su rostro. Su frente alta y abombada se arrugó mientras se concentraba en Daria, la acomodaba sobre una mesa, contra una pared, y colocaba un biombo en torno a ellos para mayor intimidad. Oí cómo le hablaba a Daria en tono tranquilizador y le hacía preguntas.

No tardó en llamar a las enfermeras, y también le hizo una señal a Niuta para que se situase junto a él, tras el biombo, donde, a juzgar por el sonido de los gritos cada vez más agudos de Daria y las secas instrucciones del médico, el bebé se disponía a venir al mundo en muy breve plazo.

Me senté en la amplia sala, escuchando la actividad detrás del biombo mientras observaba lo que ocurría a mi alrededor. Ancianos con bastón, hombres de mediana edad con expresión de mal genio, mujeres de aspecto cansado con niños que se agarraban a ellas, personas con miembros vendados y ampollas, pies hinchados o expresión vacía y perdida esperaban para recibir ayuda. Varios borrachos se hallaban tendidos en el duro suelo, apestando a alcohol y sudor rancio. Mientras estaba allí sentada, trajeron a un chico con un brazo herido al que atendieron enseguida. Me di cuenta de que no había iconos en las paredes.

Casi todas las personas que estaban en la sala eran conscientes de los gritos de Daria, y cuando estos alcanzaron su punto culminante creció la tensión, como si todos los hombres y mujeres contuviesen el aliento.

—Ya está aquí —sonó la voz del médico desde el otro lado del biombo—. Empuja, Daria. ¡Empuja fuerte!

Los gruñidos y gemidos de la joven nos indicaron que obedecía la orden.

Luego vino el silencio y, a continuación, el grito de un niño. No un grito fuerte, sino el inconfundible vagido de un recién nacido.

A mi alrededor, las personas que podían se pusieron en pie, gritaron y aplaudieron.

Al poco rato, el médico apartó el biombo y sacó a la sala al bebé envuelto en brazos.

—¡Una pequeña trabajadora! ¡Una niña!

Se oyeron bendiciones y buenos deseos de larga vida. Me acerqué al médico y al bebé. Él me mostró a la niña para que pudiese verle la carita, los ojitos cerrados, la fruncida boca roja. Le miré y sonreí.

—¿Es usted la madrina? —me preguntó en tono de broma.

—Soy Tania, una amiga de Daria —contesté, pensando que Daria resoplaría si oyese que la llamaba «mi amiga»—. Y Niuta es su hermana —añadí, señalando el biombo.

El médico volvió con su paciente y yo me senté una vez más entre los enfermos y heridos. Empezaba a tener sueño. Me pregunté dónde estaría el cosaco y qué habría hecho con la carreta. ¿Cómo iba a volver al palacio?

Había hecho una lista con mis peores defectos y mis mejores virtudes. En la lista de mis defectos escribí: «Tiende a actuar sin previsión». Me gustaba esa frase, «sin previsión». Sonaba mucho mejor que «impulsivamente». Había abandonado el palacio esa mañana sin pensar en cómo iba a volver. Ahora pagaría el precio.

Al cabo de una hora de incómoda espera, Niuta vino a buscarme. Me llevó a la parte trasera de la clínica, donde había media docena de habitaciones pequeñas, cada una con una cama ocupada. Daria estaba en una de las camas, con su pequeña en los brazos. Ambas parecían tener tanto sueño como yo.

—¿Cómo estás, Daria? —pregunté.

—¿A ti qué te parece? Estoy dolorida y cansada.

—Pero ya eres madre —dije, inclinándome para besar al bebé en la frente.

—¿Cómo se llama?

—Quiere que la llame Iskra —me dijo Niuta—. La Chispa. ¡Qué imprudencia!

—¿Por qué?

—Porque, como sabrías si leyeses la literatura de pésima calidad de los revolucionarios, *Iskra* es un periódico obrero.

—Es un periódico progresista —dijo Daria, casi en un susurro—. La Chispa es la esperanza de cambio.

—Pensaba que ya habías tenido suficientes chispas, Daria, con ese horrible incendio del que escapaste, que podría haberte matado a ti y también a tu bebé.

Pero Daria se había dormido.

Niuta se sentó en una silla junto a la cama de Daria.

—Me quedaré con ella.

—¿Dónde está el cosaco? —pregunté.

—Nikandr ha vuelto al palacio. Tenía guardia.

Se me cayó el alma a los pies.

—Si no vuelvo, me echarán en falta.

—Puedes decir simplemente que tenías que ir a clase de baile, como haces siempre cuando sales con Avdokia.

Negué con la cabeza.

—No hay clase de baile los miércoles. Hoy es miércoles.

Niuta me despidió con un gesto.

—Entonces vete.

—Pero yo… —empecé a protestar.

Entonces vi que era inútil. Volví a la sala principal y me senté. ¿Qué iba a hacer? Al poco rato vi que pasaba el joven médico alto y pelirrojo caminando a grandes zancadas y le llamé.

—Perdone, señor, quisiera preguntarle si hay algún modo de volver a Tsárskoie Seló. El cosaco que nos ha traído en su carreta se ha marchado, y no tengo ningún modo…

Me dedicó una mirada escrutadora.

—La he visto antes —dijo.

—No, no creo.

— Su foto. He visto su foto.

A menudo los periódicos publicaban fotografías de todos los miembros de la familia imperial. Nuestros retratos no resultaban desconocidos para los ciudadanos de San Petersburgo que sabían leer.

—Su tía tiene su retrato en el salón. No solo el suyo, sino también los retratos de sus hermanos.

—¿Mi tía?

—La gran duquesa Olga Alexandrovna, que está casada con Petia, primo lejano de mi madre.

Vaya, pensé. Así que este joven médico, que trabaja en la clínica para trabajadores, tiene una madre aristócrata emparentada con la familia de mi padre por matrimonio.

—Ya. Olenka es mi tía favorita.

—¿Y Petia? ¿Es su tío favorito?

—Jamás me habla, así que apenas le conozco. Mi tía Olenka y él no llevan mucho casados, ¿verdad?

Él sonrió.

—¡Qué sinceridad! Me resulta admirable. Y tiene usted razón, no llevan mucho casados. Petia es un pato raro, como dicen los ingleses.

—¡Sí! Oí que el rey decía eso en Cowes, durante la regata de veleros. Dijo: «Ese Willie es un pato raro».

Mientras yo hablaba, el médico echaba un vistazo a la habitación, haciéndose cargo de las personas enfermas y heridas que esperaban allí, los borrachos tendidos en el suelo, los bebés que lloraban y una abuela que roncaba desplomada contra la pared, con la cabeza sobre el pecho.

—Pronto tendré que volver a casa a comer. Puedo llevarla yo mismo a Tsárskoie Seló. No he de pasar por allí, pero en fin… Volveré enseguida si tiene usted la bondad de esperar.

Regresó al poco rato. Ya no llevaba la bata negra de un facultativo, sino una camisa blanca y holgada de obrero y una chaqueta. A mis trece años, con la bata negra me parecía un hombre de veintitantos, pero la camisa y la chaqueta le daban un aire mucho más juvenil. Salimos a la calle y fuimos a un patio donde esperaba un ornamentado carruaje. Mi acompañante me ayudó a subir y le dijo al cochero que queríamos ir a Tsárskoie Seló. Partimos al cabo de un momento.

—Constantin Melnikov, a su servicio, alteza imperial —dijo, cogiendo mi mano para besarla. Me instalé en el suave asiento acolchado del carruaje y observé a Constantin mientras seguía—. Mi padre trabaja como cirujano en Santa María de la Merced. Yo todavía soy médico en prácticas.

—¿Cómo es que no hace las prácticas en el hospital de su padre?

—Porque me necesitan aquí, en esta clínica. Pienso seguir sirviendo a los trabajadores cuando acabe mis estudios.

Tuve un pensamiento repentino y escalofriante.

—No será un terrorista, ¿verdad?

Echó la cabeza hacia atrás y soltó una risa campechana. Me gustó la forma en que se le arrugaba el rabillo del ojo.

—No. Pero si lo fuera no lo confesaría, ¿verdad?

—Nos hemos salvado por poco varias veces.

—Lo sé. No pretendo restar importancia a su peligro, pero le ruego que me crea si le digo que no todo aquel que tiene ideas progresistas es un peligroso radical. Algunos creemos en la igualdad, la justicia y el gobierno democrático, e incluso en el voto femenino.

—¡El voto femenino! Eso sí que dejaría asombrada a mi abuela Minnie.

—¿Se refiere a la emperatriz madre?

Asentí.

—La abuela Minnie cree que debería mandar en nuestra familia y dominar a todo el mundo, incluso a mi padre, pero le horrorizaría la idea de que las mujeres pudiesen votar alguna vez.

—Fíjese en lo que le digo, Tania... o sea, alteza...

—Tania está bien —dije, interrumpiéndole.

—Bueno, pues Tania, fíjese en lo que le digo, esa niña a la que hoy he ayudado a nacer, algún día podrá votar y tal vez incluso se presente a las elecciones como hacen las mujeres en Gran Bretaña.

Seguimos hablando de las convicciones políticas de Constantin y de sus ambiciones de llegar a ser cirujano como su padre. Yo le hablé de nuestro viaje a Cowes y de mis impresiones del tío Bertie y el primo Willie de mamá, de lo mucho que me gustó Inglaterra y de lo que disfruté del aire vigorizante del Solent. Él hablaba con entusiasmo y vigor. Tenía la cara brillante y la alta frente encendida de inteligencia, como nuestro profesor, monsieur Gilliard. La conversación hizo que nuestro viaje a Tsárskoie Seló pasara deprisa, y lo lamenté cuando el carruaje se detuvo ante las altas puertas principales del recinto imperial.

—Su tía Olga es patrocinadora de nuestra clínica, ¿sabe? —me dijo Constantin mientras me ayudaba a bajar del carruaje—. Pronto organizará un baile benéfico a fin de recaudar fondos para nuestra labor. Tal vez pueda usted convencer a su madre de dar también donativos.

—Se lo pediré.

—*Au revoir*, alteza... Tania.

Cogió mi mano y la besó.

—*Au revoir*, Constantin.

Seguí pensando en nuestra agradable conversación, sus ojos arrugados y su risa jovial mucho después de que se desvaneciese el golpeteo de los cascos de los caballos.

17

Ahora debo escribir acerca de algo que me avergüenza, no por mí misma, sino por mi padre.

Papá empezó a beber más y a trasnochar, por lo que siempre tenía los ojos enrojecidos de sueño. Cuando Olga o yo le hablábamos no nos respondía. Daba la impresión de que sus pensamientos se hallaban muy lejos.

Al principio pensé que su actitud se debía a la obligación de pronunciar más discursos de lo habitual —le aterraba pronunciar discursos, sobre todo ante la Duma, el nuevo parlamento ruso, y solía beber mucho para calmar sus nervios—, pero pronto me di cuenta de que no era su terror a los discursos lo que le impedía dormir.

En realidad era una mujer. Mathilde Kchessinska, la bailarina a la que el profesor Leitfelter siempre alababa por sus elegantes extensiones y sus piruetas rápidas como el rayo. Yo la había visto bailar; todos la habíamos visto. Supongo que todas las personas importantes de San Petersburgo la habían visto, pues era muy famosa. No solo era ágil, sino muy guapa, de figura menuda, cara de niña y rizos castaños y apretados.

El público del ballet adoraba a Mathilde, pero socialmente era objeto de escándalo. Pertenecía a esa clase de mujeres que la abuela Minnie nunca permitía que se mencionasen en su presencia, y mamá apretaba los labios y se ruborizaba cuando alguien cometía la indiscreción de soltar su nombre. Vivía con Andrés, hijo del tío Vladímir; al menos eso me contó mi hermana Olga. Pero acudía cada noche a Cubat's, el restaurante cubano que mamá calificaba de «antro de depravación» y que, según la abuela Minnie, había que demoler con dinamita, y allí se encontraba con mi padre.

No me gustaba imaginar a mi padre yendo con sus alborotadores amigos de alta alcurnia a un lugar en el que sabían que podían actuar tan descontroladamente como quisieran, durante todo el tiempo que quisieran, aunque comprendía que esas cosas ocurrían desde los tiempos del abuelo de papá. Así funciona el mundo, me decía, repitiendo una expresión que monsieur Gilliard utilizaba a menudo. Igual que en Cowes el tío Bertie se pasaba la noche de parranda con sus compañeros más descontrolados, en San Petersburgo mi padre hacía lo mismo. Ni reyes ni emperadores podían llevar a sus amantes al palacio, ni celebrar allí fiestas durante toda la noche con bailarinas desnudas o semidesnudas, música alta y reservas inagotables de bebida. Así pues, iban a restaurantes y clubes nocturnos especiales; todo el mundo sabía cuáles eran. En aquella época Cubat's era el lugar de peor fama de San Petersburgo.

Yo sabía que papá siempre se mostraba débil cuando había bebido mucho. Cualquiera podía convencerle de hacer cualquier cosa. Shemodurov le contó a Olga que, de joven, papá había estado enamorado de Mathilde y que ella fue su amante durante unos cuantos años. Mi padre aún conservaba algunos recuerdos de aquellos tiempos en una caja metálica cerrada con llave. Ahora volvía a pasar tiempo con ella, y a veces no volvía a casa hasta después del desayuno. Según Shemodurov, algunas mañanas apenas podía abrir los ojos, y tenía la cara tan enrojecida por el vodka y la falta de sueño que debía ponerle maquillaje en las mejillas enrojecidas y polvos en la nariz para disimular los efectos de su conducta disoluta.

A sabiendas de esto, me sentía incómoda y avergonzada cuando le veía por las mañanas. No me gustaba mirarle a los ojos.

Se había producido un cambio en nuestra familia, pero el cambio no procedía solo de papá. Mamá también cambió.

Ahora sus terribles dolores de cabeza duraban varios días. Se encerraba en el salón malva y no quería vernos. A veces le costaba respirar, y cuando estaba disgustada —cosa que sucedía con frecuencia—, tomaba unas píldoras que le recetaba el doctor Korovin, las cuales la tranquilizaban pero también le producían mucho sueño. Dormía mucho, incluso durante el día, pero entonces sufría unas pesadillas que la hacían gritar de miedo. Con frecuencia hablaba de su madre, a quien afirmaba ver y poder hablar. Siempre que decía eso me sentía asustada, porque sabía que la abuela Minnie buscaba una excusa para confinar a mamá alegando su locura, y cuando mamá hablaba de ver a su difunta madre parecía un poco loca.

No podía evitar acordarme de lo que herr Schmidt —o, mejor dicho, el doctor Freud— dijo aquella tarde en Cowes a bordo del *Standart*. Sus palabras se repetían en mi mente a menudo: «Está más loca que una cabra».

Sin embargo, la mayor parte del tiempo parecía más o menos como cualquier otra persona, aunque más nerviosa y propensa a sufrir enfermedades. Además, que papá trasnochase la disgustaba y obsesionaba mucho. Enviaba a Sedinov a Cubat's para espiar a papá, y el pobre Sedinov detestaba ir allí. Yo lo sabía por su expresión avergonzada, aunque el hombre trataba de disimularla. También enviaba a otras personas, detectives privados que le entregaban informes en los que le contaban lo que sucedía en las habitaciones especiales de la primera planta de Cubat's y cuánto tiempo pasaba papá allí con Mathilde.

Mamá se mostraba descuidada con esos informes; los dejaba caer al suelo exasperada y luego se olvidaba de recogerlos para evitar que los criados los encontrasen. Yo encontré varios y, sintiéndome muy furtiva y culpable, los leí antes de dejarlos en el escritorio de mamá, escondidos bajo sus pilas de cartas sin contestar de sus hermanos y primos en el extranjero.

Estaba preocupada. ¿Qué podía significar todo aquello? ¿Qué sucedería con nuestra familia?

La abuela Minnie criticaba a papá por fumar demasiado e incluso trataba de arrebatarle los cigarrillos de la mano como si fuese un niño. Sus comentarios se volvieron muy osados. Decía en voz muy alta que papá ya no podía cumplir con su deber de zar y que el tío Miguel debía convertirse en zar en su lugar. Parecía olvidar el grave pecado que había cometido el tío Miguel al casarse con Natalia Cheremetevskaya. Por supuesto, nunca mencionaba a Mathilde Kchessinska, aunque no hacía falta. No era ningún secreto que habían visto juntos a Mathilde y a papá en Cubat's, y la tía Olenka nos contó que corrían por la capital muchos rumores sobre ellos. La abuela Minnie no podía mencionar a Mathilde abiertamente, pero por las miradas furiosas que le dirigía a papá, y la forma en que él evitaba sus miradas, yo estaba segura de que se sentía irritada por su costumbre de trasnochar y por sus compañías.

Todo resultaba muy triste para mamá, y a mí me daba pena, aunque no por eso quería menos a papá, pues sabía que la mayoría de los maridos tenían amantes. Continué utilizando la sofisticada expresión de monsieur Gilliard y diciéndome que así funcionaba el mundo. Decía esto siempre que surgía alguna circunstancia dolorosa pero al parecer inevitable. Recuerdo que me sentía muy madura cuando lo decía. Pero seguía avergonzándome de papá.

En mitad de todo esto recibí una carta de Adalberto en la que me decía que venía a San Petersburgo con un grupo llamado Joven Iniciativa de Paz y que tenía muchas ganas de verme. Yo estaba a punto de cumplir catorce años y monsieur Gilliard nos animaba a Olga y a mí a leer un periódico cada día, por lo que era plenamente consciente de que se hablaba mucho de guerra, e incluso del fin del mundo debido a una gran guerra final en la que la humanidad se autodestruiría.

—Conviene aplicar la moderación al leer estas cosas —nos dijo nuestro profesor—. Los periodistas exageran con objeto de asustar a la gente y hacer que compre más periódicos. Aun así, están en lo cierto cuando afirman que las grandes potencias del mundo se preparan para la guerra. Europa no ha conocido ninguna guerra durante más de una generación. Si nos guiamos por la historia, este intervalo de paz no puede durar mucho más.

—¿Y la lucha entre nuestra armada y la japonesa? —pregunté.

—Eso fue una mera escaramuza —dijo monsieur Gilliard—, una cuestión de unos cuantos barcos y unos cuantos meses de combate desigual. En la guerra de la que se habla ahora participarían muchos países y cientos de miles de soldados.

—Pero sin duda el primo Willie y el primo Jorge no llegarían a entrar en guerra uno contra otro. Les vi jugar juntos a los bolos en la Escuadra Real de Yates de Cowes.

Jorge, el primo de mamá, se había convertido en el rey Jorge V, pues el obeso rey Eduardo había muerto poco antes, lo que, en cierto modo, me apenó.

—Me imagino que los miembros de la Joven Iniciativa de Paz deben de estar de acuerdo contigo, Tania, y que por eso vienen a San Petersburgo.

—Tania cree que el príncipe Adalberto viene porque está enamorado de ella —dijo Olga en tono de burla.

—No es verdad.

—Sí lo es. Oí cómo se lo decías a Niuta y Elizaveta.

Me disponía a abofetear a mi hermana, pero monsieur Gilliard se interpuso entre nosotras y nos recordó que las señoritas no recurrían a la violencia.

Lo cierto era que Olga sentía envidia. El príncipe heredero de Rumanía nunca vino a Tsárskoie Seló a conocerla, tal como se esperaba, y no había más príncipes deseosos de casarse con ella, aunque era lo bastante mayor para contraer matrimonio. Por otra parte, yo tenía un admirador en Adalberto, y me había vuelto más alta y guapa que Olga (no soy presuntuosa; todo el mundo decía que yo era más guapa). Además, ese invierno empecé a tener el mes, así que Olga ya no podía decir que era una cría y que iba retrasada en todo.

La tarde en que llegó Adalberto me situé ante el espejo para observar cómo me quedaba el vestido de raso gris que Lamanov me había confeccionado. Me pareció que me favorecía mucho. Me apliqué en los labios y las mejillas un lápiz de labios rosa claro que había comprado en Druce's, en la avenida Nevski. El efecto resultaba deslumbrante. Mis ojos brillaban, mi rostro parecía resplandecer. Me dije que estaba verdaderamente guapa. ¿Era vanidosa? Tal vez, pero solo un poco.

Sin embargo, no tardé en limpiarme el color rosa de la boca y las mejillas. El lápiz de labios era para mujeres de baja estofa, mujeres como Mathilde, no para una joven gran duquesa que esperaba la visita de un príncipe.

El salón de la nobleza estaba lleno de visitantes, a quienes el digno portero, con su peluca pasada de moda y su ancho jubón morado con ribetes dorados, hacía pasar y acompañaba afuera. Sonaba la música. Las luces relucían y se atenuaban para volver a avivarse a medida que el caudal de gas de iluminación se ensanchaba y estrechaba. Las boquillas llevaban poco tiempo instaladas y no solían funcionar bien. Además, el gas olía fatal y de vez en cuando los invitados no podían evitar arrugar la nariz por el olor.

Me senté con papá y mamá en la tarima elevada al fondo de la larga sala, en espera de Adalberto. Estaba entusiasmada, aunque también nerviosa, porque papá tenía la mirada ausente y se acariciaba la barba con gesto distraído en lugar de prestar atención a lo que sucedía en la sala, y mamá, que decía que el olor del gas le daba dolor de cabeza, se mostraba impaciente y enfadada. Le desagradaba tener que recibir a visitantes poco importantes, y consideraba al príncipe muy poco importante, porque era hijo del primo Willie.

Pero cuando Adalberto apareció en el ancho umbral, tan alto, erguido y guapo con su uniforme blanco y su larga espada dorada junto al costado, que lanzaba destellos al resplandor de las lámparas, contuve el aliento y noté que me ardían las mejillas.

El portero anunció su nombre y sus títulos, y Adalberto vino hacia nosotros, sonriente y con paso seguro. En ese momento me sentía tan feliz que se me olvidaron los nervios y las preocupaciones, y cuando Adalberto cogió mi mano para besarla contuve el aliento de placer.

Más tarde cenó con nosotros en nuestro comedor privado de palacio y explicó el propósito de la Joven Iniciativa de Paz. Dijo que la delegación constaba de veinticinco miembros, todos hombres y mujeres jóvenes de alta alcurnia procedentes de Alemania, Francia, Italia, Suecia e incluso uno de Inglaterra.

—Esperamos incorporar algunos rusos a nuestro grupo —dijo, mirándome—. Nuestro propósito es constituir un ejemplo vivo de cooperación entre países y nacionalidades, para demostrar que podemos comprendernos y no provocar conflictos entre nosotros. Espero que a Tania le apetezca unirse a nosotros mientras estemos aquí, en Rusia —añadió con una sonrisa—. ¿Podemos contar contigo, Tania?

Asentí con entusiasmo, pero hube de contenerme al oír la voz de mamá:

—¿Y qué piensa tu padre de esta iniciativa de paz tuya? ¿De verdad quiere la cooperación, o prefiere la competición? Una competición que él pueda ganar, claro está.

Adalberto no perdió la compostura.

—Estoy aquí con el consentimiento de mi padre —respondió—, y les transmito sus mejores deseos.

Después de cenar llevé a Adalberto a la isla de los Niños y paseamos entre los árboles, envueltos en nuestros abrigos y sombreros. Había nevado la noche anterior, y de vez en cuando caían a nuestro alrededor pequeños montones de nieve húmeda de las ramas más bajas de los árboles. Me pareció que nos hallábamos en un estado onírico. Al rato flaqueó la conversación, y Adalberto cogió mi mano enguantada mientras continuábamos caminando.

—Aquí viene mi padre cuando necesita estar a solas —dije al cabo de unos momentos—. Siempre es más feliz cuando está solo, caminando por el bosque, yendo en bicicleta o acechando cuervos y alces. Debería haber nacido campesino.

—Podríamos ser compatibles de esa forma, en el futuro. Me refiero a tu padre y a mí.

Le miré sin saber qué hacer ni qué decir.

—Por supuesto, viviríamos en Potsdam, pero podrías visitar a tu familia aquí, siempre que fuese posible.

Dejamos de caminar. Adalberto me miró con cariño y acto seguido me besó en la frente.

—Sí, pequeña Tania. No solo he venido a Rusia para encabezar la Joven Iniciativa de Paz, sino también para pedirle tu mano al zar.

Me temblaba el labio inferior. Sentí una súbita debilidad en las rodillas y me entraron ganas de salir corriendo. Los pensamientos se agolpaban en mi mente. ¿Se pondría celosa Olga? ¿Se alegraría Niuta? ¿Me gustaría Alemania? Yo no quería al primo Willie como suegro. Y luego estaba el pensamiento principal, fundamental. El único pensamiento que importaba. Adalberto. Adalberto quería ser mi marido.

Quise decir algo, pero no encontré palabras. Solo tuve fuerzas para mirarle.

—Por supuesto, aún tardaríamos algún tiempo en casarnos, al menos un año. Pero pretendo pedirle a tu padre tu mano, como promesa para el futuro… Me quieres un poco, ¿verdad, Tania?

—Yo… yo… Por supuesto que sí. Eres primo segundo mío.

En cuanto pronuncié las palabras, pensé: ¿por qué digo esto? No es así como se supone que responde una muchacha cuando un hombre le pide que se case con él. Imaginé, no a Adalberto, alto y guapo con su uniforme blanco, sino a Constantin Melnikov, el médico joven de la clínica para trabajadores, bastante despeinado, dedicándome una mirada escrutadora.

Negué con la cabeza.

—Creo que no debemos hablar de esto hasta que hayas hablado con mi padre.

—Pero tengo que saber si, cuando llegue el momento, dirás que sí o que no.

Se inclinó y me besó. Sabía a vino y olía suavemente a colonia. Tenía los labios suaves y noté el cosquilleo de su fino bigote. Fue una sensación agradable, pero no arrolladora.

—Mis padres están deseando que me case, ¿sabes, Tania? Me han presentado a varias princesas, pero ninguna me ha gustado. Tú eres la única que me gusta.

—¿Por qué? ¿Qué es lo que te gusta de mí?

—Eres muy guapa. Cuando crezcas serás una mujer hermosa. Además, eres inteligente, amable y afectuosa. Nunca tratarías de dominarme ni de hacerme desgraciado.

—Puedo ser muy distinta dentro de unos años, cuando sea mayor.

La verdad es que no recuerdo por qué dije eso, pero me alegro de haberlo hecho.

Noté que Adalberto se ponía tenso.

—¿Qué intentas decirme, Tania? ¿Que quieres esperar, o que no quieres ser mi esposa?

—¡No lo sé! ¡No me obligues a decidir!

A continuación sentí que me acobardaba y volví corriendo hacia el palacio, impaciente y confundida, con las mejillas ardientes pese al gélido aire nocturno y arrepentida de haber tomado vino durante la cena.

18

Artipo estaba envejeciendo y apenas podía arrastrarse por el suelo. Su pata llagada no quería sanar, y la tenía tan hinchada y enrojecida en la zona en que el pelo gris clareaba que apenas soportaba que le tocase o tratase de acariciarle.

—¡Ah, Tania! —dijo papá cuando le llevé a mi habitación para que mirase al viejo perro, tumbado en mi cama, que meneó débilmente la cola al verle—. ¡Qué triste! Tiene muy mal aspecto. Ya debe de tener por lo menos diez años, quizá doce. Recuerdo el día en que nació la camada. Te regalamos el mejor de todos. Sé que estás muy encariñada con él, pero los perros no viven mucho —añadió, acariciando la suave cabeza gris y agachándose para mirar los viejos ojos enrojecidos de Artipo—. Esa pata infectada debe de dolerle mucho. Tal vez deberías dejar que Sedinov le llevase al cementerio y fuese compasivo con él.

Me eché a llorar y papá me abrazó, tratando de consolarme. No podía soportar la idea de que matasen de un tiro y enterrasen a Artipo, pues eso significaba para papá «ser compasivo».

—No, papá, estoy segura de que el jefe de la perrera podrá hacer algo por él.

Papá me aseguró que hablaría con aquel hombre, que tenía un armario cerrado con llave y lleno de compuestos medicinales para tratar el sarpullido y las lombrices, la tos y los temblores. Pero no creía que tuviese una medicina para tratar la vejez y me pasé la noche en vela, con Artipo acurrucado contra mí, temiendo el momento en que no tuviese más remedio que llamar a Sedinov y dejar que se llevase a mi querido perro al cementerio.

Al día siguiente, como de costumbre, lo saqué de paseo, aunque caminaba muy despacio debido a su cojera y le dejaba pararse a descansar a menudo. Caminábamos por la orilla del pequeño lago situado junto a la pagoda china cuando vi que el padre Grigori venía hacia nosotros.

Al verle, siempre me sobresaltaba; tenía un aspecto casi salvaje, como una criatura del bosque. Llevaba trozos de corteza y hojas secas pegados al abrigo, como si hubiese dormido en el suelo, y su barba canosa aparecía lacia y enredada. Tenía las sandalias llenas de barro y no traía cartera ni mochila.

A medida que se aproximaba sentí que me relajaba. Su dulce presencia se vertió sobre mí como un bálsamo. Tenía el rostro resplandeciente. Sus ojos hundidos, cuando los volvió hacia mí, estaban encendidos de determinación y de una oscura vitalidad que pareció llegarme al alma. Se acercó y miró a Artipo, que caminaba arrastrando las patas y husmeando el suelo.

—¡Se acabaron las penas! —exclamó, levantando la mano como siempre hacía en un gesto de bendición—. ¡Olvídense todas las penas! ¡Solo la alegría de la tarde!

Se arrodilló y puso la mano sobre la cabeza de Artipo. Vi de inmediato que Artipo enderezaba el lomo y levantaba el cuello y la cabeza.

—¡Vamos, vamos, cachorro fuerte!

Artipo aguzó las orejas, lamió la mano del padre Grigori y ladró. El padre Grigori pasó la mano con gesto ligero por la pata hinchada y murmuró algo. A continuación se incorporó y me miró asintiendo.

—Se pondrá bien.

Mascullando para sí, miró a su alrededor. Se acercó a un macizo de arbustos y cogió una piedra del margen. A continuación se la mostró a Artipo y la lanzó tan lejos como pudo a través del césped quebradizo.

Con otro ladrido, Artipo echó a correr persiguiendo la piedra, con la lengua fuera y las orejas planas contra la cabeza. Recogió la piedra, volvió en dirección al padre Grigori, la dejó caer a sus pies y alzó los ojos hacia él.

No cabía en mí de asombro y gusto. Abracé a mi querido Artipo y escondí la cabeza entre su pelaje. Oí que el padre Grigori murmuraba, como de lejos:

—¡Sí! ¡Todo amor!

Sin embargo, cuando al cabo de unos momentos alcé la mirada se había marchado.

19

Cuando la tía Olenka dio su baile benéfico para la clínica para trabajadores, mamá accedió a dar un donativo de quinientos rublos y una mesa entera cubierta de artículos atractivos para vender a beneficio de la clínica a fin de aumentar la recaudación. Sin embargo, no quiso asistir al baile; dijo que los dolores de cabeza se lo impedían, y además no quería encontrarse con la abuela Minnie, la tía Miechen ni ninguna de las demás petulantes mujeres nobles y de la alta sociedad que la ridiculizaban y difundían feos rumores sobre ella.

Mamá nos envió a Olga y a mí en su lugar.

Yo había tejido gorros, bufandas y chalecos abrigados (me costaba aprender a tejer jerséis enteros; las mangas siempre me salían mal), y mis artículos de punto, con muchos más que la propia mamá había confeccionado, unas cuantas almohadas de brocado que la tía Xenia había traído de París y un poco de encaje de Alençon que en otro tiempo adornó un vestido de mamá (nunca utilizaba el mismo encaje en dos vestidos distintos y prefería regalarlo), aparecían extendidos de forma atractiva sobre la larga mesa, y Olga y yo ocupamos nuestros lugares detrás de ella. Teníamos que permanecer sentadas allí hasta que se vendiesen todos los artículos. Entonces y solo entonces podríamos bailar.

Al bailar recordé a Adalberto, pero él no estaba invitado al baile. Había viajado a Moscú con los miembros de su delegación de paz y no se esperaba que volviese hasta un mes después o más, lo cual me proporcionaba mucho tiempo para darle vueltas a lo que me había dicho en nuestro último encuentro. No dejaba de preguntarme por qué me comporté así durante aquella velada de ensueño en la isla de los Niños. ¿Por qué huí? ¿Era simplemente demasiado joven para pensar en el matrimonio, aunque fuese con un hombre que me gustaba tanto? Por regla general, las muchachas de sangre real no debían meditar sobre las propuestas de matrimonio; debían obedecer a sus padres y casarse con los hombres escogidos para ellas. Adalberto me hacía un honor al hablar conmigo en primer lugar, antes de acudir a papá. Sin embargo, habría preferido que no lo hubiese hecho. ¡Oh, cómo lo habría preferido!

Hacía calor en la gran sala de techos altos en la que se celebraba el baile benéfico. Una multitud de invitados pululaba entre las numerosas mesas cubiertas de artículos en venta, charlando y coqueteando. Algunos arrojaban monedas con gesto descuidado, como diciendo: «¿Qué me importa un chaleco de punto o una rosa de seda para prender en mi vestido? ¡No me preocupan tales nimiedades! Sin embargo, donaré dinero de todos modos». La multitud resultaba muy variada. Cortesanos ataviados con elegancia se mezclaban con oficiales del ejército, mientras profesores vestidos de negro se codeaban con burócratas que lucían condecoraciones en sus chaquetas de adornos dorados. Muchos de los presentes, tras hacer sus donativos, seguían aburridos el ritmo de la música con la punta del pie.

La tía Olenka, enérgica y jovial como solía mostrarse, enseñando sus prominentes dientes de conejo al sonreír, se acercó a nuestra mesa y dijo que estaba muy complacida de ver que nuestros artículos se vendían bien. Y a decir verdad, Olga y yo teníamos mucho éxito, pues muchos de los asistentes, buscando una excusa para decir que habían conocido a las grandes duquesas, habían hecho compras.

—Esta noche es preferible que estéis aquí vosotras a que esté vuestra madre —me confió Olenka en voz baja—. Son muchos los que se han vuelto en contra de ella. ¡Qué cosas dicen los periódicos! ¡Que el padre Grigori es su amante! ¡Y que no tiene uno solo sino muchos, algunos de ellos mujeres!

—¡No quiero oírlo! —dije con tanta firmeza como pude—. Tales cosas no deberían repetirse dentro de la familia, sobre todo porque sabemos que son falsas e hirientes para mamá.

—Son hirientes para tu padre y su gobierno. Eso es lo que importa. Todo el mundo está de acuerdo.

No dije nada. Era plenamente consciente de los rumores y reportajes de los periódicos, los carteles y pintadas difamatorias que representaban a mamá y al padre Grigori amándose. Era absurdo. Sin embargo, el público ansiaba las imágenes sensacionalistas y quería más.

Justo entonces llegó Constantin a nuestra mesa tras cruzar entre la multitud con pasos largos y enérgicos. Traía dos platitos de helado que nos dio a mi hermana y a mí.

—Buenas noches, señoritas. Espero que les guste la frambuesa.

Al entregarme mi plato me guiñó un ojo.

—¡Ah, Constantin! —dijo la tía Olenka—. Me alegro de que por fin estés aquí. Necesito ayuda con la mesa de la baronesa Essen. La baronesa ha tenido que irse a casa. ¿Puedes sustituirla, por favor?

—Será un placer. Tania, ¿se sentará usted conmigo cuando estén vendidos todos sus artículos? Estoy seguro de que necesitaré ayuda.

—Sí, por supuesto.

La tía Olenka y Constantin se marcharon a través de la multitud, observados atentamente por mi hermana.

—¿Son imaginaciones mías, Tania, o la tía Olenka ha engordado? No estará encinta, ¿verdad? Dicen que su marido jamás duerme con ella.

—No está encinta —contesté—. La camarera de la tía Olenka le dijo a Niuta que toma Píldoras Orientales —añadí en voz baja.

—¿Esas pastillas que agrandan los pechos?

—¡Chist! —exclamé, asintiendo.

Olga y yo soltamos unas risitas.

—¡Lo que necesita son píldoras para mejorar la cara!

—No seas cruel. La tía Olenka se ha portado bien con nosotras.

Era cierto. Desde que a mamá se le agudizaron los dolores de cabeza y empezó a aislarse del mundo cada vez más, la tía Olenka nos invitaba a su casa de San Petersburgo a tomar el té los domingos por la tarde, nos llevaba de compras a Druce's, nos compraba helados y baratijas, y en general nos ponía bajo su tutela. Cada vez me caía mejor. No era como las demás mujeres de la familia de mi padre; decía lo que pensaba sinceramente y no temía demostrar sus sentimientos. Incluso hablaba de política, cosa que no hacía casi ningún otro miembro de la familia, al menos delante de nosotras. Y sabía ser jocosa y divertida; nos hacía reír.

Por fin nuestra mesa quedó casi vacía. Solo la pieza de precioso encaje de Alençon de mamá seguía en espera de comprador. Olga y yo la desenrollamos y la extendimos a lo largo de la mesa para mostrarla en las mejores condiciones.

Andrés, hijo del tío Vladímir, vino hacia nosotras desde la multitud. Con él iba una morena menuda y de cabello rizado, sonriente y cogida de su brazo. Sus movimientos eran ágiles; su rostro, animado y atractivo.

¡Me quedé de piedra al comprender que tenía que ser Mathilde Kchessinska!

Al reconocerla, Olga se puso a echar humo por las orejas. Miró a nuestro primo a los ojos y dijo, lo bastante alto para que otros lo oyesen:

—No puedo creerme que hayas traído a esa mujer aquí esta noche. Este no es su sitio. ¡Su sitio es un burdel!

—¡Olga! ¡No te rebajes a su nivel! —dije en tono comedido, agarrando a mi hermana por el brazo. Olga, irritada, se liberó de un tirón.

—¡Diré lo que me parezca! ¡Todo el mundo sabe que es una ramera!

Oí que algunas de las personas que nos rodeaban lanzaban un grito ahogado. Mathilde, indiferente en apariencia, tocaba el bonito encaje.

—Esta mesa está cerrada —dije mientras empezaba a enrollar el encaje.

—Ah, pero Tania, creo que puede que mi acompañante quiera comprar vuestro encaje —dijo el primo Andrés con acento cansino, sacándose un monedero del bolsillo y arrojando las monedas sobre la mesa.

—Esta es la mesa de mi madre, y ese es su encaje, y si ella estuviese aquí, sin duda no se lo vendería a... a... a nadie que fuese indigno.

El corazón me latía con fuerza. Notaba que las mejillas me ardían. Hacía lo posible por mantener la compostura.

—Pero este encaje es justo lo que necesito para el vestido que me está haciendo Lamanov y que llevaré en el baile del embajador inglés, Andrés —gorjeó Mathilde con voz suave, dulce y encantadora—. ¿Me lo compras, por favor? —añadió, mirándole a los ojos.

Andrés vació su monedero. Las monedas formaron una reluciente pila de oro en medio del encaje.

—Nos llevaremos el encaje, Tania. Creo que nuestro donativo te parecerá generoso. Debe de haber varios centenares de rublos ahí.

—No queremos tu dinero —dijo Olga en tono firme, tirando las monedas al suelo y perdiéndose entre los presentes.

Exasperada, me quedé de pie junto a la mesa. Me esforcé por armarme de dignidad. Recordé las clases que monsieur Gilliard nos había dado a Olga y a mí, en que nos enseñaba cómo debían comportarse las grandes duquesas. Con educación y dignidad, decía. Siempre educación y dignidad.

Se produjo un alboroto cuando algunas personas de entre la multitud se agachaban entre chillidos de entusiasmo para disputarse las monedas de Andrés.

—Lo siento —dije—, pero, como le he dicho, esta mesa está cerrada. Tal vez pueda encontrar encaje en otra parte.

Y continué enrollando el encaje tan deprisa como pude en una gruesa madeja. Se deslizó por entre los dedos de Mathilde, que no se aferró a él; lo dejó escapar, y eso decía mucho a su favor.

Andrés reaccionó divertido:

—Vamos, querida. Hay otras mesas, y tengo más monederos.

Y, tras despedirse con un gesto de la mano, condujo a Mathilde por entre el corro de carroñeros mientras yo, después de meter el encaje en mi maleta tapizada, iba en busca de Constantin.

20

Constantin estaba perplejo. Las arrugas de su alta frente se hicieron más profundas; la mirada de sus ojos azul claro era de incredulidad.

—¿Cuántos años has dicho que tiene?

—No lo he dicho yo, lo dijo el patriarca Macario. Dijo que la Tierra tiene exactamente seis mil setecientos cincuenta años, diez meses y siete días. Hasta el miércoles pasado.

Constantin se echó a reír, lo bastante fuerte para que le oyesen las demás personas, que estaban en el salón contiguo. Habíamos tomado el té en la mansión de la tía Olenka en San Petersburgo, y se había iniciado una animada discusión acerca de la edad exacta de nuestro planeta. Constantin y yo nos habíamos apartado de los demás para discutir mejor el tema. Estábamos sentados en un cómodo sofá, uno junto a otro, después de atiborrarnos de tarta de naranja glaseada, galletas y té indio fuerte, que agudizaba nuestro ingenio y estimulaba nuestros sentidos.

—Pero eso es absurdo.

—Es lo que dice la Biblia.

—Ya. ¿Y cuántos años más cumplirá la Tierra? ¿También nos dice eso la Biblia?

—Solo Dios sabe eso. Pero monsieur Gilliard me dijo que hay muchos científicos que dicen que la Tierra debe de tener millones de años y, en cuanto a su fin, mi padre ha leído que cuando se produjo una enorme explosión en Siberia estuvo a punto de acabarse.

Constantin se puso serio.

—¿Qué explosión?

—Lo leyó en una revista científica. Se produjo un destello en el cielo, mil veces más brillante que el sol.

—¡Por favor, Tania, exageras! —exclamó, dándome un golpecito en el hombro.

—¿Cómo que exagero? ¡Eres tú quien dice que la Tierra tiene un billón de años! —dije, devolviéndole el golpecito.

—¡Ni siquiera sabes contar hasta un billón!

Me agarró con gesto juguetón y empezó a agitarme, riéndose al mismo tiempo.

—¡Sé que llevas un billón de gérmenes en las manos, de la clínica! ¡No me toques! —repliqué, riendo yo también.

Pero me cogió con más fuerza, y me gustó. Sonreí, y entonces me besó.

Nuestras discusiones solían acabar en besos, y tanto las discusiones como los besos me excitaban. Nos veíamos cada vez con mayor frecuencia, en la clínica, donde acudía a visitar a Daria y a su bebé, Iskra; en casa de la tía Olenka y varias veces en casa de los padres de Constantin, donde conocí a su madre, amable y simpática, y a su engreído padre. Participé en numerosas discusiones acerca de la reforma política, los descubrimientos científicos, los avances médicos y muchos temas más. Constantin me animaba a diversificar mis lecturas, a informarme sobre lo que ocurría en el mundo de las ideas y a meditar sobre el sentido de lo que se llamaba «moderno», palabra con que la gente parecía referirse a lo que era nuevo y por lo tanto superior. Con demasiada frecuencia hablábamos de la cuestión más vital del momento, si Europa se encontraría o no pronto inmersa en una guerra.

Me intrigaban casi todos los temas de los que hablábamos en aquellos días emocionantes. Tanto Constantin como yo poseíamos una intensa curiosidad, y aunque él, al ser mayor, sabía mucho más que yo, siempre estaba aprendiendo, consciente en todo momento de lo mucho que aún le faltaba por aprender y conocer.

Por muy serias que fuesen nuestras discusiones, siempre tenían un resultado: hacer cada vez más profundo nuestro mutuo encaprichamiento.

¿Es posible amar a los catorce años? Sí. Un sí rotundo. Yo estaba ávida de amor, él era apasionado y pronto estuvimos tan absortos el uno en el otro que descuidamos otras cosas. Él se atrasó en sus estudios. Yo estaba tan distraída pensando en él que me pasaba horas soñando despierta, ignorando el delicado estado de mamá y las aventuras de papá, las miradas burlonas de Olga y las de advertencia de Niuta, a quien nada se le escapaba; ella sabía que yo estaba muy encaprichada.

Sin embargo, había una cosa que no podía ignorar, y eran las frecuentes visitas del padre Grigori al ala de palacio en que mis hermanas y yo teníamos nuestros dormitorios. Le hablé de ello a Constantin, que se alarmó.

—¿Quieres decir, Tania, que visita vuestro cuarto cuando le apetece, y que nadie le detiene?

—Siempre va y viene a su antojo. Papá les dijo a los criados hace tiempo que no le estorbasen. Mamá le llama «nuestro amigo» y dice que siempre debe permitírsele la entrada, de día o de noche. Verás, cree que él sabe cuándo se le necesita sin que le llamen, y viene a todas horas.

—¿Y qué es lo que hace, cuando entra en tu dormitorio o en el de Olga?

—Nos canta y reza con nosotras. Se sienta en nuestra cama y nos cuenta anécdotas de su casa en Pokróvskoie mientras nos da un masaje en los pies o en el cuello.

Vi que los músculos de la cara de Constantin se contraían. Tenía la mandíbula tensa y los ojos llenos de una fría rabia que nunca le había visto.

—Tania, ahora tengo que hacerte una pregunta muy seria, y debes decirme la verdad. ¿Te ha tocado en algún otro lugar que no sea el cuello o los pies?

Reflexioné un momento.

—A veces me da palmaditas en la cabeza.

—¿Te ha besado alguna vez?

—Solamente en la mejilla, igual que mis tíos. Pero a veces he pensado…

—¿Sí?

—A veces he tenido la sensación de que… quería besarme, como haces tú —dije con una mueca de asco.

Me di cuenta de que Constantin estaba disgustado por esa conversación. Al poco tiempo vino y me dijo que quería conocer al padre Grigori.

—¿Dónde vive ese *stárets* autoproclamado?

—En la calle Rozhdestvenskaya, número cuatro. Vive con un sacerdote, Yaroslav Medved.

Poco después de esta conversación, Constantin y yo recorríamos en su carruaje la avenida Nevski en dirección al piso del padre Grigori.

Yo le había confiado la extraordinaria curación de Artipo por parte del padre Grigori, una curación que parecía ser absoluta e intachable, pues mi viejo perro continuaba corriendo y saltando como un cachorro, y también le confié el asombro que sentía cuando el contacto de la mano del padre Grigori o las pocas palabras que pronunciaba ponían fin al sufrimiento de mi hermano Alexis. Le conté que eso había ocurrido muchas veces. Los enfermos habían sido curados; el dolor, eliminado; el sufrimiento, mitigado. Estaba firmemente convencida de que, sin la presencia sanadora del padre Grigori, mi hermano habría muerto.

—La hipnosis no es curación, Tania —respondió Constantin—. Y si ese hombre tuviese los poderes que le atribuyes, tu hermano estaría ya sano. Nunca volvería a necesitar curación del *stárets* ni de nadie más, salvo Dios todopoderoso.

—Pero Artipo no fue hipnotizado —insistí—. Artipo es solo un perro. Un perro viejo y enfermo que ahora está joven y sano.

Constantin se encogió de hombros.

—¡Vete a saber qué trucos mentales es capaz de hacer, incluso en un perro viejo!

La calle en la que vivía el padre Grigori estaba cerca del Mercado del Heno, la enorme plaza de San Petersburgo en la que se vendían verduras, flores y ropa usada, y donde prosperaban carteristas y ladrones. Las prostitutas paseaban entre los puestos, mostrando los billetes amarillos que la policía les obligaba a llevar. Desde la masa de cuerpos y puestos, las palomas alzaban el vuelo en bandadas por el cielo nublado y hacia el río.

—Ese padre Grigori vive en una parte poco recomendable de la ciudad —comentó Constantin mientras pasábamos por la vasta plaza.

—Mamá dice que es porque prefiere ser pobre para parecerse más a Cristo y a los santos, que no vivían a lo grande.

—Dudo que Cristo o sus santos hubiesen querido vivir en la calle Rozhdestvenskaya —fue la sarcástica respuesta.

Llegamos a la dirección y encontramos un sórdido edificio de ladrillo de seis pisos, cuya entrada estaba parcialmente obstruida por la basura sin recoger. Constantin le dijo al cochero que esperase y me ayudó a bajar a la calzada fangosa. No había ningún portero en la sucia entrada, ni nos avisó criado alguno de que la barandilla estaba rota.

—Niuta ha estado aquí —le dije a Constantin—. A veces le trae mensajes. Dice que vive arriba del todo, bajo el tejado. Como los palomos.

Era una subida fatigosa de muchos tramos de escaleras, y tuve que pararme a descansar varias veces mientras Constantin aguardaba con paciencia a que recuperase el aliento. No nos cruzamos con nadie más en las escaleras, pero cuando por fin llegamos al último piso, lo encontramos abarrotado de gente. La puerta de la única vivienda de ese piso se hallaba abierta de par en par. Al cruzarla, entramos en una habitación bastante grande llena del murmullo agudo de las voces femeninas.

Nadie nos miró cuando entramos. Las mujeres estaban sentadas en sillas colocadas junto a las paredes. Encontramos dos sillas y nos sentamos. Una mujer de cabellos grises vestida de campesina nos trajo té.

—Son ustedes bienvenidos —dijo—. El padre está en su habitación privada, ocupado como de costumbre. Lamenta no poder ver a todo el mundo, pero si esperan podrán al menos recibir su bendición.

Le dimos las gracias y nos tomamos el té, observando todo lo que sucedía a nuestro alrededor. Habíamos acordado que, cuando viésemos al padre Grigori, yo presentaría a Constantin como un amigo mío que sufría un terrible dolor.

Esperamos. Pasó una hora, y luego dos horas.

—Esto es peor que la clínica para trabajadores —me susurró Constantin—. ¿Por qué solo hay ancianas ricas aquí?

Era cierto. La habitación estaba llena de mujeres mayores, o al menos era así como las veíamos nosotros, dada nuestra juventud. Llevaban pieles y ropa bonita, pendientes y pulseras de oro. Allí no había nadie de la ciudad de las chimeneas, nadie del Mercado del Heno, ninguno de los mendigos que atestaban los peldaños de la catedral de San Isaac, a solo unos minutos de distancia del edificio en el que nos hallábamos. De vez en cuando salía una de las mujeres de una puertecita situada en un extremo de la habitación y entraba otra. A través de las ventanas sucias contemplamos cómo menguaba la luz de la tarde. Tal como había dicho Niuta, el padre Grigori vivía entre los palomos, que, arrullando, se posaban en el alféizar de la ventana.

La criada trajo unos platos de pescado, panecillos y un cuenco de col en vinagre, junto con unos bizcochos glaseados, y nos servimos.

—Pon cara de enfermo —le susurré a Constantin—. Puede que consigas ver al padre Grigori más deprisa.

Al final se abrió la puerta de la habitación privada y salió el padre Grigori con su aspecto de siempre; llevaba la túnica de campesino manchada y raída, los pantalones arrugados y dejados, la barba y el pelo despeinados. Me pareció detectar el olor de alcohol en su aliento, aunque no estaba segura. Al entrar en la habitación, alzó la mano en un gesto de bendición y dijo:

—Que la paz sea con vosotros, caminantes.

Para mi asombro, todas aquellas mujeres tan bien vestidas se arrodillaron, y permanecieron arrodilladas mientras el padre Grigori se sentaba y empezaba a comer con descuido y glotonería.

—Más vale que nos arrodillemos también —susurré—. No nos conviene llamar la atención.

Constantin enarcó las cejas pero me hizo caso, murmurando:

—Una gran duquesa arrodillada ante un campesino. Eso es algo que nunca había oído.

Permanecimos mucho rato arrodillados allí, contra el frío suelo desnudo, escuchando los sorbetones y otros ruidos digestivos que hacía el padre Grigori. Nadie hablaba ni se movía. Al final terminó. Se limpió las manos en el mantel cubierto de manchas y se puso en pie. Se quitó la túnica por encima de la cabeza y se la entregó a la criada. A continuación volvió a su habitación privada.

Al instante se oyó un griterío. Las mujeres arrodilladas se levantaron y empezaron a chillar:

—¡Cincuenta rublos!

—¡Setenta y cinco!

—¡Le digo que es mía!

—¡No, mía!

Contemplamos la indigna subasta de la túnica del padre Grigori, desgarrada y manchada de sudor, llevada a cabo por la criada de cabellos grises. Cuando acabó, el padre Grigori abrió de nuevo su puerta privada y me hizo una seña.

Entré con Constantin.

—Cierra la puerta, Tania —dijo el sacerdote en tono solemne.

No había rastro de la arrebatada alegría y la encantadora inocencia que solía transmitir. Al contrario, parecía apagado, pragmático. Un campesino astuto a punto de hacer negocios. Sobre la mesa que estaba delante de su silla había un gran cuenco lleno de dinero. Supuse que eran donativos de las personas que venían en busca de curación y bendición.

—Padre Grigori, he traído a mi amigo Constantin...

—Es un escéptico, no quiere creer. Desconfía de mí. Escucha los sucios chismorreos sobre mí. Tú le amas. Todo eso puedo verlo. También puedo ver que sufre. Su ojo izquierdo, sí —dijo—. Le duele, ¿no es así? —añadió, dirigiéndose a Constantin.

Constantin asintió sobresaltado.

—A veces, sí.

—No me necesita a mí. Necesita unas gafas nuevas.

—Padre Grigori, soy estudiante de medicina y trabajo en la clínica para trabajadores de Víborg. Veo mucho sufrimiento, y es bastante poco lo que puedo hacer para ayudar. Si tiene algo que enseñarme, aprenderé con mucho gusto.

Miré a Constantin. Ya no sabía con certeza si intentaba manipular al padre Grigori para que revelase sus secretos y sus posibles engaños o si hacía una petición sincera.

—Lo que hago no puede enseñarse. Hay que haber nacido con la gracia de mitigar el dolor y embrujar la sangre.

—¿Puede unir huesos rotos?

—Puedo hacer que se unan muy deprisa. Todo se logra con la fe.

—Pero, entonces, ¿cómo puede curar a los animales, que no tienen fe?

—Los animales conocen el amor, la lealtad y la fidelidad. ¿Por qué no la fe?

Durante unos momentos, Constantin y el *stárets* se miraron. Me sentí muy excluida.

—Tengo que preguntarle algo más. ¿Qué ocurre con todo el dinero que veo aquí, en su mesa, con todos los regalos que le hacen?

Respondió con un gesto que indicaba indiferencia.

—Lo mando casi todo a mi pueblo, a Pokróvskoie. El dinero que envío alimentó a unas doscientas familias de allí el invierno pasado, alabado sea Dios. Pero no se equivoque. No deseo que me den las gracias. Ese dinero no es para mí, sino para la gracia que viene a través de mí. Si viene a mí, debe volver a salir hacia donde sea necesario.

—¿Siempre se muestra tan generoso?

El padre Grigori sonrió por primera vez.

—Soy un hombre. Un hombre con defectos, como cualquier otro. Tengo deseos, necesidades, impulsos…

Constantin, que estaba sentado, se puso en pie en ese momento. Su estatura y su fuerza física resultaban imponentes, o al menos eso supuse yo, para el padre Grigori, que era mucho más mayor, y no tan grande ni fuerte.

—En cuanto a sus impulsos, estoy aquí para decirle que nunca debe volver a entrar en la habitación de Tania ni en las habitaciones de sus hermanas.

—Papá y mamá me permiten ir donde quiera.

El padre Grigori siempre llamaba a mi padre «papá» y a mi madre «mamá».

—Pero yo no. Y si me entero de que ha vuelto a molestar a las grandes duquesas, vendré a buscarle y traeré a la policía del zar.

Se produjo un largo silencio, durante el cual el padre Grigori miró a Constantin a los ojos, y tuve miedo. El padre Grigori tenía un gran poder. ¿Podría utilizarlo para perjudicar a Constantin?

—¿Conoce usted acaso al capitán Golenishchev?

—El jefe de policía, sí.

—Hace varios años, la hija preferida del capitán Golenishchev se estaba muriendo de tifus, y él mandó a buscarme. La curé. Desde entonces el capitán Golenishchev me ha protegido de toda clase de falsas acusaciones.

—Creo que deberíamos irnos, Tania —dijo Constantin, tendiéndome la mano—. Estoy seguro de que este campesino de Pokróvskoie recordará lo que he dicho, y no creerá que va a poder burlarme si me entero de que os ha molestado a ti o a tus hermanas.

A continuación nos marchamos. Salimos por la habitación llena de mujeres y bajamos los numerosos tramos de escaleras hasta la calle. La experiencia me dejó conmocionada. Me sentía confusa por el cambio en la actitud del padre Grigori, me desagradaba la veneración y adoración que le profesaban las mujeres y me disgustaba pensar que mi madre habría podido ser una de ellas, si su rango no lo hubiese impedido. Nunca había visto a nadie hacerle frente al padre Grigori como había hecho Constantin; por otro lado, nunca había visto que el padre Grigori se encontrase con otro hombre cara a cara y hablase con él francamente, y eso me gustó.

—Sigo pensando que es un hipnotizador —me dijo Constantin mientras nos marchábamos—. Y no confío en él. Pero lo que me intriga es cómo ha sabido que me duele el ojo izquierdo. ¿Y cómo ha sabido que uso gafas para leer?

21

—*M*e alegro mucho de volver a verla, majestad.

Reconocí la voz apaciguadora en cuanto la oí. Era la voz del doctor que se llamaba a sí mismo herr Schmidt.

—Y a su encantadora hija —añadió, dedicándome una sonrisa grave.

Mamá le miró, al principio con cautela, aunque luego su mirada se suavizó. Mamá y yo estábamos sentadas en un balancín, en la terraza de la casa de la abuela Minnie, en espera del inicio de un concierto. La noche era templada, y a través de las puertas abiertas oíamos a los músicos afinar los instrumentos y al público que llegaba.

Mamá no quería acudir al concierto, aunque sabía que no estaría allí la abuela Minnie, pues se hallaba en Estocolmo visitando a unos parientes. Pero papá le había insistido para que asistiese. Dijo que el cantante italiano era muy bueno y que habría muy pocos invitados, y además simpáticos.

—Tienes que ir, *dushki* —le oí decir, utilizando el apelativo que mamá me había contado que usaba con ella durante su cortejo. *Dushki* en ruso significa «mi alma»—. Llévate a Tania —añadió—. Si alguien te dijese algo desagradable, ignóralo. Haz como si no lo oyeras. Al fin y al cabo, estás perdiendo el oído. Eso dice el doctor Korovin.

Mamá no oía tan bien como antes, y yo debía esforzarme por hablarle más alto.

—¡Una sorda yendo a un concierto! —dijo, riéndose—. ¡Imagínatelo!

Pero decidió ir y yo la acompañé, aunque echaba de menos a Constantin y pasé gran parte de la velada pensando en él. Constantin y yo habíamos tomado la costumbre de escribirnos una carta cada noche.

—¿Le importa que me siente al fresco, con usted y su hija? —quiso saber herr Schmidt.

Yo estaba en guardia, decidida a proteger a mamá. Pero me daba cuenta de que su cautela inicial había desaparecido; el doctor ejercía en ella un efecto apaciguador. Mamá confió en él de inmediato.

—Por favor, siéntese con nosotras si le apetece. ¿Qué le trae a Rusia?

—Tengo colegas aquí. Me gusta mantener el contacto con ellos de vez en cuando. Además, San Petersburgo es una ciudad preciosa.

—Preciosa, sí… pero llena de gusanos.

—¿Gusanos?

—Lombrices, gusanos del hielo…

—Le ruego que me hable de esos gusanos. Me gustaría saber más.

—Mi hija trata de criarlos. Se escapan y se arrastran por toda su habitación. Se arrastran por su cama, por su piel…

Mamá hizo una mueca de asco, cerró los ojos y se estremeció.

—Tania, ¿cría usted gusanos? —me preguntó herr Schmidt con un destello de humor en los ojos.

—No, los cría mi hermana Anastasia. Solo tiene diez años. No sabe hacer otra cosa.

—Conozco a un hombre que está muy preocupado por las ratas. Dice que cree que las ratas se lo comen. Dígame, majestad, ¿le preocupa que esos gusanos puedan arrastrarse por usted tal como se arrastran por Anastasia?

Mamá abrió los ojos de pronto y parpadeó. Miró a herr Schmidt y frunció el ceño.

—Por supuesto que no. ¡Qué idea tan absurda! No, no son los gusanos los que me atacan, en absoluto —dijo con voz seca—. Es que he tenido unas pesadillas terribles —añadió en un tono distinto.

—¿Otra vez los arándanos? ¿Los alfileres?

—Es un olor repugnante. Sueño con un olor repugnante.

—Dígame cómo huele.

—Como… huevos estropeados.

—En su sueño, ¿está en la cocina con los huevos podridos?

Mamá negó con la cabeza, frunciendo el ceño como si le doliese algo.

—¡No, no!

—¿Dónde está? No tema decírmelo. Aquí, entre nosotros, está segura.

Ella continuó negando con la cabeza, como si no quisiera enfrentarse a lo que había en su mente. Me pregunté qué le ocurría.

—¡No! Fue delante de la iglesia —dijo con lágrimas en los ojos—. Fue terrible. Una visión terrible —explicó con voz entrecortada mientras las lágrimas empezaban a rodar por sus mejillas.

—¿Qué visión terrible tuvo?

—La muchacha murió. Murió. Se quemó. Todos lo vimos.

Miré a herr Schmidt.

—Sé en qué está pensando. Fue la muchacha que se suicidó —le dije, sorprendida ante la calma con la que pronunciaba las palabras—. Fue lo más espantoso que he visto en mi vida. Se echó queroseno por encima y se prendió fuego.

—¿Por qué?

—No lo sé —dije—. Ojalá lo supiese.

Mamá se secó los ojos con los puños.

—Yo sí lo sé —dijo al cabo de unos momentos en voz baja—. Lo averigüé. ¿Cómo podría alguien ver eso y no tratar de averiguarlo? ¿Cómo podría alguien oler ese queroseno apestoso y no tratar de averiguarlo?

Nos miró con gesto acusador, con los ojos muy abiertos, redondos y fieros, como si nos desafiase a responderle. Herr Schmidt y yo permanecimos en silencio.

—Era estudiante. Solo tenía dieciocho años. Se llamaba Raisa Lieven. Era de familia noble, ¿puede usted creerlo? —dijo mamá en voz baja y mesurada, como si repitiese palabras que había memorizado, palabras de una obra de teatro o guión cuyo significado no quisiera conocer—. La encarcelaron por criticar al gobierno. Uno de los guardias la violó una y otra vez. La muchacha no pudo soportarlo. Cuando salió de la cárcel decidió suicidarse. Dijo que quería asegurarse de que mi marido y toda nuestra familia estuviese allí para verla morir. Así pues, esperó a saber que iríamos a la iglesia, y cuando llegamos allí, ella… ella…

—Sí, ya nos lo ha contado. No me extraña que sufra pesadillas.

Percibe el olor del queroseno porque le devuelve la horrible imagen de la muchacha en llamas. ¿Acaso se cree usted culpable de algún modo?

Mamá se levantó de pronto.

—Entremos ya, Tania. Me estoy quedando helada —dijo en tono alegre sin mirar a herr Schmidt, sin sombra de la anterior angustia o de la forzada calma que yo había distinguido en su tono—. ¿Sabes, Tania? Dicen que el suicidio se ha puesto muy de moda en San Petersburgo. Existe algo llamado Club del Suicidio donde la gente acude por la noche a matarse bebiendo… o casi —añadió, antes de echarse a reír—. Vi un periódico que decía que papá iba allí. ¿Te imaginas? ¡Qué cosas escribe la gente!

Con una sonrisa encantadora me tendió la mano. Yo la cogí y me levanté del balancín.

—Majestad —dijo herr Schmidt cuando nos disponíamos a entrar—, ¿y las cosas que escriben sobre el padre Grigori, sobre usted y él?

Mamá se detuvo.

—¿El padre Grigori? Vaya, él todo lo hace bien. Sí. Todo lo hace bien, tanto si está conmigo como si no.

—¿Y usted? ¿Diría que todo lo hace bien?

Mamá no respondió, sino que volvió la cara.

—Buenas noches, majestad. Buenas noches, Tania —se oyó la voz agradable y apaciguadora.

—Buenas noches, herr Schmidt —respondió mamá por encima del hombro—. ¡Que sueñe con los angelitos!

22

*D*esde que Adalberto le pidiese mi mano a papá, este no debía tardar mucho en rechazar cortésmente su propuesta.

Sin embargo, no fue así. Tardó mucho tiempo, demasiado, y la razón fue que la abuela Minnie había decidido que había llegado el momento de intervenir en los asuntos de nuestra familia e insistir en que las cosas se hiciesen a su manera.

Acababa de volver de Estocolmo tras pasar un mes con sus parientes suecos y daneses, todos los cuales, según me dijo mamá, poseían un punto de vista muy europeo y consideraban bárbaros a todos los rusos.

—Siempre influyen en ella —dijo mamá—. Le hacen creer que debe salvar a Rusia de la autodestrucción. No tengo la menor duda de que estará insoportable durante un tiempo.

La abuela Minnie organizó una cena en su casa de San Petersburgo e invitó a la mayor parte de la familia, incluyendo a la tía Miechen (que ya era viuda), al tío Bembo, a la tía Olenka y a Petia, a KR e incluso a la tía Ella, que ya no se llamaba tía Ella sino madre superiora, pues había fundado su propia orden de monjas, las Hermanas de la Merced, y siempre iba vestida de blanco con toca y velo. Recuerdo que Xenia, hermana de papá, no asistía a la cena porque su marido Sandro y ella se habían separado y en ese momento permanecían alejados del resto de la familia.

En cuanto retiraron el último plato, la abuela Minnie nos ordenó que fuésemos al salón y se dispuso a hablarnos. Ya era tarde y todos los presentes habían bebido mucho vino; algunos estaban disfrutando de su segundo o tercer coñac. Sus palabras cayeron en cerebros embotados, cosa que sin duda formaba parte de su retorcido plan.

—Me pregunto si alguno de vosotros se da cuenta de la gravedad de nuestra situación —empezó.

—Yo sí —se oyó la irritante voz de Petia—. Casi no queda coñac.

Hubo un par de carcajadas. La abuela Minnie miró a Petia con furia antes de seguir:

—Rusia está en peligro. Si mi difunto esposo estuviese vivo, dirigiría a sus regimientos para proteger las fronteras. Expulsaría a todos los alemanes de esta tierra…

—¿A todos? —preguntó la tía Miechen, mirando a mamá.

Pensé que yo era alemana, porque mamá lo era. ¿Esperaba expulsarme la abuela Minnie?

—Vamos, madre —dijo papá, arrastrando las palabras—, vas demasiado lejos.

—El ejército alemán nos amenaza a todos. Pero los lazos familiares aún pueden salvarnos. Me han dicho que el príncipe Adalberto, hijo del káiser, piensa proponer matrimonio a la gran duquesa Tania.

Papá la interrumpió.

—Sí, vino a verme el otro día y dijo que tenía permiso de su padre para pedirle a Tania que se casara con él, si yo accedía. La boda tardaría un año en celebrarse.

—¿Y accediste?

—¡Claro que no! —intervino el tío Bembo, con voz áspera—. ¡Tiene que consultar a sus ministros! ¡Es un asunto de Estado!

—Creo que ante todo es un asunto familiar —fue la respuesta de la abuela Minnie—. Una alianza entre los Hohenzollern y los Romanov beneficiaría a ambas familias… y a ambos países. El príncipe es agradable y bien hablado. Es oficial de marina. El matrimonio de Tania puede ser muy beneficioso.

Sentí muchas miradas sobre mí. ¿Esperaban que dijese algo? Sin duda no esperaban que expresase mis verdaderos sentimientos, es decir, que, aunque estaba encariñada con Adalberto, prefería a Constantin y deseaba mucho poder casarme con él.

Olga, que estaba sentada a mi lado, me clavó el codo en las costillas. Se me escapó un grito.

—¿Sí, Tania?

—Nada, abuela.

Entonces habló mamá, vocalizando con mucha claridad, aunque su acento alemán nunca había resultado más evidente.

—¡No! ¡No habrá boda! ¡Ninguna hija mía se casará con un Hohenzollern mientras mi primo Willie sea el káiser! Ese hombre es un matón y un fanfarrón. ¡No tiene ninguna humanidad! ¡Ninguna!

—Nadie habla de su humanidad —comentó KR, que tendía a hablar entre dientes.

—¿Cómo?

Mamá enderezó la espalda tratando de averiguar quién había hablado, pero KR no repitió sus palabras.

—¡Sé que alguien ha dicho algo! Era algo sobre mí, ¿verdad? ¡Algo malintencionado!

—Nadie ha dicho nada contra ti, querida —dijo papá preocupado, mientras trataba de coger a mamá de la mano.

Sin embargo, ella estaba enfurecida y no quiso calmarse. Nos habíamos acostumbrado a verla así. Nunca sabíamos si su irritación se convertiría en una rabieta a gran escala o si amainaría para hacerse una cólera disimulada.

Me pareció ver el leve atisbo de una sonrisa en los labios de la abuela Minnie. En ese momento la odié.

—Madre —le decía papá a la abuela Minnie—, Willie es un pelma y un exhibicionista, pero nunca iniciaría una guerra. Lo he dicho muchas veces y continúa siendo mi opinión. Decir otra cosa es empeorar la situación. Cuanto más miedo le tengamos, más contento estará, y cuanto más contento esté, más barcos construirá.

—Hizo trampas durante las regatas —decía mamá en un tono distante—. Enarboló más vela de la que estaba permitida. Nicky tuvo que presentar una queja formal ante los jueces.

Miró a todos los presentes, que no le quitaban la vista de encima.

—Pues sí, lo hizo —añadió—. ¡Vosotros no lo sabéis! ¡No estabais allí!

Antes de que mamá pudiese volver a mostrarse irritada y vehemente, la abuela Minnie la interrumpió:

—¿Eso es lo que te ha dicho tu monje borracho, ese asqueroso que se llama a sí mismo Rasputín, ese al que adoras?

Mamá se puso en pie y, con un grito de cólera, se dirigió a toda prisa hacia la abuela Minnie, pero antes de que pudiese alcanzarla, tía Ella se colocó entre ambas y sujetó a mamá por los hombros.

—Vamos, Sunny, no dejes que te provoque. No es propio de ti. Ven conmigo. Le rezaremos a san Juan de las Batallas, ¿de acuerdo? Creo que su icono está aquí cerca. Podemos encontrarlo.

La tía Ella se llevó de la habitación a mamá, que había empezado a sollozar.

Papá se levantó para seguirlas.

—Quédate con nosotros un momento, Nicolás. Tengo algo más que decir. Cosas necesarias, cosas que todos los miembros de esta familia quisieran decir, y que sin embargo nadie más que yo tiene valor para mencionar.

Se respiraba cierto desasosiego en la sala. Sentí el impulso de levantarme y seguir a mamá y a la tía Ella, y sin embargo intuí que tenía que oír lo que la abuela Minnie se disponía a decirle a todo el mundo. Seguía pendiente la cuestión de la proposición de Adalberto. ¿Había accedido papá? Pero entonces Adalberto ya no parecía demasiado importante.

Miré a Olga, que parecía molesta, como casi siempre que se aburría.

—Nicolás, he averiguado la verdad acerca de ese Rasputín, ese hombre en el que tanto confía tu mujer, al que adora y seguramente ama. Sí, ama. Carnalmente.

—¡Madre!

—¡No me harás callar!

La abuela Minnie sacó del bolsillo de su vestido varias hojas de papel y las sostuvo en alto a fin de que todos los presentes pudiesen verlas. Llevaban impreso un gran sello oficial rojo.

—Tengo aquí informes policiales sobre ese criminal, Grigori Yefímovich Novi, llamado Rasputín, ladrón y violador convicto del pueblo de Pokróvskoie, supuesto sanador —dijo, antes de empezar a leer los papeles—. Abandonó a su esposa y tres hijos. Dos de los hijos han venido a San Petersburgo en su búsqueda. Desde que vive en la calle Rozhdestvenskaya con el sacerdote Yaroslav Medved le han visto contratar los servicios de prostitutas en la calle Morskaya y llevarlas a los baños públicos. A veces contrata los servicios de dos o tres en una noche. Por las tardes, se dedica a estafar a mujeres ricas; por las noches, sale a la calle y orina contra las paredes de las iglesias.

—Y ha mantenido vivo a nuestro hijo con sus oraciones —añadió papá—. Y no sé cómo podría haber sobrevivido yo todos estos fatigosos años sin él —acabó, bajando la cabeza.

Pero la abuela Minnie ignoró sus sinceras palabras y siguió:

—¿Te ha dicho que viajó a Jerusalén como peregrino, caminando y arrastrando pesadas cadenas?

—Sí.

—Pues es mentira. ¿Ha afirmado que puede resucitar a los muertos?

—No. Nunca nos ha dicho eso.

—Se lo ha dicho a otros, y les ha estafado miles de rublos.

—¡No! ¡No quiero saber nada de eso!

—Curó a mi Artipo —dije en voz alta—. Y le he visto curar a Alexis muchas veces.

—¡Todo eso son mentiras! ¡Engaños! ¡Figuraciones de la supersticiosa alma rusa!

Nunca había visto tan agitada a la abuela Minnie.

—¡Basta! —gritó de pronto papá con todas sus fuerzas, pese a que solía ser el más apacible de los hombres—. ¡No pienso oír nada más! ¡Fuera todo el mundo!

Los demás miembros de la familia se apresuraron a obedecer, y la habitación no tardó en quedar casi vacía. Pero Olga y yo nos quedamos donde estábamos, sentadas en el sofá. La abuela Minnie no sabía si marcharse. Abrió la boca como para decir algo más, pero ante una mirada furiosa de papá la cerró de nuevo, dobló sus papeles y se los metió en el bolsillo. Con dignidad, se dirigió hacia las puertas dobles que daban al corredor. Al llegar a las puertas se volvió.

—Esta es mi casa, Nicolás. Harías bien en mostrarme cortesía aquí. Y en cuanto a tu precioso padre Grigori y tu preciosa esposa alemana, que, por cierto, podría ser declarada loca en breve por un respetado médico, puedes estar seguro de que tengo más cosas que decir y de que emprenderé más acciones.

—¿Y Adalberto? —pregunté, pero la abuela Minnie ya había salido con paso digno, y papá se hundió en su butaca con la cabeza entre las manos sin responder a mi pregunta.

23

Tuve mucho de que hablar con el elefante en aquellos días. Yo acudía a menudo a su recinto, y él se acercaba despacio a la valla y extendía su trompa gris y atrofiada hacia mí, con la esperanza de que le diese unas hojas tiernas. Yo se lo confiaba todo: mis sentimientos hacia Constantin, los problemas de nuestra familia, mi preocupación por mamá y, sobre todo, mis esperanzas de lograr convertirme en una mujer buena y honorable, y mi temor de no lograrlo.

El elefante barritaba de vez en cuando y sacudía su cabeza peluda cuando las moscas se le agolpaban alrededor de los ojos, pero nunca me escuchaba mucho rato, y pronto se marchaba sin prisas hacia el extremo opuesto del cercado, donde estaba la cabaña del cuidador.

Un motivo por el que buscaba la compañía del elefante era que quería evitar ver a Adalberto. Sabía que no tardaría en regresar a San Petersburgo con su Joven Iniciativa de Paz y que querría una respuesta a su proposición. ¿Qué le respondería papá? Si la respuesta era negativa, ¿tendría que volver a verle? ¿Qué le diría en ese caso?

Pero al final todo acabó bien. Adalberto me envió una nota preguntando si podía verme, y tuve que decir que sí. Vino solo, y en cuanto le introdujeron en el pequeño salón sentí que regresaba todo mi antiguo cariño hacia él. Estaba muy guapo. Tenía los ojos llenos de ternura y una pizca de nostalgia.

—Solo deseaba despedirme, querida Tania —empezó después de darme un beso en la mejilla—. Tu padre me explicó que, tras consultar con sus ministros, se decidió que un matrimonio entre nosotros no beneficiaría a Rusia. Yo había confiado mucho en que la respuesta fuese distinta.

Sentí un gran alivio.

—Querido Adalberto, ¿podemos ser amigos?

No se me ocurrió nada más que decir.

—Por supuesto. Buenos amigos. Para toda la vida, si tú quieres.

—Sabes que sí. Te aprecio mucho. ¿Prometes escribirme a menudo?

—Tan a menudo como pueda. Mi padre está ansioso porque vuelva a embarcarme, y los viajes largos dificultan la correspondencia.

Me di cuenta de que había tensión entre nosotros.

—Adalberto, yo…

—No hace falta decir más, Tania. Todo se ha dicho y decidido. Seguiremos tal como estábamos… O tal vez no exactamente.

—¿Y eso?

—Verás, he conocido a una joven encantadora, una de las delegadas de nuestra Iniciativa de Paz. Es de sangre noble y posee un buen carácter. Además, comparte mi esperanza de alcanzar un mayor entendimiento entre pueblos. Se llama Adelheid.

—¡Adalberto y Adelheid! ¡Estabais predestinados!

Ambos nos echamos a reír, y la tensión disminuyó.

Nos despedimos y prometimos escribirnos. A continuación salí para reunirme con Constantin en la clínica para trabajadores, llevando un carro cargado de comida.

Había empezado a distribuir en la clínica la comida que traía de palacio en lugar de hacerlo en la antigua vivienda de Daria. Reservaron una habitación para mi uso, y Avdokia y yo, a veces con la ayuda de voluntarios de la clínica, entregábamos panes y platos de carne y aves, verduras y pasteles a todos los que hacían cola para recibirlos. Siempre había mucha gente en la clínica, y Constantin, cansado de tanto trabajar, se esforzaba por visitar a todos los pacientes que podía. Poseía grandes reservas de vitalidad, pero no era de hierro, y a menudo le vi tratar de descansar un poco entre paciente y paciente solo para darse por vencido porque la demanda era demasiado grande.

Como la clínica atraía cada vez a más gente del distrito circundante de Víborg para conseguir no solo asistencia médica sino también comida, se convirtió en un lugar de reunión en el que los oradores políticos, o agitadores, como les llamaba mi padre, se dirigían a los obreros de las fundiciones y fábricas. Bajo la niebla de color amarillo verdoso que parecía flotar como un halo sobre la ciudad de las chimeneas sin dispersarse jamás, representantes de las organizaciones radicales dc San Petersburgo arengaban a la multitud.

Ese día, el día en que Adalberto vino a despedirse, había tantos trabajadores reunidos ante la clínica, que Avdokia no pudo obligar a su viejo caballo a llegar hasta la puerta principal y nos quedamos atrapadas entre la gente.

Una oradora centraba el interés de la multitud. Gritos de aprobación, algunos aplausos y silbidos acogían sus palabras. Era una mujer alta que llevaba una chaqueta roja y un pañuelo del mismo color en la cabeza. Su voz era fuerte y potente, y hablaba con nervio y energía.

—¡Trabajadores! —decía—, esta tarde quiero hablaros de un brillante amanecer que está surgiendo, que se aproxima más con cada día que pasa. Un brillante amanecer, os digo, ¡en el que ya no habrá tiranía ni explotación! ¡En el que serán propiedad nuestra todas las fábricas, y gobernaremos nosotros, y compartiremos la riqueza de Rusia y no dejaremos que los explotadores se la lleven toda! ¡Imaginaos, amigos míos, despertando al amanecer de la libertad!

Estas palabras suscitaron una enorme ovación, y percibí una oleada de emoción en la multitud. Se iba reuniendo más gente, más cuerpos que ejercían presión en torno al carro. A Avdokia no le importaba; gritaba y aplaudía las palabras de la oradora como todos los demás.

—Ahora os daré la mejor noticia de todas. Nosotros, sí, todos nosotros, tenemos la capacidad de traer a Rusia el brillante amanecer de un nuevo día de libertad. Solo tenemos que alargar la mano, pues está a nuestro alcance. ¡Nuestra es la fuerza, nuestra es la mayoría, nuestra es la voluntad! Nada puede detenernos si todos trabajamos juntos. ¡Si nuestras mentes tienen un solo fin y nuestra voluntad va dirigida en un solo sentido! ¡Y nuestro fin es la libertad!

Una vez más salió un enorme rugido de muchas gargantas, hasta que las voces que me rodeaban sonaron forzadas de tanto gritar.

En ese momento no pude evitar acordarme del inmenso rugido

de la multitud en aquel día lejano en que me situé con mi familia en el balcón de palacio, escuchando los gritos de «¡*Batiushka*, padrecito, que tengas larga vida!». En aquellos tiempos, cuando yo era niña, mi padre era amado, todos lo éramos, y Rusia estaba en guerra con Japón. Ahora, tantos años después, los trabajadores querían que todo cambiase. Mi padre suponía un obstáculo en su camino. Querían dirigirlo todo. Resultaba emocionante y aterrador al tiempo: las palabras de la oradora encendían una visión conmovedora de mejora y progreso, y sin embargo cada palabra era una amenaza contra nuestro estilo de vida, y sobre todo contra mi familia.

Sucedía algo. La mujer de la chaqueta y el pañuelo rojos estaba siendo apartada por la fuerza por un hombre corpulento y calvo. Oí palabras de cólera, una bofetada y carcajadas. El hombre no tardó en hablar:

—¡Basta ya de brillantes amaneceres y nuevos días! —rugió—. ¡Eso son cuentos para niños! Queremos acciones y no palabras. Armas, no sueños. Yo digo: ¡a las armas! ¡Sacad vuestros cuchillos, vuestros palos, vuestras viejas y oxidadas lanzas! ¡Dejad vuestras máquinas y vuestros telares, y dirigíos hacia el palacio! ¡Dirigíos hacia las guarniciones! ¡Tomad las comisarías de policía! ¡Que el cañón ruja en nuestra contra, que silben las balas y nos ataquen los largos sables! Nosotros somos más fuertes. Podemos seguir luchando para tomar lo que es nuestro, ¡hasta que mueran todos los enemigos del pueblo y Rusia nos pertenezca!

Para recalcar sus palabras levantó un largo cuchillo cuya hoja relució a la escasa luz del sol que se filtraba a través de la niebla amarilla.

Sobre el rugido de la multitud, cada vez más agitada, le oí gritar:

—¡Sangre! ¡Venganza! ¡Muerte a los explotadores!

El carro empezó a balancearse de un lado a otro a medida que aumentaba la agitación. Avdokia trató de ponerse en pie, gritándole a la gente que nos rodeaba que dejase de dar empujones, pero no pudo mantener el equilibrio y se vio arrojada dentro del carro, dejando caer las riendas.

Las recogí e intenté en vano sujetar firmemente el carro.

—¡Sangre! ¡Venganza! ¡Muerte a los explotadores!

A mi alrededor se elevaban los gritos. Se agitaban puños cerca de mí, y a veces me parecía que contra mí.

—¡Rápido! ¡Avdokia! ¡La comida! ¡Tira la comida sobre la multitud!

Empezamos a aligerar el carro de nuestras cestas y bolsas de comida, repartiendo lo que podíamos, pues muchas manos se lanzaban hacia delante para arrebatárnoslo, y echando el resto sobre el mar de cuerpos en movimiento, puños agitados y rostros severos y coléricos.

El pobre caballo pateó y relinchó asustado. Temí que volcase el carro, pero el peso del caballo y el nuestro le daba cierta estabilidad.

Por encima de las cabezas de la muchedumbre vi la puerta de la clínica abierta. Constantin se hallaba en el umbral, agitando los brazos, al parecer hablando a gritos con la gente que se encontraba más cerca de él (aunque yo no podía oír sus palabras a causa del alboroto). Le saludé con la mano. Entonces vi que la mujer de la chaqueta y el pañuelo rojos se alejaba de la multitud airada, corría hacia Constantin y se abrazaba a él en busca de protección. Él le pasó un brazo por los hombros mientras me devolvía el saludo con el otro.

Quería acercarme a él, pero aquel ruidoso tumulto nos separaba.

El hombre calvo volvía a hablar:

—¡Trabajadores! ¡No hay un momento que perder! Yo digo que tomemos la fábrica Putilov.

Y partió a buen paso en dirección a la cercana fábrica. La multitud se separaba para dejarle espacio y luego volvía a unirse tras él.

Sin embargo, justo cuando el hombre calvo iniciaba su marcha, vi, en el borde opuesto de la multitud, que habían empezado a llegar los primeros policías.

En ese momento aumentó la emoción de los trabajadores reunidos en una mezcla inestable de cólera y miedo. Algunas mujeres gritaron mientras la policía se acercaba a la multitud. La gente echó a correr desesperada. Fue como si nuestro carro fuese el punto inmóvil en el centro de una vorágine. Avdokia y yo nos agachamos dentro del carro con los ojos cerrados, abrazadas, mientras a nuestro alrededor las botas retumbaban contra los adoquines, resonaban voces y se oían más disparos.

Sin embargo, la multitud de trabajadores se estaba dispersando, corriendo en todas direcciones, y el carro ya no se balanceaba. Con prudencia, levanté la cabeza y atisbé por encima del lateral. Se despejaba un camino ante nosotras, un camino hasta la puerta de la clínica.

—¡Avdokia! —exclamé, y también ella levantó la cabeza—. Ahora podemos llegar hasta la clínica y así podemos llevarnos a Constantin.

Con mucha agilidad para ser una mujer tan corpulenta, Avdokia subió al pescante y dio un golpe de fusta al caballo. Pese a ser viejo y estar cansado, este avanzó de un brinco, y al cabo de un momento estábamos con Constantin, que ayudó a la mujer esbelta de la chaqueta roja a subir a la parte trasera del carro y subió detrás de ella.

—¡Tania! ¡Avdokia! ¡Gracias a Dios que estáis aquí!

Avdokia nos condujo al sórdido callejón que había detrás de la clínica y por unas callejas que nos alejaron de los sonidos de los disturbios.

—La policía protegerá la clínica —afirmó Constantin desde el fondo del carro—. Eso no me preocupa. Ya hemos tenido manifestaciones aquí y siempre han vigilado el edificio, para preservar a los pacientes.

Hablamos poco durante el largo viaje de regreso a Tsárskoie Seló. Cuando alcanzamos las afueras de la ciudad y supimos que estaríamos a salvo de más altercados, oí que Constantin roncaba en la parte trasera del carro mientras su compañera permanecía en silencio.

Me pregunté si sería una terrorista. Sin duda era una radical, pero ¿era violenta? Sus palabras estimulantes no habían hablado de actos violentos, solo de una visión de un futuro más feliz. No obstante, en aquellos días se percibía claramente la violencia en el ambiente; por entonces yo tenía quince años. El primer ministro del gobierno de mi padre, Stolipin, fue asesinado, y otros ministros fueron atacados. Constantin me había contado que en las calles había un gran número de agentes de la policía secreta. Tenían ojos y oídos en cada esquina, con la esperanza de evitar más ataques. Aun así, los radicales continuaban disparando contra los gobernadores de las provincias, quemando las mansiones de los ricos y publicando manifiestos que proclamaban el advenimiento de una nueva nación de trabajadores que se alzaría de las cenizas del viejo orden.

Me pregunté quién sería aquella mujer valiente que había pronunciado un convincente discurso ante cientos de personas, solo para ser apartada de un empujón por una voz más cruda e incendiaria.

Me volví a mirar por encima del hombro hacia la parte trasera del carro. Allí, despatarrado sobre las tablas desnudas, roncaba Constantin. Y junto a él, apoyada contra las barandillas laterales, con los ojos cerrados, estaba la mujer. Llevaba la chaqueta roja abierta y el pañuelo rojo, apartado de la cara, ya no velaba sus rasgos.

¡Era Daria!

24

—¿Vas a ordenar que me detengan?

Daria me hizo frente en cuanto llegamos a Tsárskoie Seló y nos dejaron pasar a través de las altas puertas de hierro (pues Avdokia, la lechera, era una figura familiar para los guardias y criados, entre ellos el cosaco Nikandr, y nunca paraban su carro). Así llegamos al patio y a los establos, que se hallaban al otro lado. Daria se situó ante mí, menuda, baja, pero con expresión intensa y una nueva determinación en el tono de su voz.

—¿Debería hacerlo? ¿Eres peligrosa?

—Solo si es peligroso dar esperanzas a la gente y espolear sus ambiciones.

—Mi padre y monsieur Gilliard dicen que algunos radicales solo ambicionan destruir.

—Yo no soy una de ellos.

Nos miramos un instante.

—¿Alguna vez has arrojado una bomba? —pregunté.

—No.

La creí, decidí confiar en ella, pero enseguida puse en duda mi creencia.

—Porque quiero a tu hermana Niuta, que, como sabes, lleva toda la vida sirviendo a mi familia, y por tu hijita Iskra, no ordenaré que te detengan, al menos esta noche. Sin embargo, debes darme tu palabra de que nunca harás nada para perjudicar a mi familia.

Ella asintió.

—Te doy mi palabra y lo juro por la salud de mi hija.

—Muy bien.

Su expresión se suavizó.

—Gracias.

Y para mi gran sorpresa se dejó caer brevemente sobre una rodilla, haciendo el tradicional gesto de reverencia del campesino al señor. Me recordé que al fin y al cabo era una campesina de Pokróvskoie. Las antiguas normas de obligación social que habían prevalecido en su pueblo seguían funcionando en ella. No obstante, su gesto continuó asombrándome. ¿Quería hacerme bajar la guardia? Tendría que vigilarla de cerca.

Era demasiado esperar que los disturbios junto a la clínica para trabajadores no tuviesen repercusiones. Papá me llamó a su despacho y me dijo que me sentase. Empezó acariciándose la barba distraídamente, como hacía cuando no sabía qué decir.

—Tu abuela me dice que te vieron rodeada por una multitud de trabajadores radicales —comenzó—, que escuchabas discursos radicales, que has estado visitando cierta clínica para trabajadores en lugar de asistir a tus clases de baile y que le has tomado cariño, digámoslo así, a un joven estudiante de medicina, un hombre que no es de sangre real.

—Constantin es pariente del tío Petia, padre.

Papá enarcó las cejas en un gesto de sorpresa.

—¿De verdad? Nadie me lo ha dicho.

—¿Me ha estado espiando la abuela Minnie?

—Le preocupaba saber dónde estabas y qué hacías. Le pidió a la policía imperial secreta que te vigilase… que cuidase de ti.

—Quiere librarse de mí. Pretendía que me casara con Adalberto para que me marchase a vivir a Alemania. También desea librarse de Olga.

—No digas disparates. Escucha, en cuanto a esa clínica para trabajadores, he decidido cerrarla y te prohíbo que vuelvas a ir por allí.

—Pero papá…

—Tu madre y tu tía Olga tienen muchas obras de beneficencia. Conságrate a ellas. Mientras tanto, le pediré a monsieur Gilliard que te dé clases adicionales para llenar tus horas ociosas. ¡Y no quiero volver a oír que te han visto escuchando discursos de agitadores! ¿No sabes que son enemigos de toda decencia y humanidad? ¿No recuerdas qué le pasó al tío Gega, y también a mi propio abuelo, que fue asesinado por una bomba hace tantos años?

Mi padre se quedó con la voz quebrada y se le saltaron las lágrimas. Hasta ese momento había hecho lo posible por mostrarse firme, pero ahora decayó toda su pretendida firmeza. No pude evitar preguntarme si lloraba mientras deliberaba con sus ministros. No era de extrañar que mamá le estuviese diciendo siempre que fuese más fuerte y enérgico.

—¡Andando, Tania! —dijo con voz temblorosa, después de secarse los ojos—. Sé buena chica, ¿de acuerdo?

Encendió un cigarrillo y se quedó mirando al vacío.

Mi padre era débil, y me parecía que cada vez más. Pero la dinastía a la que representaba, el orgulloso legado de los Romanov, aún era venerada por muchos rusos, por casi todos, habría dicho él, pues suponía que quienes querían librarse de un zar y gobernar por cuenta propia eran una pequeña minoría de la población. A medida que se aproximaba el tercer centenario del gobierno de los Romanov, se hacían grandes preparativos para las celebraciones oficiales.

—El año 1913 será un año orgulloso —nos dijo papá a todos una noche—, un año para recordar. En 1613 subió al trono el primer Romanov. Aquí estamos, tres siglos después, aún venerados por nuestro pueblo. Nuestra familia simboliza esta gran continuidad. Dentro de trescientos años seguirá habiendo un Romanov en el trono de Rusia. Alexis gobernará cuando yo me haya ido, y sus hijos y nietos le sucederán, y así sucesivamente a través de muchas generaciones.

A pesar de las palabras optimistas de papá, me resultaba difícil creer que mi frágil y encantador hermano viviese el tiempo suficiente para acceder al trono. Hacía solo un mes se había caído de una silla y se había hecho daño en la rodilla derecha. Toda la pierna se le había hinchado de sangre que no se coagulaba. No podía moverse debido a la pierna inflamada; yacía en su cama, gimiendo y gritando, sin poder dormir por el agudo dolor y la fiebre alta. Con cada nuevo ataque se hacían discretos preparativos para su muerte. Sacaban el sudario dorado del baúl de roble y lo preparaban para recibir su cuerpo; el ataúd imperial que acogería su cadáver (hacían uno cada año, a medida que crecía) era colocado en una antesala, forrado de terciopelo y equipado con una almohada también de terciopelo bordada con un ancho encaje dorado. Ese ataque no fue una excepción. Se dispusieron todos los pertrechos fúnebres, aunque, como es natural, se mantuvieron en un lugar donde él no pudiese verlos.

Habían convocado al padre Grigori, pero estaba a miles de kilómetros, en Pokróvskoie, en la lejana Siberia. Tardaría mucho en volver a San Petersburgo. Y además, había dicho que sus poderes sanadores, antes tan poderosos, estaban perdiendo su fuerza. Mamá y papá, que tanto confiaban en él y se sentían tan reconfortados por su presencia, se negaban a creer que pudiese fracasar en su intento de curar a Alexis, pero esta vez yo no estaba tan segura. Semana tras semana, mi hermano continuaba debilitándose. Tenía la cara de un blanco enfermizo, y los ojos bordeados de oscuras sombras, y el padre Grigori seguía sin venir ni enviar mensajes. Todos estábamos preocupados. Aquello nunca había ocurrido.

Mientras tanto, la ciudad de San Petersburgo era adornada para las celebraciones del próximo tricentenario. Estábamos a mediados del invierno. El hielo del río era grueso y las calles estaban bloqueadas por nieve reciente que se convertía en hielo resbaladizo. Se colgaban banderines de las ventanas, ondeaban banderas en lo alto de los grandes edificios. En las orillas del Neva se colocaban carteles que decían DIOS SALVE AL ZAR en letras rojas de diez metros de alto. En las tiendas se vendían jarras, medallas y gorros conmemorativos; los ricos podían comprar joyas salpicadas de diamantes con el rostro de mi padre grabado. Para los pobres, había regalos de alimentos y ropa de abrigo, acompañados de una nota que rezaba: «De la generosidad del zar».

Durante unas semanas los periódicos se llenaron de fotos de papá y mamá, y artículos sobre las ceremonias y acontecimientos sociales venideros. Los anuncios de fiestas y banquetes que se avecinaban, así como de una gira triunfal que debía hacer nuestra familia por ciudades y emplazamientos históricos importantes en la historia de los Romanov, dejaban fuera de las páginas la noticia de la continua expansión de los ejércitos y armadas de Austria y Francia, Alemania e Inglaterra.

Teníamos todo aquello encima. No obstante, mi hermano, la esperanza de la dinastía Romanov, estaba cada día más débil y enfermo. ¿Y si moría justo cuando Rusia celebraba la larga continuidad de los Romanov? ¡Qué terrible presagio supondría! Había oído decir a la abuela, con aspereza, que mamá era demasiado mayor para tener otra criatura, y que, aunque tuviese otro hijo varón, estaría aquejado de hemofilia, como Alexis.

Mis preocupadas reflexiones se vieron interrumpidas por la llegada de un telegrama para papá, desde Pokróvskoie:

¡Alegría para todos! ¡Todo temor disipado! Una bendición para el dulce Alexis. Pronto estaré con ustedes. Grigori Novi.

Mamá, que había estado rezando ante todos los iconos de palacio por el regreso del padre Grigori, se sintió muy aliviada. No obstante, cuando por fin llegó, fue como si se hubiese convertido en un hombre distinto.

Habían desaparecido la apolillada túnica negra y los pantalones bastos de campesino, el pelo largo y la barba sin peinar. Ahora llevaba la camisa de seda, el chaleco bordado y los pantalones de terciopelo de un próspero ciudadano, un monedero colgado del cinturón lleno de monedas que tintineaban cuando caminaba, una cadena de oro al cuello y un gran anillo de oro en un dedo. Su pelo y su barba aparecían peinados y arreglados. Ya no estaba demacrado ni tenía aspecto ascético. Había engordado. Tenía las mejillas hinchadas y fofas. Sus ojos eran fríos. Me pareció que lo más importante era la sensación que trajo consigo. Había desaparecido la sutil e inconfundible ondulación de calma y dulzura, el aire de sanación silenciosa y serena, el esplendor del rostro y los ojos. Se había convertido en otro hombre.

Aun así, alzó la mano en un gesto de bendición mientras se aproximaba a la cama de Alexis, y vi que mi hermano le sonreía alegremente como si fuese el padre Grigori de antaño.

—¡Que tu mal sea aliviado, pequeño caminante! —dijo el *stárets*, y empezó a mascullar para sí.

Todos observamos a Alexis con impaciencia, buscando indicios de que disminuía su dolor, esperando ver regresar a sus mejillas un poco de buen color. Pero no ocurrió nada. El padre Grigori permaneció junto a su cama durante mucho rato, rezando y mascullando, pero el pobre Alexis, lejos de mejorar, lloraba y gritaba igual que antes, y mamá, muy alterada, se levantó y salió de la habitación llorando.

La seguí a su salón malva, su refugio, hablándole para tratar de calmarla. Me dio unas palmaditas de gratitud en el brazo, pero me di cuenta de que mis palabras no surtían efecto. Echó un poco de agua en un vaso. A continuación, cogió su frasquito de Veronal y su cuentagotas, y vertió en el agua seis gotas, el doble de su dosis habitual. Se lo bebió y se tendió en su diván. La tapé con su chal de punto violeta. No tardó en quedarse dormida.

No era propio de mamá separarse de Alexis cuando se hallaba en mitad de un ataque. Debía de haberse asustado mucho al ver que el padre Grigori no podía sanar a Alexis. Volví al cuarto de mi hermano y me senté junto a él un rato, cogiéndole la mano. No había nadie más con él, salvo el enfermero y una de las niñeras. Me dijeron que papá había tenido que reunirse con los miembros del comité del tricentenario. El padre Grigori se había ido.

Esa noche, mientras Niuta me cepillaba el cabello con el cepillo de plata que me regalaron mis hermanas cuando cumplí quince años, le pregunté por el cambio que se había producido en el padre Grigori.

—¿Qué le ha ocurrido en Pokróvskoie, Niuta? Algo debe haberle pasado. Tienes parientes allí; debes saberlo. ¡Está tan distinto! Y Alexis no ha mejorado. Sus bendiciones no surten efecto alguno.

Niuta suspiró y siguió cepillando. No pude hacerla hablar durante un buen rato. Me mostré insistente, luego supliqué y por último amenacé con contarle a mamá que Niuta se ponía a veces su perfume. Aun así, Niuta negó con la cabeza y siguió cepillando con más vigor que antes. No me di por vencida.

—Le diré a Nikandr que te vi coqueteando con Gennadi.

Gennadi era uno de los guardias, un guapo uzbeko.

—¡Tania! ¡Tú no harías eso!

—Háblame del padre Grigori y no lo haré.

Al final se rindió, exasperada por mi persistencia.

—¡Está bien! Te contaré lo que sé, si prometes no contárselo a nadie.

—¡Hay demasiados secretos en esta familia! —exclamé, poniéndome en pie de un salto y lanzando el cepillo a un rincón—. ¡Demasiadas cosas que no pueden sacarse a la luz! Quién es realmente Daria, la pequeña Iskra, la enfermedad de mamá... Su mente está enferma, Niuta, y todos lo sabemos. No trates de negarlo. Papá bebe demasiado. La abuela Minnie espía de forma odiosa a todo el mundo. La aventura amorosa de la tía Olenka…

—¿A qué te refieres?

Niuta parecía sinceramente sorprendida.

—¿De verdad no lo sabes?

Negó con la cabeza.

—Pues se ha enamorado de otro hombre y va a divorciarse de Petia.

Le di un momento para digerir esta noticia.

—Ahora… un secreto más. Háblame del padre Grigori.

—Si revelas esto —dijo Niuta—, puede perseguirme la bestia.

Niuta llamaba al padre Grigori «la bestia» porque, según decía, era indomable, primitivo. Era como un animal salvaje del bosque.

—Entonces no lo revelaré.

Se inclinó y me susurró que durante los meses que había pasado en Pokróvskoie el padre Grigori había sido detenido y encarcelado por violar a una niña.

Recordé el informe policial que nos había leído la abuela Minnie sobre el padre Grigori. Las prostitutas, la bebida, las peleas desvergonzadas y el tiempo pasado en los baños públicos, «antros de inmoralidad», como mamá los llamaba. La revelación de Niuta encajaba con todo lo que había descubierto la policía. Aunque yo estaba segura de que mamá afirmaría que todo lo malo que se decía del padre Grigori eran meras difamaciones, no la verdad.

—Antes —decía Niuta en voz baja—, los sacerdotes le protegían. Su sanación atraía grandes donaciones a la iglesia del pueblo. Tenía un gran seguimiento, como en San Petersburgo. Peregrinos de aldeas situadas a veinte, treinta e incluso cincuenta verstas de distancia acudían solo para verle y tocar sus asquerosas túnicas. Pero siempre tuvo un lado salvaje y bestial. Bebía, se peleaba e iba detrás de las mujeres. Cuando empezó a seducir a niñas, el buen Dios le castigó. Empezó a quitarle el poder curativo de las manos. Los sacerdotes le abandonaron. Ahora ya no es un *stárets*, sino un simple granjero de Pokróvskoie, con una pequeña fortuna obtenida con los años gracias a los donativos de los enfermos que ha curado.

—Puede que recupere sus poderes y se reforme —conjeturé.

No obstante, mientras pronunciaba esas palabras sentí grandes dudas. La gente no solía reformarse. La gente mala empeoraba, no mejoraba. Así funciona el mundo, me dije, sintiéndome muy madura al pensarlo. Pero si el padre Grigori empeoraba, ¿adónde acudirían mamá y papá en busca de consuelo y esperanza? ¿Quién curaría a Alexis?

Miré a Niuta, que tan bien me conocía, y vi las mismas preguntas y preocupaciones en sus ojos. Muchas veces había oído decir a la tía Olenka que los criados lo saben todo, y por supuesto tenía razón. Me senté ante el tocador y dejé que Niuta siguiera cepillándome el cabello con un viejo cepillo de carey. Por lo general, el cepillado me resultaba tranquilizador, una preparación relajante para el sueño, pero esa noche solo me resultó irritante. Cada tirón del cepillo me recordaba de forma áspera y desagradable los obstáculos y líos que siempre parecían surgir ante mí justo cuando las cosas empezaban a ir bien. Al final despedí a Niuta antes de que acabase y me fui a la cama con enredones en el pelo e ideas perturbadoras en la mente.

25

Una semana antes de que comenzase la gran celebración del tricentenario, el capitán Teraev, de la policía de seguridad, nos dio un revólver a cada uno y nos enseñó a disparar. Todos los miembros de la familia recibieron uno excepto Alexis, que solo tenía ocho años, y Anastasia, que aún no había cumplido los doce. Nos llevaron a un campo de tiro y nos mostraron cómo cargar, apuntar y disparar contra dianas.

—Una familia prudente toma precauciones —nos dijo el capitán—. En las próximas semanas estarán en el exterior, en medio de grandes multitudes, y es posible que surja alguna emergencia. Por supuesto, estarán protegidos. Soldados, policías y hombres vestidos de paisano vigilarán de cerca para asegurarse de que nadie trate de causarles daño.

Papá tenía su propio revólver niquelado, además de su extensa colección de armas de fuego y de caza. Él no necesitaba adiestramiento. Pero mamá, hasta ese día, nunca había querido tener armas de ninguna clase.

—El Señor cuidará de mí —había dicho siempre—, y el padre Grigori también.

No obstante, ahora aceptó su revólver de manos del capitán Teraev sin poner objeciones y escuchó atentamente sus instrucciones. Cuando mamá disparaba contra el blanco, apuntaba con calma y precisión, y acertaba.

Un brillante sol de marzo iluminaba las calles nevadas el día del gran desfile, el día en que fuimos en un carruaje abierto en medio de una vasta multitud de gente que aplaudía y cantaba. Alexis iba al lado de papá saludando y sonriendo, con la pierna agarrotada e hinchada oculta bajo las abrigadas mantas de lana que nos cubrían el regazo. Había mejorado y seguía mejorando, aunque no gracias a la ayuda del padre Grigori. De algún modo encontró fuerzas para no sucumbir, sorprendiéndonos a todos. No sucumbió, pero tampoco se curó, y todos sabíamos que el siguiente ataque podía resultar el último.

Las bandas tocaban, los soldados marchaban y las ovaciones de «Dios salve al zar» seguían nuestro carruaje mientras recorríamos despacio las anchas avenidas. Los cantos y gritos se elevaban por el aire gélido mientras los cañones de la fortaleza de Pedro y Pablo disparaban sus prolongadas salvas.

Miré el mar de rostros y vi entre ellos algunas caras de enfado y miradas siniestras dirigidas hacia nosotros. Hubo incluso gritos de «¡Zorra alemana!» dirigidos contra mamá, que volvió la cabeza hacia otro lado al oírlos y trató de ignorar el insulto. A medida que aumentaba la amenaza de Alemania, lo hacían las acusaciones de que mamá, que se había criado en Darmstadt y cuyo padre era un noble alemán, era una espía alemana. Una traidora a Rusia.

Me metí la mano en el bolsillo y palpé la dureza metálica y tranquilizadora de mi revólver cargado. Si un asesino surgiese de pronto entre la multitud y corriese hacia nuestro carruaje, ¿tendría valor para dispararle?

La mayoría de las caras aparecían sonrientes y entusiasmadas. La muchedumbre tendía las manos hacia nosotros, invocaba bendiciones sobre nuestras cabezas. Algunas personas se arrodillaban para besar la sombra del carruaje a nuestro paso, una vieja costumbre que me pareció muy conmovedora y bonita.

En el baile del tricentenario celebrado esa noche, Olga y yo fuimos muy admiradas. Llevábamos unos vestidos nuevos con encaje plateado de delicado brillo en la falda, y cuando bailábamos el encaje parecía flotar por el aire a nuestro alrededor de forma muy atrayente. Se me hacía extraño tener que ocultar mi revólver en un bolsillo del bonito vestido, pero el capitán Teraev se había mostrado insistente: debíamos llevar las armas a todas partes durante las celebraciones. Yo hice lo que nos ordenaba.

Recuerdo que bailé con un atractivo joven oficial o noble tras otro, disfrutando al saber que estaba muy solicitada, sintiéndome optimista y alegre, aunque deseando que Constantin estuviese allí. El deber le impedía disfrutar del baile; durante el día, en el desfile, se había producido una avalancha cuando se distribuyeron recuerdos, y cientos de personas habían resultado heridas. Constantin se ofreció para pasar la noche en el hospital de Santa María de la Merced, perdiéndose las fiestas, a fin de asegurarse de que todos los heridos recibiesen tratamiento.

Estaba tan embebida en mis propios placeres que tardé horas en darme cuenta de que la larga jornada estaba pesando e incomodando a mamá. Los actos públicos siempre la fatigaban. Papá y ella estaban sentados en altas butacas en forma de trono. Mamá lucía su pesada diadema de diamantes y perlas. Tenía las manos unidas en el regazo, la postura rígida y una expresión de cansancio y tensión en su precioso rostro. Supongo que, para quienes no la conocían, parecía aburrida e incluso impaciente. Pero yo sí la conocía. El rubor de sus mejillas y manos, el débil temblor de sus manos cuando se frotaba la nuca, el pánico que vi un par de veces en sus ojos mientras recorría la habitación con la mirada, buscando, según sabía yo, una forma de escapar, me indicaban que necesitaba marcharse.

Me acerqué a ella. Al verme, pareció aliviada.

—¡Oh, Tania, estás aquí! ¡Qué guapa estás! Querida, ¿puedes pedirle a uno de los lacayos que llame al doctor Korovin? Me siento muy mareada.

—¿Por qué no llamo a Constantin? Su hospital está aquí cerca. El doctor Korovin tardaría una hora en llegar aquí.

Mamá estaba demasiado cansada para protestar. Asintió y salí a buscar un teléfono. Pero cuando llamé al hospital, supe que Constantin había salido con una ambulancia al lugar en el que se había producido la avalancha y no se esperaba que volviese en mucho rato. Me sentí decepcionada, pues confiaba en verle.

Se convocó al doctor Korovin y yo me quedé esperándole junto a mamá. Tardó en llegar, y mamá fue poniéndose más nerviosa. No podía estarse quieta y se retorcía en su butaca. Tocó la medalla religiosa que llevaba al cuello, se ajustó la diadema y por último se la quitó e hizo lo posible por meterla en el elegante bolso joya que colgaba de su muñeca enrojecida. Traté de distraerla conversando, pero solo respondía «sí», «no» o «ah», y no se sentía atraída por ningún tema que no fuese el de su salud. Me dijo que tenía dificultades respiratorias; le dolían las muelas, sufría molestias en la pierna. Estaba agotada.

Su sufrimiento no disminuyó cuando por fin nos dijeron que el médico había llegado y salimos del salón de baile. Después de examinarla brevemente en una sala privada, el doctor Korovin dijo que mamá tenía que regresar a Tsárskoie Seló de inmediato y acostarse.

—Pero es que esta noche no hay allí ningún criado —expliqué—. A todo el servicio se le ha permitido la asistencia al desfile y a las celebraciones.

Esa noche había en San Petersburgo ferias callejeras y hogueras, fiestas y cenas, y papá había querido que todos los que trabajaban en el palacio imperial disfrutasen de los fuegos artificiales y otras diversiones.

—¿No hay nadie en absoluto? —preguntó el médico, incrédulo—. ¿Es posible que no queden guardias, ni barrenderos, ni tampoco mozos de cuadra?

—Supongo que puede haber alguno —contesté.

Sin embargo, tenía mis dudas. Papá había insistido en que, en aquella jornada especial, todo el mundo debía gozar de libertad para acudir a San Petersburgo a fin de disfrutar de los festejos que allí se celebraban.

—En ese caso, tú y yo cuidaremos de ella —dijo el doctor.

Ayudamos a mamá a subir al carruaje e iniciamos el largo camino hacia Tsárskoie Seló. Mamá sacó las sales aromáticas del bolso, dejando caer al suelo la valiosísima diadema, e inhaló profundamente. Las ventanillas del carruaje estaban cerradas para impedir la entrada del aire gélido y había comenzado a caer una ligera nevada. A pesar del frío, continuaba habiendo en las calles mucha gente que se calentaba las manos ante enormes hogueras, se resguardaba bajo los aleros y se balanceaba al compás de la música de balalaicas y coros improvisados. Tarros y jarras pasaban de mano en mano y pensé que esa noche todos disfrutaban del vodka gratis de su padrecito.

Cuando llegamos a Tsárskoie Seló mamá dormitaba. Pensé que era una lástima despertarla, aunque, por supuesto, tenía que entrar. Cuando le sacudí el hombro con suavidad se mostró irritable. Entre el doctor Korovin y yo la ayudamos a apearse del carruaje y entrar en el espacioso vestíbulo principal del palacio. Luego subimos las grandiosas escaleras y pasamos por varios corredores hasta llegar al vestíbulo que precedía a sus habitaciones. Era sobrecogedor no ver a nadie, ni siquiera a Sedinov, que solía andar dando vueltas cerca de las estancias familiares más privadas, los cuartos de los niños o las dependencias de mamá y papá, que incluían un salón, el despacho de papá y el salón malva de mamá, además del amplio dormitorio y los vestidores que compartían. Pero no había ni rastro de Sedinov, ni de Niuta o Elizaveta, ni de ninguna de las sirvientas o camareras de mamá. Todos se habían ido a San Petersburgo.

Mientras caminábamos me pregunté con despreocupación quién habría encendido las lámparas de gas que iluminaban los largos corredores. Pensé que aún debía de haber alguien allí. No todo el mundo se había marchado.

Entonces, al fondo del pasillo largo y poco iluminado, apareció una figura que tropezaba más que caminaba arrastrando los pies. Asustada, me agarré del brazo de mamá y me metí la mano libre en el bolsillo del vestido en busca del revólver. Al palparlo, sentí que mi miedo disminuía un poco.

—¿Quién es? —preguntó el doctor Korovin en voz alta.

Noté que mamá se agarrotaba y que a continuación se relajaba al reconocer de quién se trataba.

—¡Se acabaron las penas! ¡Olviden todas las penas! ¡Solo la alegría del día!

—Es de noche, no de día —dije mientras el padre Grigori se acercaba a nosotros—. ¿Qué está haciendo aquí?

Tenía la cara hinchada y roja; la nariz, bulbosa y picada de viruelas; los ojos, más soñolientos que penetrantes, como solían ser. Mostraba una expresión furtiva y olía mucho a alcohol.

—He pensado que podían necesitarme —dijo, hablando despacio y tratando de pronunciar bien.

—Sí, sí —dijo mamá—. Siempre sabe cuándo estoy débil y mareada, cuándo necesito su bendición. Bendígame ahora, por favor, bendígame.

—Pero si ha perdido sus poderes, mamá. Le oíste decirlo. Sus bendiciones fallan.

Ella me miró con furia y dejó caer mi brazo.

—Dios nunca falla —dijo.

A continuación abrió la puerta de sus habitaciones, haciéndole al padre Grigori una seña para que la siguiese y cerrase la puerta tras de sí. El doctor Korovin y yo nos quedamos de pie en el corredor.

—No está bien —murmuró el médico—. No está nada bien que una emperatriz esté a solas en una habitación con semejante hombre. ¿Y qué hace merodeando por estos pasillos? Este no es su sitio.

El padre Grigori siempre había tenido permiso para ir y venir dentro y fuera de palacio a su antojo. A los criados les molestaban sus privilegios especiales y le miraban con furia cuando se encontraban con él, cuando mamá o papá no miraban, claro está.

—Iba a darle un somnífero —dijo el doctor Korovin—. De lo contrario, no dormirá de un tirón. Ahora supongo que tendré que esperar hasta que salga esa criatura borracha. ¿Y si se queda ahí con ella toda la noche? —añadió, dedicándome una mirada escrutadora.

—No —dije en tono firme—. Eso no ha sucedido nunca.

El doctor me miró un instante.

—¿Está segura?

—Sí.

—En ese caso, supongo que más nos vale ponernos cómodos mientras esperamos.

Había bancos en el corredor para que los criados se sentasen durante las largas horas nocturnas en que estaban de guardia o esperando a que les llamasen para prestar algún servicio a un miembro de mi familia. Nos sentamos en uno de ellos, uno al lado del otro, yo con mi precioso vestido de baile con falda de encaje y el doctor Korovin con su chaqueta y sus pantalones negros. Debíamos tener un aspecto muy extraño, como si fuésemos un abuelo y una nieta sentados juntos, de forma bastante incongruente, en una fiesta, sin conversar, ambos quedándonos traspuestos y luego despertando de golpe.

Al cabo de un rato, el doctor Korovin se sacó el reloj del bolsillo y dijo:

—Son casi las tres. No creo que su padre Grigori vaya a salir de esa habitación esta noche. No quiero saber si lo hace o no. Quiero creer lo mejor de su madre. Me voy a la cama.

Se levantó del banco y se marchó corredor abajo.

Cada vez más inquieta, me acerqué a la puerta de las habitaciones y, sintiéndome un poco culpable, apoyé la oreja en la gruesa madera pulida.

Oí voces que subían y bajaban de tono, un susurro, un silencio, y luego la voz del padre Grigori alzada de cólera y embriaguez. Preocupada por mamá, intenté girar el tirador, pero la puerta estaba cerrada por dentro.

—¡Márchate! ¡Márchate, quienquiera que seas! —gruñó el padre Grigori.

Oí que daba salvajes patadas a la puerta con la bota y retrocedí de forma instintiva.

Una sarta de maldiciones siguió a las patadas.

—¡No te acerques, tengo un cuchillo!

Eché a correr por el pasillo y me escondí detrás de un pilar esculpido.

La puerta se abrió de golpe al cabo de un momento, y salió el padre Grigori con un gran cuchillo en la mano. El pelo largo y suelto le colgaba a ambos lados de la cara. Parecía un ladrón o un salteador de caminos.

Contuve el aliento y me apreté contra la pared, esperando que mi voluminosa falda no resultase visible. Palpé el revólver y me juré que le dispararía y le mataría si le hacía daño a mamá o me perseguía a mí.

Pero no me persiguió, sino que echó a andar por el corredor en dirección contraria. El sonido de sus botas contra las tablas del suelo se hacía más débil a cada paso.

26

*C*uando por fin sus pasos se desvanecieron del todo, oí que el perro empezaba a ladrar.

Era el ladrido agudo de un perrito faldero, no de un perro lobo como Artipo.

Entonces oí llorar a un niño pequeño.

Y al cabo de un momento lo supe: el que ladraba era el perro de Daria, y quien lloraba era la pequeña Iskra. Recordé en ese momento que Niuta me había dicho que Daria no pensaba ir a San Petersburgo con los demás criados para asistir a las celebraciones del tricentenario de la dinastía Romanov. Daria no era monárquica, era una revolucionaria. Trabajaba en palacio, pero lo despreciaba todo de él, y a mi padre también, y a todos nosotros, los miembros de la familia imperial. No lo ocultaba. Niuta dijo que pensaba trabajar todo ese día, mientras los demás lo celebrábamos, y planchar todo lo que tenía pendiente, como si fuese solo una jornada de trabajo más.

Deduje que debía de estar en la sala de plancha con su perro y la pequeña Iskra durmiendo junto a ella, como siempre. Pero ¿por qué ladraba su perro y lloraba su hija? ¿Era posible? ¿Podía haberles molestado el padre Grigori, o podía haber más personas en palacio? ¿Podían haber entrado ladrones?

Entré de puntillas por la puerta abierta del salón de mamá y la vi tendida en el diván blanco, su favorito, con la manta de ganchillo sobre las piernas. Se había dormido. La dejé allí y eché a andar por el corredor hacia el ala en que se hallaba la sala de plancha. Algo me decía que debía darme prisa. Ahora el perro ladraba más fuerte y la niña gemía sin interrupción.

Subí las viejas escaleras desvencijadas que conducían al alojamiento de los criados, vi que la puerta de la sala de plancha estaba abierta y entré.

Allí, contra la pared del fondo, estaba Daria, detrás de su larga tabla de planchar, con la pesada plancha en la mano. Al otro lado de la tabla de planchar de Daria estaba el padre Grigori de espaldas a mí, extendiendo los brazos torpemente hacia Daria y riendo cuando ella embestía contra él con la plancha sin lograr alcanzarle. Salvo por ellos dos e Iskra, la habitación estaba desierta.

Era una escena grotesca. El padre Grigori abultaba el doble que Daria. Emergía por encima de ella enorme, mastodóntico, amenazador. Recordé los informes policiales que la abuela Minnie nos había leído a todos sobre las prostitutas, los paseos nocturnos, las acusaciones de violación…

Desde el extremo opuesto de la habitación, donde me hallaba viendo cómo forcejeaban el padre Grigori y Daria mientras el perrito gruñía y mordía los talones de Rasputín, saqué el revólver y grité tan fuerte como pude:

—¡Alto! ¡No se mueva!

Él se volvió hacia mí. Su mirada parecía más propia de un lobo que de un hombre.

Apunté con el arma hacia el techo y disparé.

El ruido sobresaltó al padre Grigori, que soltó a Daria y me miró parpadeando.

Con un grito, Daria agarró la cesta con Iskra dentro y dio la vuelta corriendo a la ancha tabla de planchar, esquivó las manos del padre Grigori y vino hacia mí.

—¡Tania! —exclamó—. ¡Ayúdeme!

—Baja corriendo a la consulta —le dije—. El doctor Korovin está allí. Entra y cierra la puerta con llave.

Pasó corriendo por mi lado y salió al corredor. Su perrito corría tras ella sin dejar de ladrar. Me quedé donde estaba, decidida a no permitir que el padre Grigori la persiguiese.

—¡Idiota! ¡Pequeña zorra! ¡Hija loca de una madre más loca todavía!

El padre Grigori bajó la cabeza y vino hacia mí.

Volví a disparar, esta vez al suelo, delante de él, a punto de darle en los pies.

—¡Si se acerca más le mataré, lo juro!

Yo temblaba de pies a cabeza, de forma más violenta y difícil de controlar que cuando tuve fiebres a los ocho años. Pero mi voluntad era fuerte. No me retiré ante él. No vacilé.

—¡Por todos los santos, le ordeno que se detenga!

Pareció tropezar mientras gritaba palabrotas incoherentes. A continuación caminó haciendo eses y cayó de rodillas como le ocurre a un borracho cuando sus piernas ya no le sostienen.

Oí puertas que se abrían, voces, gritos de alarma. Al fin y al cabo, había otras personas en palacio. El sonido de los disparos las había alertado. Sin esperar a ver quién podía acudir en mi ayuda, salí corriendo de la habitación y bajé las escaleras desvencijadas. Luego recorrí varios pasillos en dirección al ala en que se hallaba la consulta del doctor Korovin. Antes de llegar me encontré con media docena de policías, que habían acudido en respuesta a una llamada telefónica del doctor Korovin para dar parte de los disparos que se oían en palacio.

—Rasputín ha tratado de violar a una mujer —les dije, utilizando el nombre por el que el gran público conocía al padre Grigori—. Ella le ha disparado.

—Espero que haya matado a ese hijo de perra —dijo uno de los hombres—. ¿Dónde está?

—En el alojamiento de los criados o en las habitaciones privadas de la emperatriz. Tal vez intente refugiarse allí.

Los policías se fueron corriendo y yo me dirigí a la consulta del doctor Korovin, donde encontré a Daria escondida en un armario mientras su niñita gimoteaba.

—La policía está aquí. Encontrarán al padre Grigori e impedirán que ataque a nadie.

En cuanto pronuncié la palabra «policía», vi miedo en los ojos de Daria y recordé que su prometido, el padre de Iskra, había sido asesinado por la policía de mi padre.

—No deje que se me lleven —rogó.

Nunca la había visto así. Siempre se mostraba dura, desafiante. Sin embargo, ahora había un tono de súplica en su voz. ¿Sería por el miedo causado por el ataque del padre Grigori? ¿La habría cambiado la maternidad?

—Por supuesto, haré todo lo que pueda para protegerte de cualquiera que pueda haceros daño a ti o a tu hija. ¿Acaso no estaba yo allí cuando nació? ¿No te ayudé entonces? Me quedaré contigo hasta que podamos tener la seguridad de que se han llevado al padre Grigori.

Pero no se lo llevaron. Ni siquiera le encarcelaron. Mamá le protegió de la policía y no dejó que le arrestasen, ni que le interrogasen siquiera. Y sin duda el jefe de policía, el capitán Golenishchev, cuya hija debía su salud al padre Grigori, también le amparaba.

Cuando supe que no le habían arrestado ni detenido, hablé con mamá:

—Pero, mamá, atacó a una de las criadas en la sala de plancha. Yo le vi hacerlo. La habría violado si yo no le hubiese asustado disparando mi revólver.

—¡Tania! Te dieron esa arma para usarla solo en una emergencia extrema, contra un terrorista.

—La usé para asustar a un criminal. La abuela Minnie tiene razón. El padre Grigori es un criminal peligroso.

—¡Silencio! ¡No quiero oír nada más! —exclamó, tapándose las orejas.

—¡Mamá! ¡También me persiguió a mí! ¡Me amenazó!

Se apartó las manos de las orejas y apretó los labios. Su rostro adoptó una expresión impasible.

—Debes de estar equivocada —se limitó a decir.

Sin embargo, su tono me indicó muy a las claras que el verdadero significado de sus palabras era que no podía soportar seguir oyendo o incluso considerando la verdad sobre el padre Grigori. La insoportable verdad de que el hombre del que tanto dependía era capaz de semejante maldad.

—Vamos, Tania, sé cuánto te encantan los cuentos —dijo papá al día siguiente, cuando traté de contarle lo que había visto y experimentado—. Tienes mucha imaginación. En eso te pareces a mí. Tu mente está llena de fantasías. Dices que estabas sola en palacio en mitad de la noche. Estaba oscuro. Te sentías muy cansada. Oíste ruidos. Subiste al alojamiento de los criados. Y entonces… bueno, entonces, creo que sencillamente te dejaste llevar por tu imaginación.

—Pero, papá, ¡atacó a una mujer!

—¿A qué mujer? ¿Dónde está esa mujer ahora? ¿Por qué no aparece para contar su propia versión?

No supe qué decir, pues le había prometido a Daria que no revelaría a nadie que la víctima del ataque del padre Grigori era ella.

—No lo sé —dije—. Tal vez tenga miedo de que, si cuenta lo que sucedió, él vuelva a perseguirla.

—Si es una mujer honrada, no tendrá nada que temer.

Pero Daria, como yo bien sabía, no era lo que mi padre habría considerado una «mujer honrada». Era una mujer que pronunciaba discursos incendiarios y que se negaba a reconocer las celebraciones del aniversario en San Petersburgo y, por supuesto, a asistir a ellas. Una mujer que temía encontrarse con nadie que tuviese autoridad, por si la interrogaban, la investigaban y la arrestaban.

Estaba enfadada; con mi familia, por no creerme, y con Daria, por no sumar su voz a la mía, aunque comprendía por qué no podía hacerlo. Sobre todo estaba enfadada con el falso y malvado padre Grigori, por ser lo que era: un alma agrietada con su don de sanación empañado y corrompido por sus indomables deseos, con su inocencia envuelta en una oscuridad que ahora había visto cara a cara.

27

*C*onstantin fue más importante que nunca para mí en los meses que siguieron a mi aterrador encuentro con el padre Grigori. A diferencia de los demás (excepto Niuta, Sedinov y algunos otros criados), me escuchó y creyó cuando le conté lo ocurrido en la sala de plancha, apretando de cólera la mandíbula y golpeándose la palma con su gran puño redondo. Incluso fue al piso del padre Grigori en la calle Rozhdestvenskaya, llevando consigo una gruesa porra, aunque el ama de llaves le informó de que el *stárets* se había marchado a Pokróvskoie, en Siberia, y que tardaría muchos meses en volver.

—Le seguiría hasta allí si no estuviese a tantos miles de verstas y mi presencia no fuese necesaria en el hospital —dijo Constantin al regresar—. A ese maldito canalla le vendría bien una buena paliza.

Justo entonces se desató una epidemia de tifus en la ciudad. Todos los hospitales estaban saturados y tuvieron que rechazar a muchos enfermos. Constantin estaba muy ocupado en el hospital de Santa María de la Merced, aunque venía a verme siempre que podía o quedábamos en vernos en casa de la tía Olenka los domingos por la tarde, pues el domingo era su único día libre.

La tía Olenka le tenía mucha simpatía a Constantin y se mostraba muy comprensiva con nuestra necesidad de intimidad. Su propia relación con Nikolái Kulikovski era su pasión devoradora en ese momento y se estaba divorciando de Petia, para consternación de la familia. Tal como Constantin había comentado una vez, Petia era un pato raro y avergonzaba bastante a sus parientes, pero el divorcio era un escándalo, y la tía Olenka era hermana del zar. Parecía una provocación, pero lo cierto es que, en ese momento, mi tío Miguel era una deshonra y estaba casado con una plebeya; la tía Xenia estaba contemplando la posibilidad de divorciarse de Sandro, aunque al final permanecieron juntos, y la tía Olenka seguía los trámites de divorcio para deshacerse de Petia. Me pregunté qué vendría a continuación: ¿podía mamá divorciarse de papá, debido a sus juergas y sus visitas a Mathilde Kchessinska?

No parecía posible, aunque lo imposible sucedía sin cesar ante mis ojos. Tuve que recordarme que así funcionaba el mundo e hice lo que pude por apartar de mi mente los aspectos más sórdidos de todo ello.

Con el paso de los meses, Constantin y yo nos habíamos vuelto más apasionados. Al ir en su carruaje con las persianas bajadas o siempre que encontrábamos un hueco oscuro nos besábamos, explorando nuestros cuerpos al principio con timidez y luego cada vez con más ansia. Saber que podían vernos solo servía para excitarnos más.

Ambos éramos vírgenes. Constantin me confió que aún no había estado con una mujer, aunque su padre, impaciente y avergonzado por su falta de experiencia, había tratado de llevarle a burdeles caros para que perdiese la virginidad con una mujer mayor y sofisticada.

Soñaba con entregarme en cuerpo y alma a Constantin. Mi corazón anhelaba unirse con él de la forma más íntima posible, aunque sabía tan poco del sexo que en realidad mis fantasías resultaban muy vagas. Todo lo que sabía del cuerpo masculino lo había aprendido gracias a mis intentos de dibujar estatuas clásicas en el jardín de Tsárskoie Seló. Había visto copular a los animales, pero no asociaba ese acto tosco, breve y bastante mecánico con el amor, solamente con una necesidad física como la de comer, dormir u orinar. Además, los animales no escogen a su pareja; se aparean con el ejemplar de su especie que tienen más cerca.

Cuando Constantin y yo estábamos juntos, me mostraba excitada aunque recatada. Me daba vergüenza revelarle mi desnudez, y daba por sentado que era una respuesta absolutamente natural, la reacción de una muchacha enamorada y bien educada que conservaba su dignidad.

En realidad me sentía reticente a exhibir mi cuerpo, mis senos pequeños, mi cintura y caderas esbeltas. Mi figura no era voluptuosa como la de Niuta o la de la escultural condesa Orlov, a la que todos los hombres miraban admirados cuando suponían que sus esposas y amantes estaban distraídas. No poseía unos senos abundantes como la tía Olenka, que caminaba haciéndose notar, orgullosa de las curvas obtenidas gracias a sus Píldoras Orientales. No tenía el trasero redondo de una mujer madura. Entonces no apreciaba del todo —no podía apreciarlo, debido a mi edad e inexperiencia— el atractivo que puede tener para un hombre el cuerpo delgado de una joven. La frescura y las curvas incipientes son un imán para el deseo.

Me sentía reticente, y Constantin lo sabía. ¿Le gustaría ver mi cuerpo desnudo? ¿Sabría complacerle? ¿Cómo complacían las esposas a sus maridos? Había oído murmullos, rumores, había visto los carteles lascivos que representaban al padre Grigori y a mi madre haciendo cosas atroces. No obstante, era consciente de mi ignorancia, y con el paso del tiempo mi inexperiencia creaba una barrera entre nosotros.

Constantin empezó a hablarme una de las tardes que pasamos juntos:

—Queridísima Tania —me dijo mientras cogía mi mano—, hemos llegado a un punto embarazoso. Sabes cuantísimo cariño te tengo, y creo que tú sientes lo mismo.

—Oh, sí, querido Constantin, así es. Siempre estoy pensando en ti.

No era del todo cierto, aunque había días en que así era, y además ignoraba las palabras idóneas para expresar mis fuertes sentimientos.

—Lo último que quisiera sería hacerte daño o aprovecharme de ti, sobre todo porque nunca has estado con un hombre. Si me dices que quieres ser virgen hasta que te cases, no volveré a tocarte ni besarte.

—Pero quiero que lo hagas, y tú lo sabes.

Me dedicó una mirada afectuosa y llena de complicidad.

—Algunos hombres tratan de engañar a las muchachas jóvenes para que se acuesten con ellos. Tratan de convencerlas de que son crueles al negarse. «Ay, querida, me haces sufrir», dicen, o «Eres cruel al provocarme, al atormentarme». Yo nunca haría eso. Decide tú lo que quieres.

—Quiero seguir los dictados de mi corazón —dije—. Quiero ser como la tía Olenka, y ser moderna.

Ser moderna, en los círculos sociales progresistas de mi tía, significaba acostarse con un amante, ignorar los viejos tabúes sexuales y considerar la fidelidad conyugal una especie de fastidio o incluso una broma. Mi promiscua familia no me brindaba ejemplos de fidelidad o pureza, excepto mamá, y la acusaban (sin motivo, estaba segura) de acostarse con el padre Grigori. La tía Ella era el único pariente que tenía que no era promiscuo, ¡y era la cabeza de una orden religiosa!

—Pues entonces, Tania —dijo Constantin, besándome con suavidad en la oreja, en la mejilla y en el cuello hasta que la excitación me hizo contener el aliento—, creo que deberías tener una charla con tu tía Olga. Hay cosas que has de saber antes de que sigamos adelante y que supongo que tu madre no te ha confiado, porque espera que te conserves pura hasta el día en que te cases. ¿Hablarás con tu tía?

Asentí cerrando los ojos. Se me aceleró el pulso y le besé yo también, con más pasión que antes, deseando más que nunca poder ser suya por fin.

Al día siguiente, la tía Olenka me llevó a su tocador de tonos rosados y se sentó conmigo en un blando sofá cubierto de seda a rayas de color marfil y oro, con su habitual sonrisa amplia. Nunca había estado en esa habitación de su mansión, y me sentía tímida y privilegiada al tiempo. Era como si entrase en un círculo elitista, de mujeres experimentadas, mujeres de mundo.

Después de hartarnos de pastas de té y beber una copa de jerez, la tía Olenka me contó que Constantin había hablado con ella y que entendía cómo estaban las cosas entre nosotros.

—Tu Constantin me resulta muy simpático —me dijo—. Es un joven muy serio y deseoso de hacer el bien. Ya sabes que me ha ayudado con mis mercadillos. Creo que, si me pusiese enferma, le llamaría a él. No sabes lo afortunada que eres al tener a un joven tan considerado como Constantin —siguió—. Le importas de verdad. No quiere que te arriesgues. El amor que compartís no debe tener consecuencias desafortunadas.

Con paciencia y minuciosidad, me contó lo que debía hacer para evitar quedarme embarazada, y mucho más. Me describió las distintas formas de hacer el amor y me habló sin ninguna vergüenza de la anatomía masculina y femenina, contribuyendo a satisfacer mi curiosidad y calmar mis temores. Me explicó su propia iniciación en el acto amoroso con uno de nuestros cocheros, cuando era más joven que yo, y me preparó para el gozo y la belleza de la unión sexual.

—Todo saldrá bien si os mostráis tiernos y cariñosos el uno con el otro —concluyó—. Tu primera aventura será un bonito recuerdo durante el resto de tu vida.

Para entonces yo ya entendía que en ningún caso podría casarme con Constantin, que papá nunca permitiría que me casase con un plebeyo. Sin embargo, en el fondo de mi romántico corazón, lo que quería era el matrimonio y no una aventura. La palabra «aventura» sonaba demasiado a algo que convenía tomarse más a la ligera.

—Le quiero, tía Olenka.

—Claro que sí, y una parte de ti siempre le querrá.

Entonces empecé a llorar sin saber por qué, y ella me abrazó.

—Despídete de tu inocencia, dulce Tania. Con Constantin entrarás en un mundo nuevo.

Y así fue. En ese mundo nuevo entramos poco después, con la ayuda de la tía Olenka.

Había un pequeño piso encima del garaje de su mansión. Estaba destinado a un chófer, pero desde su accidente la tía Olenka no tenía chófer. Prefería no viajar en automóvil, aunque poseía varios. Nos dio la llave de ese lugar retirado y nos aseguró que podíamos usarlo a nuestro antojo.

Constantin sonrió.

—Siento verdadera pasión por los automóviles —dijo—. ¿Vamos a echar un vistazo?

El piso, caldeado por una gran estufa con azulejos, tenía una salita, cocina y dormitorio con una amplia cama llena de bultos y una colcha verde deshilachada. La tía Olenka nos había dejado champán, blinis, fresas y pastel de ron en la fresquera.

Recuerdo cómo me excitaba la idea de compartir un dormitorio con Constantin. Me parecía que era casi como estar casados.

Un matrimonio de mentira y no una aventura. Con solo pensarlo, el corazón me dio un vuelco. Me quité el vestido y me deslicé bajo la manta en ropa interior, deleitándome con su cálida suavidad.

Pero nada me había preparado para la visión del cuerpo desnudo de Constantin. Le observé ansiosa mientras se quitaba la ropa, abarcando sus brazos fuertes y musculosos, su tórax carnoso y grueso, su pecho sin vello y todo lo demás. Hube de reconocer consternada que todo ello se alejaba mucho de la perfección masculina de las estatuas de los dioses griegos del jardín.

Creo que supe entonces, incluso antes de que se metiese en la cama conmigo, que nuestros tibios besos, tan apasionados cuando los compartíamos en momentos furtivos, y sus torpes esfuerzos por complacerme no iban a excitarme ni llevarme al arrebatado placer que yo esperaba. A pesar de todo lo que la tía Olenka me había contado, me daba vergüenza mostrarme desnuda ante Constantin, y él, considerado como siempre, dejó que me mantuviese tapada con la colcha verde.

Consiguió hacerme el amor, más o menos, pero ambos nos sentíamos avergonzados y decepcionados después.

—Te he defraudado, Tania —me dijo mientras me hallaba entre sus brazos—. ¡Lo siento mucho! Sé que me estoy convirtiendo en un buen médico, pero probablemente sea eso lo único que se me da bien. Como amante, mucho me temo que no tengo ningún talento.

—¿No puede ser solo porque es nuestra primera vez?

Me dio un beso en la mejilla.

—Esperémoslo.

Nos quedamos allí tumbados, ambos incómodos, hasta que volvió a hablar.

—Más vale que te laves bien por dentro y por fuera —me dijo, empujándome hacia el baño—. Date una ducha.

Bajo el agua tibia me eché a llorar.

Cuando me sequé y volví a vestirme, Constantin estaba sentado ante la deslustrada mesita de la cocina, comiendo un blinis frío y bebiendo champán. Me lanzó un beso y sonrió con languidez, tendiéndome la botella.

—No, gracias —respondí.

Mientras pronunciaba esas palabras, me di cuenta de que estaba rechazando algo más que el champán. Estaba rechazando a Constantin, con su frente alta, su pecho sin vello, el sexo decepcionante y todo lo demás.

28

*M*amá se había convencido de que el primo Willie no tardaría en declarar la guerra contra los demás países, incluyendo a Rusia, y estaba decidida a hacer que, cuando llegase ese momento, todos participásemos en el esfuerzo bélico. A Olga y a mí nos envió a la escuela de enfermería para que estuviésemos preparadas.

—Mi madre lo aconseja —nos dijo mamá—. Se me apareció cuando estaba a punto de dormirme, se sentó en mi cama y habló durante mucho rato de la guerra que se avecina y de que debemos prepararnos para ella.

—Debía de ser un sueño, mamá —dijo Olga.

A Olga le molestaba la frecuencia con la que mamá afirmaba ver el fantasma de su madre Alice. Como yo, Olga era consciente de las numerosas corrientes emocionales existentes en nuestra familia, al igual que del comportamiento variable de mamá, pero mientras que yo me tomaba esas cosas a pecho, Olga tendía a negarlas o se irritaba por ellas. También le irritaba estar a punto de cumplir dieciocho años y no estar aún comprometida. Era bastante guapa (aunque todo el mundo decía que yo lo era mucho más, algo que me encanta repetir), pero tenía un temperamento áspero y no era comprensiva. Desde luego, no era nada comprensiva con los delirios de mamá, y tendía a levantar la voz cuando mamá mencionaba haber visto a su madre.

—Una visita procedente del otro mundo no es lo mismo que un sueño. Mi madre viene a visitarme.

—¿Y también va a recibir formación de enfermera? —preguntó Olga, con un sarcasmo cruel.

—No, pero yo sí —fue la respuesta de mamá—. Quiero cumplir con mi parte. Me he matriculado con vosotras, niñas.

Estaba decidido. Mamá, Olga y yo acudíamos a clase cada mañana, y cada tarde pasábamos varias horas en las salas de Santa María de la Merced, el único hospital de Constantin desde el cierre de la clínica para trabajadores.

Nuestra formación en la Cruz Roja era muy minuciosa, empezando por la instrucción acerca de la higiene básica. Aprendimos lo importante que era mantener escrupulosamente limpio todo lo que utilizábamos, incluidos nuestros uniformes y delantales y las incómodas tocas monjiles que nos envolvían la cabeza, dejando visibles solo los ojos, la nariz y la boca. Aprendimos cómo se difundían las enfermedades, cómo se producía la infección y de qué forma podía detenerse. Aprendimos a vendar heridas, hacer torniquetes y entablillar huesos rotos.

Había mucho que aprender, y a Olga, a mamá y a mí nos dijeron que éramos alumnas listas, aunque mamá tenía que faltar a clase bastante a menudo debido a sus dolores de cabeza y de pierna. Estudiábamos con diligencia, aprendiendo los nombres de las medicinas y para qué se prescribía cada una. Por último, al cabo de tres meses, estuvimos preparadas para nuestros exámenes finales.

—Pero, majestad —le dijo a mamá la jefa de profesoras—, no es necesario que sus hijas o usted se presenten a ningún examen.

—¿Y por qué no?

La profesora pareció perpleja.

—Bueno… porque no hace falta que se molesten… —balbuceó.

—Tonterías. Si no hacemos los exámenes, no podemos recibir nuestro diploma y ser útiles cuando llegue la guerra.

La profesora se santiguó.

—Rezo para que no haya guerra, majestad.

—Llegará —respondió mamá con calma—. Bueno, ¿cuándo tenemos que examinarnos?

Hicimos nuestros exámenes. Olga sacó matrícula de honor; mamá y yo simplemente aprobamos. Pero todas recibimos con orgullo nuestro diploma oficial junto con unas treinta mujeres y muchachas más, y empezamos a trabajar como voluntarias en el hospital tres tardes por semana. Allí me encontraba a menudo con Constantin, y me mostraba simpática e incluso afectuosa con él.

Pero estaba claro que nuestros sentimientos habían cambiado. Entre nosotros existía el entendimiento tácito de que no estábamos destinados a ser una pareja cariñosa e íntima. Nos teníamos aprecio y confianza, y éramos unos buenos amigos que se reían juntos, pero eso era todo.

Al poco de finalizar nuestra formación, llegó una carta del primo Willie en la que nos invitaba a viajar a Berlín para asistir a la boda de su hija Sissy, hermana de Adalberto, con un noble prusiano. Mamá no quería ir, pero papá insistió. Se estaban desarrollando delicadas negociaciones diplomáticas entre los dos países y resultaba esencial que la familia aparentase encontrarse en excelentes relaciones.

Yo nunca había estado en Alemania, pero había leído mucho acerca de la gran ciudad de Berlín, con sus imponentes monumentos arquitectónicos, teatros, anchos bulevares y parques. Adalberto me había hablado de los espléndidos palacios de su familia, aunque tuvo que reconocer que los nuestros, en Rusia, eran más grandes y exquisitos. Se decía que los alemanes eran gentes corpulentas que bebían vino y cerveza y apreciaban mucho su *Gemütlichkeit*, una palabra para la que, según me aseguraba Adalberto, no existía equivalente en ruso o inglés. La traducción más cercana que se le ocurría eran las palabras «comodidad» y «confort».

Pero Berlín, cuando la familia se reunió allí a finales del otoño de 1913, era cualquier cosa menos cómoda o confortable. La ciudad estaba llena de soldados. Parecía que celebrasen desfiles militares cada día. En las anchas vías principales se veían más hombres de uniforme que hombres de paisano, y los soldados atestaban los restaurantes, cafés y clubes nocturnos.

—Todos nuestros esfuerzos por promover la paz entre los jóvenes de Europa han fracasado —me dijo Adalberto después del banquete que ofreció el primo Willie para Sissy y su prometido.

Adalberto parecía mayor, más duro. El tierno gesto infantil que tanto me atrajo en su día había desaparecido de su atractivo rostro.

—Mi padre está decidido a utilizar el poder de nuestros ejércitos para intimidar al resto de Europa. Ahora lo veo con claridad.

Le hablé de mi curso en la Cruz Roja y de mi trabajo como voluntaria en el hospital.

—Mamá quiere que estemos preparadas cuando llegue la guerra.

—Ay, Tania, deberías estar bailando, yendo de compras, riendo con tus amigos, enamorándote; no pensando en desastres y heridas. Deberías estar comprometiéndote, como yo.

Me presentó a su prometida Adi, una joven encantadora y lozana de brillantes ojos azules y cabello rubio y rizado.

—Vamos a casarnos el verano que viene —me dijo Adi—, en agosto. Tienes que venir a la boda. Para entonces puede que te toque a ti anunciar tu compromiso —añadió, sonriendo y enlazando su brazo con el de Adalberto—. Solo espero que seas tan feliz como nosotros.

Pensé en Constantin apesadumbrada.

—Hubo alguien durante un tiempo, pero… me di cuenta de que no seríamos felices juntos, así que ahora solo somos amigos.

Al recordar los días que pasamos en Berlín, me llama la atención que nos sintiésemos como una gran familia desperdigada y un tanto carente de armonía. Los lazos de sangre eran fuertes; los parecidos familiares, chocantes, en especial la extraña semejanza entre papá y el rey Jorge, que casi parecían gemelos. Éramos muchos: el primo de mamá, el rey Jorge, su esposa la reina María y la reina viuda Alejandra, que era hermana de la abuela Minnie, y todos los numerosísimos primos ingleses cuyo nombre apenas recuerdo, las hermanas de mamá, Irene y Victoria, y sus maridos e hijos, y el querido hermano de mamá Ernie, que vivía como un soltero aunque tenía un compañero, y toda la gran familia del primo Willie, los amigos de Sissy y los amigos de su prometido; en resumen, una turba de parientes que parecían hablar todos a la vez aunque ninguno tuviese nada demasiado interesante que decir.

Tal vez la conversación insustancial fuese el resultado de nuestros intentos por no decir nada acerca de lo único que estaba en mente de todos: la abrumadora presencia del ejército.

Berlín es un campamento armado, pensé. No obstante, nadie quiere reconocerlo abiertamente; eso sería descortés y contrario a la opinión de la familia. Todo el mundo sabía que Inglaterra, Francia y Rusia se hallaban unidas en una alianza cuyo propósito era derrotar el ataque del Imperio alemán. Mientras los diplomáticos se esforzaban por preservar la paz, los ejércitos se preparaban para librar una guerra, tal como monsieur Gilliard nos explicó a mis hermanas y a mí antes de que partiésemos hacia Berlín. Cada país se apresuraba a incrementar su armamento y a reclutar más hombres para aumentar el tamaño de sus ejércitos.

Me di cuenta de que mamá evitaba al primo Willie, aunque este le envió un bonito regalo a nuestra llegada a Berlín junto con una nota en la que le expresaba sus mejores deseos y la esperanza de alcanzar un mayor entendimiento y armonía entre Alemania y Rusia en el futuro. Al parecer, había deseado mucho que Adalberto se casara conmigo, como muestra de buena voluntad entre nuestras familias imperiales. Se había sentido decepcionado cuando papá rechazó la petición de Adalberto, y atribuía a mamá —con razón— la decisión.

La abuela Minnie, que había pasado una temporada en Inglaterra con su hermana antes de acudir a Berlín, organizó una merienda en honor de Sissy y mamá accedió a asistir, con la condición de que el primo Willie no estuviese presente.

—Mi padre no asiste a meriendas de señoras —nos anunció Sissy en tono condescendiente—. Tiene cosas más importantes en la cabeza.

—Todas sabemos qué es lo que tiene en la cabeza —fue la áspera respuesta de mamá.

Noté cierto desasosiego en torno a la gran mesa, donde varias docenas de mujeres nos pasábamos platos de tarta y bocadillos.

—¿Ah, sí? ¿Y qué es?

—Creo que no hace falta decir lo que todas sabemos.

—No te hagas la misteriosa, Alix —dijo la abuela Minnie—. Dinos a qué te refieres.

—Es mejor evitar algunos temas —replicó en voz alta la reina Alejandra, que, según recordaba yo de nuestros días felices en Cowes, tenía la habilidad de dulcificar las situaciones violentas con sus modales amables y conciliadores—. ¡Ah! Ese pastel con pasas me recuerda mucho a mi querido Eduardo. Le encantaba el pastel con pasas para acompañar el té.

Mamá se bebió el té nerviosa y en silencio mientras Sissy hablaba sin parar de su futuro marido, que era un oficial al mando del Cuarto Regimiento de Fusileros prusiano.

—Estaremos acantonados en Königsberg —dijo—. La sociedad no es tan buena allí, solo esposas de oficiales y la nobleza provinciana, por supuesto. Pero me han dicho que hay una excelente sociedad de música de cámara, y a mi prometido se le da bien la música. Toca la flauta.

—Dudo que el sonido de la flauta se oiga por encima del martilleo de los cañones —comentó mamá en voz baja.

—¿Has dicho algo, Alix? —preguntó la abuela Minnie.

—A usted no.

Noté que mamá estaba a punto de sufrir uno de sus arrebatos. Todos los indicios estaban ahí, sus mejillas y manos enrojecidas, su agitación.

—¿Nos vamos, mamá? —susurré—. Si quieres, estoy lista.

—Mi hija cree que es hora de que me marche —anunció mamá, poniéndose en pie de forma tan brusca que casi volcó su plato—. Tal vez tenga razón.

Mientras recogíamos nuestras cosas y nos despedíamos, vi una figura que entraba en la habitación, un hombre vestido con un traje gris oscuro que se quedó junto a la puerta. Tuve la seguridad de que nos esperaba. Al mirarle con más atención lo reconocí. Era herr Schmidt.

29

—¿*P*uedo acompañarlas a usted y a su hija, majestad?

Herr Schmidt hablaba con una amable gravedad, y mamá, como en otras ocasiones, respondió agradecida mientras su cuerpo tenso se relajaba en su presencia apaciguadora.

Nos llevó en su carruaje a una casa imponente que, según nos dijo, era propiedad de un colega suyo. La casa, rodeada de un alto muro de piedra, se hallaba en el centro de un parque muy cuidado y diseñado con gusto.

—Mi amigo, que es médico, abre su hogar a las visitas —explicó herr Schmidt mientras cruzábamos la amplia puerta principal y pasábamos a un cómodo salón de gruesas alfombras suaves con butacas y sofás acogedores. Me pareció una habitación reposada—. Por favor, tome siento. Podemos hablar, si le apetece.

—Siempre me agrada hablar con usted —empezó mamá.

—Mis pacientes, es decir, mis amistades, me dicen eso con frecuencia. Las preocupaciones del mundo ejercen una intensa presión en ellos; pero, mientras hablamos, esas preocupaciones menguan durante un rato y experimentan alivio.

—Sí. Es exactamente eso —dijo mamá en voz más baja mientras dejaba caer los hombros, relajaba los músculos faciales y se hundía en los cojines del sofá.

Permanecimos un rato sentados en silencio. Luego habló mamá:

—Guerra —dijo.

Solo esa palabra, «guerra».

—Son muchos los que temen que se avecine.

—Muerte.

—Sí, la traerá para muchos.

—El fin de todas nuestras esperanzas, todas nuestras aspiraciones. Ningún futuro para mis hijos.

—Dice usted una verdad profunda y triste, pero nunca debe olvidar que las guerras han dado lugar a cambios beneficiosos.

—No veo ningún beneficio en la muerte... salvo el alivio de que todo termine por fin.

—¿Y alguna vez piensa en buscar ese alivio mediante sus propios esfuerzos?

—Sí.

—¡Mamá! —exclamé, agarrándola del brazo—. ¡No, mamá!

—Es la verdad, Tania. Con herr Schmidt digo la verdad.

—¿Qué le está haciendo? ¡Deje de hacerle esto! —grité, poniéndome en pie—. Si mi padre estuviese aquí, pondría fin a esto.

—Creo, Tania, que su padre querría ayudar a su madre. Esta clase de conversación le ayuda a desahogarse.

—Sí, Tania —dijo mamá con voz suave—. Es bueno hablar abiertamente, así, aunque sea de cosas penosas.

—Tengo entendido que toma Veronal para calmarse —siguió herr Schmidt—. Tres gotas cada vez. ¿Estoy en lo cierto?

—Últimamente, a veces tomo seis gotas.

—¿Siente alguna vez la tentación de tomar más, tantas que todos sus problemas se acaben para siempre?

—Sí.

—¡No, mamá, no!

La cogí del brazo con fuerza, con lágrimas en los ojos. Quería echar a correr y llevarme a mamá lo más lejos posible. No obstante, al mismo tiempo sabía que no existía ningún lugar en el que pudiese escapar de la verdad dolorosa y terrible que estaba revelando. Así pues, me quedé llorando donde estaba.

—¿Y cuál es la razón por la que usted no ha optado por poner fin a su vida? ¿Es por el sufrimiento que causaría a su hija, que tanto la quiere, y a sus demás hijos?

—Sí, eso y...

—¿Y qué?

—No me rindo con facilidad.

—No. Me imagino que es una luchadora.

A través de mis lágrimas vi que mamá sonreía.

—Sí, soy una luchadora.

Herr Schmidt también sonrió.

—Me alegro mucho de oír eso.

Alargó el brazo detrás de su butaca y cogió una campanita dorada que estaba en una mesa cercana. A continuación la hizo sonar. Al cabo de un momento llamaron a la puerta del salón y entró un hombre con unos papeles en la mano que entregó a herr Schmidt.

Mientras tanto, mamá me dio un abrazo.

—Querida Tania —dijo—, no debes preocuparte. Pase lo que pase, todo saldrá bien. ¿No recuerdas mi anillo, el del símbolo del bienestar? Siempre lo llevo.

—Majestad —decía herr Schmidt—, esta casa en la que nos hallamos es un lugar muy especial. Personas perturbadas, personas que piensan en poner fin a su vida o que están angustiadas por pensamientos o pesadillas insoportables vienen aquí para recibir ayuda y curarse. Hay muchas que han llegado desesperadas y que al marcharse se sentían enteras y en paz.

—Entonces, ¿es un monasterio? No parece un monasterio.

—En cierto modo sí, aunque no hay iconos ni altares. Es una catedral de la mente. Cordura, equilibrio, una visión sana del mundo: esos son los tesoros icónicos que se encuentran en este lugar. Y ahora tengo el privilegio de ofrecerle un respiro aquí, entre nosotros.

—¿Un respiro?

—¿Le gustaría quedarse aquí durante un tiempo, desahogarse hablando como ahora y encontrar alivio de todo lo que le perturba?

Mamá suspiró y bajó la cabeza.

—Sí —dijo en voz muy baja, tan aguda y confiada como si proviniese de una niña y no de una mujer madura.

—Bien. Entonces solo tiene que firmar estos papeles —dijo él mientras colocaba tres hojas sobre una mesa delante del sofá—, y seremos hospitalarios con usted.

Sentí un intenso hormigueo de inquietud.

—Mamá, ¿no crees que deberías hablar de esto con papá?

—Puede hablar con él tanto como desee después de trasladarse aquí, con nosotros.

Mamá cogió la pluma que le tendía herr Schmidt.

—Quiero paz, Tania. Por encima de todo, quiero paz.

En ese momento se oyó un penetrante chillido procedente del exterior de la habitación. Mamá se puso tensa y rígida.

—¿Qué ha sido eso?

—A veces nuestros huéspedes sienten que regresan sus antiguas perturbaciones y hay que controlarlos.

—¿Controlarlos? —dije en voz alta, recordando de pronto y sin saber por qué el artilugio horrible que la abuela Minnie me había obligado a llevar cuando yo era niña, el pesado collarín de acero que me atrapaba y aprisionaba—. ¿A qué se refiere?

—A contenerlos. A impedir que se hagan daño.

—¿Acaso es esto… un manicomio?

—No, Tania. Ya no utilizamos esa palabra anticuada. Es un sanatorio. Una clínica para la mente.

—Ven, mamá. Ven ahora mismo. No debemos quedarnos aquí ni un minuto más.

—Pero Tania… —empezó, confusa.

—No, mamá. No. Este no es lugar para ti.

Con todas mis fuerzas la levanté del sofá y tiré de ella hacia la puerta. Me di cuenta de que herr Schmidt no hacía esfuerzo alguno por detenernos. Llegamos a la puerta sin que mamá dejase de protestar y conseguí abrirla.

Había allí dos cosacos altos y de aspecto fuerte, ambos con largos sables colgados del cinturón.

Grité de sorpresa y terror. Entonces vi que, por suerte, uno de los cosacos era Nikandr, el enamorado de Niuta, que nos había ayudado a trasladar a Daria a la clínica para trabajadores cuando estaba a punto de tener a su bebé.

—¡Nikandr! —llamé—. ¡Ayúdanos! ¡No dejes que retengan a mamá aquí, en este lugar terrible!

El hombre frunció el ceño.

—¡Tú me conoces, Nikandr! Puedes confiar en mí. Niuta confía en mí. Ayudé a Daria el día en que nació su bebé. ¡La ayudé cuando el padre Grigori la atacó!

Él asintió.

—Lleven a la zarina al piso de arriba —ordenó el médico con voz serena.

El otro cosaco se movió para coger a mamá, pero Nikandr le detuvo, estirando un brazo musculoso e impidiéndole llegar hasta mamá.

—No —dijo con su voz alta y sonora—. Espera. Dejemos que decida el zar. No está lejos. Ha ido a cazar cuervos en el parque.

Y, dicho esto, recogió a mamá con sus fuertes brazos y la llevó al jardín invernal. El otro cosaco iba a su lado y yo corría detrás. La sangre me palpitaba tan fuerte en los oídos que los gritos airados de herr Schmidt no eran más que débiles gemidos en el viento frío.

30

Tal como yo esperaba, papá no permitió que confinasen a mamá en un sanatorio y abandonamos Berlín poco después del incidente. Justo después de la boda de Sissy partimos hacia San Petersburgo tras despedirnos a toda prisa de nuestros parientes ingleses y alemanes y recibir promesas de que, ocurriera lo que ocurriese entre nuestros respectivos países, todos nos querríamos y ayudaríamos como nos fuese posible.

Adalberto me besó en la mejilla y me dedicó una mirada conmovedora.

—Estoy a tu servicio, Tania, por si alguna vez me necesitas. Siempre seré tu amigo y te profesaré cariño.

Le aseguré que sentía lo mismo y que confiaba en poder asistir a su boda.

Cuando subimos al tren me di cuenta de que la abuela Minnie no iba con nosotros.

—No la veremos durante algún tiempo —me confió papá—. La he mandado a Kiev. Allí tiene amigos. No volverá a crear problemas en nuestra familia.

Me sentí tremendamente aliviada, como si me hubiesen quitado un gran peso de encima.

—¡Oh, gracias, papá! Ahora no estará siempre tramando algo a nuestras espaldas y criticándonos.

—Ni me quitará los cigarrillos de la boca cuando estoy a punto de encenderlos.

Nos echamos a reír.

Durante el largo viaje en el tren imperial hablé con papá de nuevo, esta vez mucho más en serio. Nos hallábamos en una estancia cómoda y apartada, un vagón cuyas paredes estaban revestidas de viejo roble y cuyos muebles estaban tapizados de felpa roja bordada con hilos de oro en forma de coronas y águilas. Estábamos sentados junto a una gran ventanilla, mirando el paisaje nevado de densos bosques y ciudades y pueblos pintorescos y pequeños.

—¿Qué habría que hacer con mamá? —le pregunté—. Un sanatorio no es la solución, aunque sea progresista, si es que existe semejante cosa. Pero ¿qué otra solución hay? Dice que piensa en quitarse de en medio.

Papá me dio unas palmaditas cariñosas en la mano.

—Lleva diciendo eso desde que la conocí, cuando era una jovencita. Es una especie de fantasía wagneriana, el deseo de un final glorioso y romántico para una vida por lo demás bastante convencional, aunque sea una vida de elevada posición y privilegios. No creo que pretenda realmente hacerlo —dijo con un suspiro—. Además, si sucediese lo peor, y ya hace décadas que vivo con esa posibilidad, sé que todo está en manos de Dios.

—Dios no deseará que mamá muera.

—Entonces se asegurará de que no muera —replicó él con una sonrisa—. No estamos en condiciones de impedir que ocurran todas las cosas tristes que imaginamos que podrían ocurrir. Aprendí eso hace años, cuando mi querido abuelo murió asesinado por una bomba.

—Me gustaría tener tu resignación.

—No es resignación, Tania, es fe.

Se volvió a mirar por la ventanilla y comprendí que no había nada más que decir.

31

*E*l cálido y húmedo verano de 1914 trajo moho a los muros orientados al sur de la enfermería de palacio, otra epidemia de tifus a la ciudad de las chimeneas y, por supuesto, una serie de perniciosas huelgas.

Se decía que la mitad de los obreros de San Petersburgo estaba en huelga. Como se negaban a trabajar, en las fábricas inactivas no se hacían cañones, proyectiles y fusiles para el ejército ni se montaban los vagones de tren necesarios para llevar alimentos a la ciudad, por lo que las grandes multitudes insatisfechas que llenaban las calles se mostraban cada día más ruidosas y revoltosas.

Empecé a trabajar como voluntaria cuatro tardes por semana en el hospital debido al número de víctimas de tifus. Mis hermanas María y Anastasia también ayudaban a llevar bandejas y limpiar los suelos, además de servir comidas a los pacientes que se estaban recuperando y llevar mensajes entre las salas. Mamá decía que era bueno para ellas, y tenía razón.

María se había convertido en una muchacha morena y hermosa, fuerte —tanto que ayudaba moviendo las pesadas camas de hierro— y de amplios senos, pero estaba preocupada y se mostraba muy distante. Afirmaba que debía de ser hija de otra familia y que alguien la había depositado en nuestro nido por error. Mamá no hizo caso de esa absurda sugerencia y a papá le hizo cierta gracia. Ninguno de los dos se tomó tiempo para consolar o enfrentarse a la quisquillosa María, que pasaba mucho tiempo con la familia de la tía Xenia, donde se sentía más a gusto.

Anastasia era muy inquieta. Era difícil seguirle la pista y más aún imponerle disciplina. Entraba y salía de las habitaciones con la misma facilidad imprevisible que mostraba para evitar las obligaciones, en especial las desagradables. Acudía al hospital con nosotras y hacía algunas de las tareas que le asignaban, pero siempre ignoraba otras, exasperándonos a todas. Hacía recados para mamá, que la llamaba «mis piernas» y agradecía su ayuda, hasta que miraba a su alrededor y descubría que «sus piernas» no se hallaban en ninguna parte.

Yo quería a mis hermanas, aunque ponían a prueba mi paciencia, cada una a su manera; me temo que a veces las sermoneaba como hacen las hermanas mayores, y debí de irritarlas mucho.

A medida que transcurría el verano, no dejaba de caer una llovizna lenta, pero la lluvia no impidió que el creciente número de trabajadores en huelga se reuniese en las esquinas, mirando con furia a los policías y guardias a caballo que les vigilaban y a veces les golpeaban con porras o les atacaban con sus sables cuando invadían las calles y se mostraban alborotadores. Muchos campesinos, que parecían muy raros y fuera de lugar con sus abrigos de piel de oveja, demasiado abrigados para la estación veraniega, se unieron a los trabajadores en huelga y les ayudaron a construir barricadas en las amplias avenidas, defendiendo barrios enteros de la interferencia policial y cantando canciones y lemas provocativos.

Observé todo eso yendo y viniendo casi todas las tardes entre el hospital y Tsárskoie Seló, en su periferia protegida. También era consciente de la inquietud que se extendió tras el último acto de terrorismo. En junio, un revolucionario había lanzado una bomba contra el heredero del trono austríaco, el archiduque Francisco Fernando y, cuando la bomba falló su objetivo y mató a otras personas del séquito del archiduque, se adelantó otro asesino que disparó y mató a Francisco Fernando y también a su esposa Sofía.

Una vez más, Tsárskoie Seló se llenó de policías en busca de gente con bombas escondidas. Registraban varias veces al día el hospital en el que todas trabajábamos como voluntarias en busca de armas ocultas y «agitadores», como papá continuaba llamándoles.

Tenía muchas ganas de regresar a Alemania para la boda de Adalberto y Adi, que debía celebrarse a principios de agosto, pero a medida que se acercaba el momento comprendí que probablemente no me sería posible ir. Envié un regalo de boda, un precioso samovar de plata en una bonita bandeja, y con él una carta en la que deseaba buena suerte a la pareja y me disculpaba por no poder asistir a la ceremonia. Sabía que entenderían la razón.

Las preocupaciones personales cedían ante los acontecimientos mayores que nos circundaban rápidamente a todos. Del mismo modo que había visto un gran número de soldados alemanes en Berlín, ahora se concentraban nuestros ejércitos rusos, y las calles de San Petersburgo, antes repletas de trabajadores en huelga, se llenaban ahora de tropas y cañones que se reunían antes de ser enviados al oeste, a las fronteras entre Alemania y el Imperio austrohúngaro.

Todo el mundo, incluso los más pacifistas de entre nosotros, reconocía que se avecinaba la guerra; solo era cuestión de tiempo. Finalmente, en agosto, supimos que Alemania declaraba la guerra contra Rusia. Al final, el primo Willie se había vuelto contra nosotros, tal como mamá decía. Nos correspondía a nosotros, a Rusia, junto con nuestros aliados, Francia e Inglaterra, derrotarle.

La ciudad se vio invadida por un sentir patriótico. Ondeaban las banderas, marchaban las tropas, disparaban salvas los cañones en honor de la madre patria y de papá. El icono de la Santísima Virgen de Kazán fue sacado en procesión por las calles de San Petersburgo para que desplegase su protección sobre nosotros, y sacerdotes con estandartes religiosos desfilaron junto a las tropas y los cañones, bendiciéndolos e incitando a la multitud a cantar himnos y odas a la madre patria.

Nunca había visto semejante efusión de sentimiento, ni siquiera cuando era pequeña y contemplaba a las multitudes desde el balcón del Palacio de Invierno en tiempos de la guerra contra los japoneses.

—¿Ves, Tania, como me quiere mi pueblo? Desean participar en la defensa de nuestra tierra. Hay tantos reclutas, tantos voluntarios, que no hay uniformes suficientes para vestirlos ni fusiles para armarlos.

En aquellos días lluviosos de otoño, los ánimos estaban tan revueltos que algunos de los campesinos que se agolpaban en los centros de reclutamiento con la esperanza de alistarse en el ejército murieron pisoteados, convirtiéndose en las primeras bajas de la guerra. Constantin y el personal de su ambulancia trajeron a un hombre que había quedado atrapado en la avalancha para alistarse y se había visto empujado accidentalmente bajo un carro, con las piernas aplastadas por su peso. A menudo traían a víctimas de accidentes a la sala en la que trabajaba como voluntaria, y aquel hombre era uno de ellos. Lo pusieron en una camilla, donde Constantin lo examinó.

—Tendremos suerte si le salvamos la vida —dijo, sacudiendo la cabeza—. Hay que amputarle las piernas.

Nunca había asistido a una operación, pero lo hice entonces, pues la sala no tenía suficiente personal y se necesitaban más manos. Constantin empezó a dar órdenes con voz fuerte y segura, como si fuese un cirujano experto y no un estudiante de cirugía. Corté la tela de los pantalones del herido para dejarle las piernas al descubierto y limpié la sangre con toallas hasta que una enfermera le cubrió el rostro con una máscara y se puso a verter en ella gota tras gota de éter. El olor intenso del éter me provocó náuseas y luego sueño.

Después de pasar su cuchillo por la llama de una vela (en ese momento el antiséptico escaseaba y se guardaba en un armario, en el extremo opuesto del edificio), Constantin cortó la carne, gelatinosa y verde en algunas zonas, y serró los huesos de las piernas del hombre, ignorando sus penosos gritos medio delirantes y los olores repulsivos que salían de su cuerpo atormentado.

Estuve a punto de desmayarme, pero las ásperas órdenes que Constantin me gritaba me devolvieron la conciencia:

—¡Más toallas! ¡Más presión!

Hice lo que pude, sabiendo sin que tuviesen que decírmelo que aquel hombre podía morir desangrado. Mi delantal estaba cubierto de sangre y chapoteaba en mis zapatos de tan llenos de sangre como estaban. Tenía rojos los brazos y las manos. Pensé que debía de parecer una horrible carnicera. Luché contra la confusión y la desorientación que amenazaban con devorar mi conciencia. Sentí que me tambaleaba. No obstante, aguanté, presionando con todas mis fuerzas contra la carne y arrojando a un lado las toallas a medida que quedaban empapadas de sangre.

Después de cortar y serrar a toda prisa, Constantin hizo un par de torniquetes en los muslos del hombre e hizo una pausa para tomar aliento.

—La hemorragia se ha detenido de momento —dijo—. Llévate las piernas.

Las palabras me sonaron tan extrañas que estuve a punto de pedirle a Constantin que las repitiese. ¿Que me llevase las piernas? ¿Que me las llevase adónde? Nunca me había encargado de partes corporales amputadas; ¿cómo se hacía? Sin duda unas piernas cortadas no se depositarían de cualquier manera en los cubos de basura, junto con los vendajes usados, los algodones y la suciedad del suelo.

Encontré una vieja funda de almohada desgarrada y, tras levantar las piernas con mucho cuidado, una tras otra, las metí dentro. A continuación llevé la funda de almohada al jardín de hierbas adyacente al hospital, busqué una pala y empecé a cavar una especie de tumba. Razoné que, si enterramos los cadáveres en la tierra, con reverencia y oraciones, entonces debíamos enterrar las partes del cuerpo con la misma atención a su valor espiritual.

—¿Qué está haciendo aquí? —me gritó una voz áspera.

Era la voz de la enfermera jefe, una mujer curtida y de rostro duro que, según había observado en los últimos meses, se mostraba escéptica ante la presencia de enfermeras voluntarias aristócratas y de clase alta y prefería profesionales cualificadas y experimentadas como ella.

—Estoy enterrando unos restos, enfermera jefe.

—¿Dónde cree que está? ¿En un cementerio? Llévese sus restos y métalos en la incineradora, como hacemos siempre.

—No me he dado cuenta de que debía hacer eso.

Ella me miró con furia.

—Si es ignorante, muchacha, pregunte —me dijo en un tono despiadado—. No invente. Por cierto, ¿qué tiene ahí?

Agarró la funda de almohada ensangrentada y apestosa y atisbó el interior.

—¡Puaj! ¡Otra vez piernas! Este otoño hemos cortado demasiadas piernas. Mire, le voy a enseñar algo que no le enseñaron en la Cruz Roja. Los miembros amputados están llenos de pus y gérmenes. Por lo general, apestan a gangrena. La gangrena es algo horrible. ¿Ha oído hablar de ella? El de tipo verde, húmedo y gelatinoso, el que se puede ver en esas piernas, se extiende muy deprisa, por simple contacto.

Lancé un grito ahogado y me miré las manos ensangrentadas, las manos que habían cogido los miembros serrados. ¿Estaba infectada? Me limpié las manos en el delantal y la enfermera jefe se echó a reír.

—¿De verdad cree que puede limpiarse los gérmenes?

—No, claro que no. Nos enseñaron higiene, antisepsia y…

—Una cosa es asistir a clase y otra muy distinta aprender sobre enfermedad y muerte en un hospital, ¡donde hay gérmenes y sangre de verdad!

Me arrebató de las manos la funda de almohada.

—¡Deme ese nido de gérmenes! ¡Ahora, antes de que vomitemos las dos, sígame a la incineradora y observe cómo quemo esos restos hasta convertirlos en cenizas!

32

$\mathcal{L}$os primeros soldados heridos en llegar a nuestro hospital desde los campos de batalla del este de Prusia fueron los valientes Húsares Rojos y los Chevaliers-gardes de élite, los mejores y más orgullosos regimientos de mi padre. Entraron poco a poco, unos cojeando, apoyados en los brazos de criados u ordenanzas, otros en camillas, muchos simplemente apiñados en carros o carretas, febriles y medio locos de dolor, tendidos unos junto a otros en su propia porquería y dejados a la entrada de las salas de recepción.

Los médicos hacían lo que podían, salvaban a tantos como les era posible, pero cada día acudían los carros fúnebres a la puerta trasera del hospital, utilizada para entregar los alimentos y retirar la basura, y se apilaban y llevaban en ellos más cadáveres.

Llamaron la batalla de Tannenberg a aquella monumental lucha de finales de agosto de 1914, y con cada nueva oleada de hombres heridos y moribundos se nos revelaba el horror del terrible enfrentamiento.

—El enemigo nos había rodeado —explicó con voz entrecortada mientras le examinaban un oficial de los Húsares Rojos a todo aquel que quisiera escucharle—. No pudimos escapar de ellos; eran demasiados. El terreno era un cenagal y cedía bajo nuestros pies y bajo el peso de los grandes cañones, que se perdieron en las arenas movedizas.

Con una mueca de dolor miró al médico, que le presionaba el pecho y el estómago, y luego a las enfermeras.

—Muchos murieron. Muchos fueron hechos prisioneros por los alemanes. ¡Sucios alemanes! ¡Qué vergüenza! ¡Qué deshonor!

Todos sentíamos el deshonor de la gran Rusia humillada, de sus bravos soldados muertos por los arrogantes, desalmados, malvados y demoníacos alemanes y sus aliados austríacos.

En aquellos primeros días de la guerra odiábamos a todos los alemanes y a todo lo que guardaba relación con ellos: odiábamos a Wagner y sus óperas, los bombones alemanes, los libros alemanes y el idioma alemán, un idioma que mi madre, que se había criado en Darmstadt, hablaba mucho mejor que el ruso.

No odiaba a Adalberto, por supuesto, ni a ningún otro alemán al que conociese en persona, salvo al primo Willie. Solo detestaba a los alemanes a los que no conocía.

Papá cambió el nombre de nuestra capital del germánico San Petersburgo al ruso Petrogrado. El perrito de Olga, Fritzie, se convirtió en Ivanka. Mamá ya no llamaba a papá *Liebchen* sino *dorogoi*, que significa «cariño» en ruso.

Con un nuevo demonio al que despreciar y temer, se produjo un repentino descenso de las peroratas contra papá y sus ministros. El periódico para trabajadores *Pravda* fue ilegalizado, y muchos de aquellos a quienes papá llamaba «agitadores» se exiliaron a Siberia. Incluso Daria, con su gran animosidad hacia mi familia y hacia el gobierno de los Romanov, dedicó toda su pasión a trabajar como enfermera voluntaria y apoyar a nuestros soldados.

Desde la noche en que el padre Grigori la atacó y yo acudí en su ayuda, Daria había permanecido junto a mí, con la pequeña Iskra, trabajando como voluntaria en el hospital y acompañándome en Tsárskoie Seló allá donde iba. Nunca volvió a la sala de plancha y Niuta obtuvo permiso de mamá para dejar que Daria trabajase como doncella en el cuarto de mi hermano.

A medida que aumentaban las pérdidas causadas por la guerra, había más y más familias privadas de algún ser querido que clamaban por alguien a quien echarle la culpa. Mamá, a quien llevaban años llamando «zorra alemana», encabezaba la lista. ¡Oh! ¡Qué cosas tan espantosas se decían acerca de ella! Que espiaba para los alemanes, que se enriquecía gracias a las pérdidas rusas, que colaboraba con el enemigo y debilitaba a papá intimidándole y dándole la lata.

Para mi sorpresa, toda la difamación, los panfletos y los discursos dirigidos contra ella solo sirvieron para hacer a mamá más fuerte. Había desaparecido la constante enfermedad o debilidad que estaba acostumbrada a ver en ella, el horrible aire de renuncia y lánguido deseo de olvido que había presenciado en el sanatorio de Berlín. Mamá se entregó con brío al trabajo de guerra, no solo como enfermera en las salas (donde a veces los hombres la escupían e insultaban, de tanto desprecio como sentían por todos los alemanes y por mamá en particular), sino también convirtiendo algunas partes del gran palacio de Tsárskoie Seló en un nuevo hospital y organizando su propio tren hospital para traer hombres del frente.

Con objeto de reunir dinero para equipar su nuevo hospital en palacio y pagar el funcionamiento del tren, pronunciaba discursos ante grupos de mujeres, se reunía con donantes ricos y exhortaba a sus amigos y parientes aristócratas a hacer donaciones.

—¿Sabes, Tania? —me dijo una mañana, llevándome aparte para que no nos oyeran—. ¡He recibido carta de mi hermano Ernie, con un giro para mi hospital! Ernie tiene muy buen corazón; no se parece en nada al primo Willie. En su carta me dice que se siente horrorizado ante las pérdidas que sufre el bando alemán y desea que la guerra acabe pronto.

—Ojalá le escuchase el primo Willie.

Mamá negó con la cabeza.

—El primo Willie no, pero Ernie es un diplomático nato. No me extrañaría que gozase de la confianza de algún ministro imperial.

Su rostro se entristeció.

—¡Oh, Tania, acabo de pensar algo terrible! ¿Y si el primo Willie envía a Ernie a luchar, y al frente ruso? ¡Qué pena me causaría eso!

Estaba preocupada, no solo por Ernie, que era un civil, sino también por el marido de su hermana Irene, Heinrich, que era almirante de la armada alemana, y por el marido de su hermana Victoria, Louis, que ocupaba un cargo similar en la armada británica. Nuestra familia, dividida. Ese pensamiento tremendo atormentaba a mamá mientras trabajaba de forma incansable para incrementar el número de salas en palacio y para equiparlas con camas, mantas, medicinas, y también más incineradoras para la morbosa tarea de deshacerse de los miembros mutilados.

La horrible batalla de Tannenberg acabó en septiembre, y mucho antes de Navidad tuvimos que reconocer que Rusia perdía la guerra. A pesar de algunas victorias en el frente austríaco, en Galitzia y los Cárpatos, victorias a las que los austríacos no tardaron en darles la vuelta, nuestros ejércitos se batían en retirada, y los soldados heridos con los que nos encontrábamos a diario estaban llenos de quejas acerca de la escasez de cañones, proyectiles y metralla, escasez de fusiles y cartuchos, escasez de avena y heno para los caballos y alimentos nutritivos para los propios soldados. Los trabajadores en huelga de la que ahora se llamaba Petrogrado habían vuelto a las fábricas y hacían horas extraordinarias para suministrar material de guerra, pero la demanda era mucho mayor de la que podían satisfacer.

Poco después de Navidad, papá se reunió con sus oficiales y ministros principales y salió sacudiendo la cabeza.

—No estábamos preparados —oí que decía—. No fuimos conscientes de lo que ocurriría ni de las necesidades que surgirían.

Se retiró a su rincón aislado de la isla de los Niños y se pasó horas caminando por allí, entre la nieve.

Corría por la capital el rumor de que el ejército austríaco, que avanzaba hacia el este, no tardaría en estar en Petrogrado. Se produjo un éxodo, por llamarlo de alguna forma. La gente se agolpaba en las estaciones de tren con la esperanza de tomar los trenes hacia Kiev, Moscú o incluso Siberia, lejos del enemigo que se aproximaba. Pero los trenes estaban llenos de soldados, y el espacio que quedaba se asignaba a alimentos y provisiones necesarias. No había sitio para pasajeros comunes.

El grito de «¡Vienen los austríacos!» se hizo más vehemente. Los criados se apresuraban por los pasillos de los palacios retirando estatuas, pinturas y tapices valiosos, metiéndolos en cajas y escondiéndolos en sótanos de tierra excavados a toda prisa con la esperanza de salvarlos del enemigo.

Entre todo aquello, mis hermanas y yo, y a veces mamá, seguíamos con nuestra agotadora, sucia, descorazonadora e inacabable tarea de enfermeras, pues cada día traían a nuestras salas más y más soldados, hasta que no hubo camas suficientes para acogerlos a todos y fue necesario improvisar clínicas a toda prisa, sin personal ni equipo adecuado. Muchas noches Olga y yo seguíamos trabajando hasta mucho después del final de nuestro turno, hasta que nos vencía el agotamiento y caíamos dormidas en los colchones de las salas de enfermeras sin quitarnos siquiera el uniforme.

María también trabajaba muchas horas algunas noches, aunque, como solo tenía quince años en ese primer año de la guerra, yo pensaba que tres días por semana eran tiempo más que suficiente para restárselo a sus estudios. Me resultaba imposible seguir la pista de Anastasia; a veces estaba allí con nosotras, ayudándonos, y a veces no. Seguía criando gusanos en el desván de palacio, y de vez en cuando, para nuestra indignación, traía los especímenes que más serpenteaban a mi dormitorio o al de Olga para enseñárnoslos. Mamá no los soportaba y decía que le causaban pesadillas.

Nadie que no haya trabajado como enfermera en tiempo de guerra puede saber lo que sentíamos al tener que afrontar e intentar aliviar tanto daño humano. La visión de heridas supurantes, cubiertas por vendajes malolientes que debían cambiarse cada hora, las heridas que se infectaban poco a poco porque no era posible mantenerlas limpias. El vómito, la orina y la sangre, torrentes de sangre, que salía durante las operaciones. Los pacientes enloquecidos con heridas en la cabeza que farfullaban, chillaban y tiraban la comida al suelo cuando trataba de alimentarles. La tarea ingrata de cambiar sábanas empapadas de sangre. El hedor de las cuñas. La expresión alucinada de un hombre conmocionado por la guerra, el rostro gris, la mirada inexpresiva, los rasgos en los que la enfermedad había hecho estragos. Los gritos y gemidos. Y, sobre todo, la visión de hombres adultos, hombres fuertes, hombres de uniforme, llorando lastimeramente y llamando a sus madres.

Cómo agradecía el contacto ocasional y amable de la mano de Constantin en mi hombro y su voz en mi oreja, diciendo:

—Descansa, querida Tania. Descansa ya.

Bendito descanso, cómo lo necesitaba. Y es que el trabajo duro y rutinario de las largas jornadas me agotaba, me dolían los pies, siempre húmedos (¡cómo anhelaba unos pies limpios, secos y calientes!), y la espalda me atormentaba, ya que la enfermera jefe, además de exigir que siempre llevásemos los delantales limpios y almidonados, nos prohibía sentarnos en las salas para que no pareciésemos ociosas.

Se me hinchaban las manos, tenía la cara cortada, tenía los tobillos hinchados, pero al menos nunca contraje ninguna enfermedad grave, aunque me hallaba expuesta en todo momento a gérmenes peligrosos. Eso, al menos, era algo que debía agradecer.

No obstante, confieso que a veces, al final de una larga jornada, con mi compasión apagada y mi cuerpo fatigado en plena rebelión, solo sentía asco. Asco ante la pérdida de vidas, pues muchos hombres morían ante mis ojos sencillamente porque no había suficientes médicos o enfermeras para cuidar de ellos, o medicinas para darles. Asco por los moribundos cadavéricos y delirantes; asco por la guerra y los hombres que hacían la guerra, y, en mis peores horas, asco por todo y todos, incluso por mi querido padre, que nos había traído a todos aquel horror de la guerra.

33

Le trajeron en una camilla. Era un muchacho moreno y de ojos oscuros, con una herida en el pecho y otra en la frente. Estaba pálido y débil, pero consciente. Extendió la mano hacia mí y dijo, con acento del sur:

—Deme agua, por favor.

Cogí su mano y la apreté para darle consuelo. Entonces vi que era muy guapo.

—¡Herida en el pecho! —exclamó el médico—. Nada de agua.

—Lo siento mucho —le dije al muchacho sin soltar su mano.

—Por favor —volvió a decir, esta vez con voz más débil, y luego perdió la conciencia.

Oh, Señor, no dejes que este muera, supliqué, y durante la siguiente hora permanecí junto a su cama mientras las enfermeras le limpiaban y curaban las heridas y el médico buscaba la bala, que se había alojado bajo el esternón.

—¿Va a sobrevivir? —pregunté cuando terminó la operación, apresurada y poco higiénica.

El doctor se encogió de hombros.

—Solo si es fuerte y las enfermeras le cuidan bien. Asegúrate de que los vendajes se mantengan limpios.

—¿Puedo darle agua cuando despierte?

—Por mí puedes darle vodka —dijo el médico con aire de cansancio, antes de pasar a atender la siguiente urgencia.

Era la primavera de 1915 y pronto cumpliría dieciocho años. El hielo del río crujía y el aire empezaba a calentarse. En mitad de la desolación de la guerra, la tierra despertaba y no tardaría en florecer.

Los alemanes se acercaban cada vez más y las pérdidas rusas no dejaban de aumentar. Petrogrado se llenaba de miles de refugiados que huían de los combates y se refugiaban donde podían, debajo de los puentes, en los pórticos de las galerías comerciales, en los parques, en cualquier lugar en el que pudiesen apiñarse en busca de calor contra el viento frío y el aguanieve, en cualquier lugar en el que pudiesen tratar de mantenerse secos.

Aunque los periódicos no publicaban las peores noticias, estábamos enterados de ellas. Una gran parte del territorio ruso estaba ya en manos alemanas, y en el oeste los ataques alemanes habían provocado en las filas de nuestros aliados, los británicos y franceses, cinco millones de muertos y unos siete millones de heridos. Constantin, que había sido designado para un cargo en el Ministerio de la Guerra, estaba bien informado, al igual que muchos de los médicos que trabajaban en el hospital de mamá en Tsárskoie Seló. A través de ellos recibimos muchas noticias desagradables, aumentadas por los rumores que corrían por la capital, de calle en calle y de boca en boca.

Permanecí junto a la cama del muchacho toda esa tarde y parte de la noche, palpando su frente vendada por si tenía fiebre, a la escucha de alguna obstrucción respiratoria, sin soltar su mano húmeda y fría. Le sangraba la herida del pecho y le cambié los vendajes. Por la noche sentí el impulso de hablarle, confiando en que la presencia de una persona atenta y unas palabras de aliento contribuyesen a evitar que se hundiese en un estado terminal como les ocurría a tantos pacientes después de una operación. Lo había visto muy a menudo: los cuerpos aún vivos que parecían arrugarse ante mis ojos, la piel que amarilleaba, los ojos entornados que solo mostraban el blanco. Las manos inquietas que tiraban de las sábanas. Luego solo silencio, y poco después el hedor de la putrefacción…

Quería que ese muchacho sobreviviera.

Por eso le hablé de todo lo que flotaba en mi mente en aquellas horas nocturnas. Le dije que parecía fuerte y que estaba segura de que se recuperaría, que me preguntaba dónde estaría su casa y qué edad tendría y cuántos hermanos eran, que me complacería escribirles a sus padres en su nombre si él quería y decirles cómo se encontraba en cuanto empezase a recuperarse.

Cuando se me agotaron los pensamientos acerca del muchacho,

que, según observé con alegría, no tenía fiebre y respiraba con regularidad, empecé a hablar de mí misma. Le hablé de Adalberto, de que estaba en el mar, en un crucero de guerra, y de que me había enviado un mensaje, a través de un amigo diplomático, diciendo que su barco se había ido a pique en una batalla con los británicos cerca de Dogger Bank. De que Adalberto había querido casarse conmigo pero mi padre había dicho que no. No revelé, aunque el paciente estuviese dormido, quién era mi padre. Bostezando, le hablé del elefante y de lo poco que lo veía en esa época porque pasaba mucho tiempo en el hospital. Como se me agotaban las cosas que decir, cada vez más cansada, le hablé de mi hermana Olga y su pesada búsqueda del hombre cuyo nombre empezaba por «V», el hombre con el que esperaba casarse desde la noche en que había tirado sus zapatos por encima del hombro y habían formado una «V».

Al final me pesaban mucho los párpados y empecé a divagar diciendo que se acercaba la primavera, que ya estaba en el horizonte, y que tal vez con el reverdecimiento de la tierra llegase la paz.

Me dormí antes del amanecer, sentada en una silla junto a la cama del joven (confiando en que la enfermera jefe no me pillase y me riñese por sentarme), con la cabeza apoyada en las sábanas.

Me despertó una voz.

—¿Tiene chocolate?

Me incorporé con ojos de sueño.

Volvió la voz, una voz cálida y sonora, desde la cama.

—¿Tiene chocolate? Con frutos secos, el del envoltorio azul.

—Vaya, se ha despertado —logré responder—. ¿Cómo se encuentra?

—Tengo hambre. Y sed.

Estaba pálido, pero tenía los ojos limpios y la voz firme. No parecía en absoluto alguien a punto de morir. Su sonrisa, ¡ah, su sonrisa! No puedo describirla, pero en ese momento, mientras le sonreía yo también y cogía su mano extendida, me sentí cambiada.

—Me llamo Tania —dije.

—Yo, Mijaíl.

Así de sencillo y repentino fue el intercambio verbal entre nosotros, y sin embargo lo contenía todo. Contenía nuestro futuro.

—Sé a qué clase de chocolate se refiere. Se refiere al chocolate suizo.

—Sí.

—Desde que empezó la guerra no he vuelto a verlo, pero puedo traerle agua y sopa.

Se bebió el agua fresca que le traje y dejó que le diese casi un cuenco entero de sopa de verduras con unos trozos de carne flotando. La carne escaseaba en aquellos tiempos de guerra; incluso en Tsárskoie Seló teníamos solo pequeñas raciones de jamón y pollo, y mamá decía que era importante que no tuviésemos lujos (pues la carne era entonces un gran lujo) de los que otros se veían privados.

Después de comer volvió a dormirse, y yo abandoné el lado de su cama para recorrer la sala y hacer lo necesario, cambiando vendajes, limpiando cuñas y ayudando con los hombres que habían traído ese día de los trenes hospital. Sin embargo, entre tareas, regresaba con Mijaíl para ver si estaba bien. Y cuando terminó mi turno, fui al cuarto de enfermeras, donde me lavé la cara, me pellizqué las mejillas para darles color y me humedecí el cabello junto a la cara para que se rizase mejor. Me enderecé y alisé el delantal, lamentando las manchas que lo oscurecían y deseando tener uno limpio.

Justo entonces entró Olga en el cuarto, se dejó caer en el sofá y apoyó los pies en un taburete.

—¡Oh, mis pies! —gimió—. No creo que mis tobillos vuelvan a ser normales jamás.

—Olga, ¿tienes un delantal limpio para prestarme?

—¿Por qué? Es hora de volver a casa.

—Esta noche voy a quedarme un poco más. Me sentiría mejor con un delantal limpio.

Pareció recelosa.

—Bueno, ¿qué pasa? ¿Qué está ocurriendo? ¿Es otra vez ese Constantin? ¿Has quedado con él?

—Te lo he dicho, Constantin y yo somos amigos. Nada más.

—Eso no es lo que dice la tía Olenka.

—Se equivoca.

Olga continuó mirándome con aire de duda burlona.

—Hay uno en mi cesta. Puedes cogerlo. Pero tienes que devolvérmelo mañana, lavado y planchado.

—Daria lo hará por mí.

—La sombra que te adora. Tu esclava.

Olga se mostraba sarcástica al hablar de Daria. En mi opinión, estaba celosa porque no tenía a ninguna criada devota que la siguiese a todas partes. Al oír mencionar a Daria, caí en la cuenta de que no había estado a mi lado o a poca distancia desde la operación de la tarde anterior. Hacía horas que no oía ladrar a su perro ni parlotear a la pequeña Iskra, de cinco años de edad. No era propio de Daria mantenerse así de alejada.

Encontré el delantal blanco y me lo puse. Acto seguido, tras darle las gracias a Olga, volví a la sala, junto a la cama del muchacho. Junto a la cama de Mijaíl.

Me incliné sobre él.

—Muchacha bonita —murmuró en ruso, y luego añadió unas palabras en un idioma que no entendí.

A continuación hizo una mueca de dolor, y yo le palpé la frente. Estaba caliente.

Durante las tres horas siguientes, mientras Mijaíl daba vueltas inquieto en la estrecha cama, me afané nerviosa junto a él, tratando de encontrar a un médico que estuviese libre para examinarle.

Cada vez había menos médicos disponibles, no solo en nuestro hospital, sino en todos los hospitales de la capital y las proximidades. Muchos se habían presentado voluntarios al principio de la guerra para acompañar a los regimientos al campo de batalla, y algunos de ellos habían muerto junto con los hombres a los que atendían. Según afirmaba Constantin, cuyo trabajo en el ministerio consistía en formar y reclutar a doctores destinados al ejército, resultaba cada vez más difícil encontrar profesionales cualificados, y también unas cuantas enfermeras que tuviesen la capacidad y la resistencia necesarias para ocuparse de los heridos durante muchas horas en salas atestadas, donde los gritos de dolor desentonaban de manera estridente con la música que procedía de los discos rayados de los gramófonos.

Por fin un médico de aspecto agobiado respondió a mis ruegos y se acercó al lecho de Mijaíl. Le palpó la frente y a continuación retiró la manta y le quitó los vendajes del pecho. La herida, inflamada, rezumaba un líquido amarillento.

—Purulencia —se limitó a decir el médico—. No pasará de esta noche.

«Purulencia» era una palabra terrible, una sentencia de muerte. Significaba infección.

—¡Oh, no, debe estar equivocado! Pasó bien la última noche, después de su operación. No tuvo fiebre ni problemas respiratorios.

El doctor se encogió de hombros.

—Puede verlo usted misma. Puede olerlo usted misma. Hay podredumbre en la herida.

—Entonces debemos tratarla.

—Es que no tenemos nada para tratarla, salvo yodo.

Usábamos el yodo para el tratamiento de la gonorrea, que muchos de nuestros pacientes sufrían.

—Entonces utilizaremos yodo.

Él se encogió de hombros.

—Ya que insiste… Aunque yo lo reservaría para los hombres que tienen alguna posibilidad. Este no la tiene. Tanto daría que le tapase ya la cabeza con la manta.

La cólera brotó en mi interior mientras contemplaba cómo se marchaba el médico. ¿Cómo se atrevía a enviar a la muerte a aquel muchacho tan encantador?

Justo entonces vi a un paciente que había muerto y al que tendían en una camilla. Le habían amortajado y colocaron junto a su cabeza una vela encendida. Quienes se ocupaban del cadáver se detuvieron a santiguarse e inclinaron la cabeza. Luego levantaron la camilla y salieron para llevarla hasta el carro fúnebre que aguardaba.

—¡No! —exclamé—. Este joven no, este Mijaíl por el que me preocupo no morirá. No si puedo evitarlo.

Acto seguido, salí a buscar el yodo.

34

Volví con el yodo y limpié la herida y la frente de Mijaíl. El fuerte aroma del líquido marrón dominaba el hedor de sus heridas infectadas.

—Vamos a ver —dije al terminar, haciendo lo posible por aparentar seguridad—. Esto debería ayudarle mucho.

Le mantuve tan cómodo como pude, alisando la sábana bajo su cuerpo y dándole la vuelta a la almohada de vez en cuando para que la notase fresca.

Al levantar la almohada vi la daga.

Era una daga de acero larga, recta y puntiaguda, con la empuñadura labrada en plata y dos relucientes piedras azules engastadas. En la empuñadura había una inscripción grabada en un alfabeto desconocido para mí.

Volví la almohada y la coloqué de nuevo debajo de la cabeza de Mijaíl, cubriendo la afilada hoja.

Oí el paso rápido y eficaz de la enfermera jefe y traté de parecer ocupada mientras pasaba.

—Lave a ese ahora mismo —dijo al pasar, oliendo el aire.

Tras muchos meses de trabajar como enfermera me había acostumbrado a lavar los cuerpos desnudos de los hombres, o partes de sus cuerpos. Al principio me sentía incómoda, pues solo había visto a Constantin desnudo y a mi hermano cuando estaba enfermo y los doctores le envolvían en hielo en un intento por bajarle la fiebre. Intenté considerar esta limpieza corporal una más de una serie de tareas necesarias, como lavar vasos o desinfectar una cama después de que un hombre muriese en ella.

Sin embargo, mientras reunía las toallas, el jabón y el cuenco de agua caliente que necesitaba para lavar a Mijaíl sentí un estremecimiento de excitación. Se me aceleró la respiración, y al pasarle las manos enjabonadas por los hombros y el ancho pecho con su vello oscuro y rizado (evitando la herida) noté que también el corazón me latía más deprisa. Mijaíl era delgado, musculoso, ágil y bien proporcionado. Vi que tenía el cuerpo tan hermoso como la cara, con la piel lisa y de color dorado.

Dejé que mis ojos recorriesen su tórax hasta el ombligo y más abajo, donde comenzaba su fuerte pubis. Traté de apartar los ojos, pero no pude evitar admirar lo que veía. Era igual que la estatua de Apolo de los jardines de Tsárskoie Seló. Sus órganos masculinos eran viriles y bien formados; sus piernas, delgadas y tan bien torneadas como las de cualquier atleta. Con manos temblorosas, seguí lavándole sin descuidar parte alguna. Era la experiencia más sensual que había tenido hasta el momento, y confieso que me demoré en su vientre y sus nalgas firmes. Cuando terminé y empecé a vestirle, me sentí muy avergonzada al descubrir a Daria de pie detrás de mí, observándome.

—La vi con él ayer —dijo—, cuando le trajeron. Y más tarde, cuando le estaba curando. Lo supe. Me di cuenta.

—¿Cuenta de qué? —pregunté, pero mi tono me delató. Por supuesto, sabía a qué se refería.

—De que ustedes dos han… empezado a unirse.

—Ni siquiera le conozco.

—Conoce su cuerpo, y creo que ambos han empezado a amarse.

Era la primera vez que la oía hablar así. Recordé que había estado enamorada y que su prometido había muerto a manos de los cosacos de mi padre. Había sentimientos profundos tras su apariencia arisca.

—Ves mucho.

—He venido a por su delantal para lavarlo y plancharlo.

Me quité el delantal sucio y se lo entregué a Daria, que rebuscaba en un bolsillo de su falda.

—He traído una cataplasma para el pecho del muchacho. Mi abuela me enseñó a prepararla. Está hecha sobre todo de hierbas: menta de gato, hisopo, algunas hierbas que solo crecen en Siberia… Es un viejo remedio para curar las heridas.

—Gracias, Daria.

Sonrió —¡otra rareza!— y se marchó.

Apliqué yodo y la cataplasma de Daria en la herida del pecho de Mijaíl, calculando que dos remedios útiles tenían que ser mejores que uno. Luego le tapé con la manta, le rocé la cara con las puntas de los dedos y abordé mis demás tareas.

Yendo de una cama a otra me crucé con Olga, que me miró de arriba abajo.

—Mmm —dijo—. La verdad, no pareces diferente.

—¿Y por qué iba a parecerlo?

—Por tu romance.

—No hay ningún romance, solo un paciente que me preocupa.

—Que te importa.

—Que me preocupa.

—¡Madre mía! —dijo con su voz más almibarada—, ¿qué dirá Constantin?

No respondí.

—¡Ah!, y Niuta quiere saber dónde has estado, por qué no cenaste con nosotras anoche. ¿O han sido dos noches?

—Había que mantener en observación a un paciente al que operaron. Me ofrecí voluntaria.

—Daria dice que es muy guapo.

—Está muy enfermo.

—No tendrá el tifus, ¿verdad? Llevo dos días viendo cada vez más casos. Si le sale un sarpullido, sabrás que lo tiene. No te acerques a él. No querrás morirte por un muchacho guapo.

Echó a andar pero se volvió a los pocos pasos.

—Por cierto —añadió—, yo también he conocido a un muchacho guapo. Y se llama Víctor —dijo, recalcando la «V».

Iba a hacer un comentario áspero pero me contuve. Me sentía expansiva, generosa.

—Buena suerte con él, Olga.

Transcurrió el día, y cada vez que regresaba junto a la cama, Mijaíl tenía peor aspecto. Sus mejillas estaban coloradas y calientes, daba vueltas inquieto y, cuando le cambié el vendaje, la piel que rodeaba su herida estaba hinchada y enrojecida, y supuraba pus. Sin embargo, no vi indicios del temible sarpullido rojo que era el signo del tifus, y eso al menos resultaba positivo.

Le envolví en toallas frías y apliqué de nuevo el yodo y la cataplasma herbal de Daria. Sin pensar, cogí la daga y puse la empuñadura en su mano abierta. Los dedos se cerraron al instante sobre ella, y un débil sonido salió de sus labios.

—¿Qué ha dicho?

—Nos temen —murmuró en un ronco susurro—. Los rusos nos temen.

A continuación abrió la mano y dejó caer la daga sobre la manta. Volví a colocarla debajo de la almohada.

Cuando llegó la medianoche, al ver que Mijaíl no mejoraba, envié un mensajero al palacio para pedir el icono de san Simón Verjoturye, el poderoso icono que el padre Grigori le había enviado a mi padre años atrás. Si Mijaíl ya no podía recibir ayuda humana, tal como pensaba el médico, al menos aún podía recibir ayuda divina. El icono podía obrar sus milagros.

Después de esperar una hora o más, me sorprendió ver que mamá entraba en la sala, vestida de negro riguroso como siempre en aquellos días de guerra, con el cabello peinado de forma muy sencilla, un claro indicio de que había venido a toda prisa al saber que yo había pedido el icono.

Me sorprendió verla, porque una vez más se había vuelto retraída y vivía casi como una inválida.

En los primeros meses de la guerra, desde agosto de 1914, cuando empezó, hasta Navidad, mamá había prestado servicio como voluntaria en las salas igual que hacíamos Olga, María y yo, y a menudo habíamos trabajado juntas, o al menos cerca unas de otras. Pero luego, con la llegada del invierno, su energía flaqueó y empezó a sufrir migrañas y dolores en la pierna que empeoraron su cojera. El cuidado exigente de los heridos no resultaba posible para ella, ni siquiera de vez en cuando, ni tampoco sus demás ocupaciones de recaudación de fondos y la organización de las clínicas. Lloraba la muerte de las víctimas de la guerra en la soledad de su salón malva —en exceso, en mi opinión—, y su única preocupación era apoyar a papá y convencerle de que se pusiera al mando del ejército ruso, cosa que hizo, a pesar de su aversión por todos los deberes públicos y su falta de experiencia de mando.

Pero allí estaba, cojeando sobre su pierna dolorida y con cara de no haber dormido bien.

—¿Dónde está el icono, mamá? Este paciente se está muriendo.

—Se lo envié a tu padre a su puesto de mando en Mogilev, pero he venido con una vara que trajo nuestro amigo de Tierra Santa.

Me tendió un palo de aspecto ordinario, de medio metro de largo aproximadamente, del que salían algunas ramitas. Estaba muerto.

—¿Una vieja vara? ¿De qué sirve eso?

—Lleva su bendición.

—Puede que lleve su bendición, pero desde luego no la encontró en Tierra Santa. Nunca ha viajado hasta allí. La policía lo sabe con certeza.

—Se han contado muchas mentiras acerca de él. Ya verás que no es una vara ordinaria. Toca al paciente en la herida y observa la vara. Lleva el poder de nuestro amigo.

Y tras entregarme su santo objeto, se marchó.

Yo no quería tener nada que ver con el padre Grigori ni con su vara. La tiré al suelo, resistiéndome al impulso de pisotearla y hacerla pedazos. Pero después, al oír que la respiración de Mijaíl se volvía cada vez más fatigosa, mientras todos mis instintos me decían que no podía durar mucho más, recordé que el padre Grigori curó a mi Artipo, que supo de algún modo inexplicable que a Constantin le dolía un ojo y necesitaba gafas nuevas, que había detenido la hemorragia de mi hermano muchas veces y aliviado las preocupaciones de mis padres en numerosas ocasiones. ¿Qué nos había dicho a Constantin y a mí el día en que visitamos su piso? ¿Que tenía defectos pero que a pesar de ellos el poder que fluía a través de él poseía una gran fuerza?

Me incliné a recoger la vara y se la coloqué a Mijaíl encima del pecho.

Enseguida me pareció ver que su cara pálida adquiría algo de color. Parpadeó un poco. Al principio supuse que debía estar confundida, que los ligeros cambios que creía detectar en él eran solo efectos de la luz tenue o ilusiones, el resultado deseado de mi ferviente esperanza de que se recuperase. Sin embargo, cuanto más miraba, más me convencía de que había un verdadero cambio, de que la frente de Mijaíl no estaba tan caliente como antes y su respiración áspera se volvía más ligera.

Sin apartar la vara de su pecho, me tendí junto a Mijaíl y, cediendo a la fatiga, me dormí.

Cuando desperté al alba, había ocurrido algo extraordinario. En una de las ramitas había aparecido un capullo blanco. A media mañana el capullo se abrió. Era una florecilla blanca que emanaba un aroma intenso y dulce, un aroma tan fuerte que dominaba el tufo del yodo y el hedor de la infección. La flor parecía llenar toda la sala con su perfume.

A las pocas horas, cuando cambié el vendaje de Mijaíl, vi que la herida de su pecho ya no estaba inflamada ni rezumaba la horrible secreción amarillenta. La inflamación y el mal olor habían desaparecido; solo quedaba el aroma delicioso de la flor blanca y, con él, una creciente certeza en mi corazón de que aquel muchacho que tanto me preocupaba se curaría muy pronto.

35

Dos semanas después, Mijaíl estaba lo bastante bien para levantarse de la cama, y un mes después, cerca de mi cumpleaños, estaba en condiciones de salir conmigo al pequeño jardín del hospital y sentarse en un banco al sol de la primavera.

Volvió el rostro al sol y cerró los ojos, sonriendo y respirando hondo. Luego me dio un prolongado beso que me produjo vértigo y casi me dejó sin aliento. Ya me había besado otras veces, en la sala, pero nunca con tanta pasión. Era la primera vez que estábamos juntos y a solas, sin la constante presencia cercana de otros pacientes, médicos, enfermeras y celadores. Sin el drama incesante de dolor y enfermedad, agonía y muerte.

—No podía hacer esto con la enfermera jefe a dos pasos —dijo.

—Ella no sale a este jardín —respondí, antes de volver a atraerle hacia mí.

Su boca contra la mía, el olor de él, su contacto familiar, la mirada de sus queridos ojos oscuros cuando al final se separaron nuestras bocas y recuperamos el aliento, un aliento que casi se había convertido en uno solo, me resultaban indescriptibles. Estaba completamente embelesada. Si hubiese averiguado en aquella tarde emocionante y encantada que no me amaba, creo que habría muerto de tan abierta como estaba a todo lo que pudiese darme, todo lo que sentía por él.

No existe nada más dulce que el primer amor. Ni la miel, ni un melocotón maduro, ni siquiera el chocolate suizo con frutos secos que el astuto Sedinov era capaz de comprar para mí a través de sus contactos en el Ministerio de Defensa.

Había estado encaprichada de Adalberto y había conocido la excitación con Constantin, pero amaba a Mijaíl. Le amaba en cuerpo, corazón y alma. Le amaba, creía yo, como ninguna mujer había amado jamás ni volvería a amar. Tales son los preciosos sueños de la temprana juventud, sueños que niegan todo sentido común y no quieren ver la basura de la vida con todas sus tinieblas y su fealdad. Después de pasar tantos meses entre los crudos y crueles desastres de la guerra, anhelaba entrar en un reino de alegría pura, un reino que Mijaíl me abrió con sus besos y su pasión.

Hubo un respiro en la guerra en aquel verano de 1915, un respiro en la afluencia de heridos. Mis obligaciones se aligeraron, cosa que me permitió pasar parte de muchas tardes con Mijaíl, sentados en el jardín del hospital y luego, a medida que sanaba, caminando por los parterres de palacio o por la orilla del río. Mientras caminábamos de la mano, charlábamos.

Me habló de su vida en Daguestán, en los montes del Cáucaso, donde los vientos constantes aúllan en las laderas de los acantilados y los pueblos se aferran a los picos escarpados cuyas piedras tienen siglos de antigüedad.

—En la casa de mi padre ha vivido su clan a lo largo de nueve generaciones, desde mucho antes de que los rusos viniesen y nos conquistasen. Uno de mis antepasados invadió el vecino reino de Imeretia en el siglo VII y allí se convirtió en rey. Hacer la guerra era lo único que sabíamos en mi pueblo. A mi padre le gustaba decir que nací sobre una silla de montar y con una daga en la mano.

—¿Qué quieren decir las palabras escritas en tu daga?

—Significan «Soy la fuerza siempre presente». Esa daga perteneció a mi bisabuela Lalako, una famosa guerrera que cortó muchas cabezas. Las llevaba colgadas de su cinturón, para asustar a sus enemigos. Mi padres y mis tíos también eran guerreros valientes, pero mi padre se apiadó de mi madre porque murieron muchos de sus bebés y nos trasladamos a Tiflis, donde cambiamos el apellido Gamkrelidze por Gradov, para parecer más rusos. Para entonces mi bisabuela había muerto. De haberlo sabido, se habría removido en su tumba.

—Entonces, eres georgiano.

—Mi abuela diría que éramos del pueblo Ghalghaaj. Pero sí, al vivir en Tiflis, mi familia es georgiana.

Sonrió, puso sus manos en mis mejillas y me besó.

—Bueno, Tania mía, ¿y tú? ¿Y tu familia? He visto que la gente te hace reverencias y te llama alteza imperial. Pero no eres como las orgullosas y despiadadas rusas de alta alcurnia que he visto en los balnearios de Georgia, en Kislovodsk y Piatigorsk. Mujeres altivas que a los meridionales nos consideran gentuza.

—Soy hija del zar.

—Entonces ambos descendemos de reyes. La única diferencia es que tu familia es un poco más rica y poderosa —respondió entre risas.

Confié en él. Escuchó con paciencia mientras hablaba de papá y sus dificultades como comandante de nuestro ejército y sobre mamá y su estado anímico perturbado, así como sus muchos problemas.

—¿Y tú, dulce Tania? ¿Cuáles son tus problemas?

—No tengo ninguno... desde que te conocí.

Una tarde llevé a Mijaíl a los establos de Tsárskoie Seló para enseñarle nuestros caballos. Como siempre, estaba allí Nikandr, el fornido cosaco que se había casado con Niuta poco después de que empezase la guerra y trataba a su cuñada Daria y a su sobrina Iskra con especial ternura.

Lo primero que vio Nikandr, cuando Mijaíl se acercó a él, fue la daga que colgaba del cinturón de este.

—¡Ah! ¡Un kinjal! Entonces debes de ser georgiano, ¿no es así?

—Soy originario de Daguestán, aunque mi familia lleva ya nueve años viviendo en Tiflis.

—Tenga cuidado con los georgianos, Tania —bromeó Nikandr—. Todos son asesinos violentos. Lucharon contra nosotros, los cosacos, durante cien años.

Luego se volvió hacia Mijaíl y le preguntó cómo se llamaba.

—Mijaíl Gradov.

—Gradov es un apellido ruso, no georgiano.

—El apellido del clan de mi padre era Gamkrelidze, pero lo cambió por Gradov.

—Muy sensato. A los rusos les dan miedo los georgianos.

—Eso es que lo dijiste, Mijaíl, cuando estabas en el hospital, cuando delirabas. Dijiste: «Los rusos temen a los georgianos».

Él sonrió.

—Me pregunto qué más dije.

—Mijaíl fue herido en una batalla en las afueras de Riga —le dije a Nikandr—. Ha pasado muchas semanas en nuestro hospital. Ahora ya casi está restablecido.

—Y quiere ayudar —añadió Mijaíl, interrumpiéndome—. Tania me ha dicho que están faltos de personal en los establos.

Nikandr suspiró.

—Estamos faltos de personal en todas partes —respondió—. Todos los hombres fuertes se han marchado a la guerra, y muy pocos han vuelto —añadió, santiguándose—. Incluso mis mozos de cuadra más jóvenes, que el Señor les proteja, se marcharon el otoño pasado y solo uno de ellos volvió a casa, y ese solo tenía una pierna.

—Yo tengo dos piernas, y además dos buenos brazos. A mi padre le gusta decir que nací en una silla de montar. Tania me ha oído repetirlo muchas veces. Entiendo de caballos y me encantan. También soy un buen carpintero. Sé dar martillazos, serrar y arrancar clavos. ¿Qué dices? ¿Puedo serte útil?

—¿Por qué no se lo preguntamos al amo? Su majestad me ha llamado a Mogilev, donde está el cuartel general del ejército. Ven conmigo. Me vendrá bien tu ayuda con los caballos en el viaje.

36

*H*acía meses que no veía a papá ni a Alexis, y no tuve dificultad alguna para convencer a mamá de que me dejase ir a visitarles al cuartel general en Mogilev. María y Anastasia querían venir también, ya que echaban de menos a papá y a nuestro hermano tanto como yo, pero mamá se negó. Aunque Olga afirmaba echar de menos a papá y a Alexis, era evidente que prefería quedarse junto a Víctor, el oficial con el que coqueteaba y con el que esperaba poder casarse. Yo habría podido decirle que se equivocaba con Víctor, pero no habría servido de nada; no me habría escuchado.

—Hay combates cerca del cuartel general del Estado Mayor —dijo mamá cuando María y Anastasia le imploraron que las dejase ir conmigo—. No quiero que mis niñas resulten heridas.

—Si va Tania puede resultar herida —dijo Anastasia—. ¿Por qué la dejas?

—Porque ya es lo bastante mayor para asumir esa clase de riesgos. Además, Nikandr la protegerá.

—Y también Mijaíl —añadió María antes de que pudiese detenerla.

—¿Mijaíl? ¿Quién es Mijaíl?

Mamá se puso alerta de pronto.

—Mi paciente —dije, antes de que María dijese que era mi amor—. El que se curó con la vara del padre Grigori. Ahora es uno de nuestros mozos de cuadra e irá con nosotros a visitar a papá y Alexis.

Al oír eso, Niuta, que doblaba pañuelos de mamá en un rincón de la habitación, carraspeó ruidosamente.

—¿Sí, Niuta? —dijo mamá—. ¿Tienes algo que decir?

—No, nada —respondió, en un tono que indicaba lo contrario.

—¿Esperabas que te enviase a Mogilev con Tania?

—Haré lo que su majestad ordene.

Niuta estaba al tanto de la relación entre Mijaíl y yo. Se había enterado de su existencia por Daria y, en cuanto supo por Nikandr que había llevado a un georgiano joven y guapo a verle, insistió en conocer a Mijaíl y juzgarle por sí misma. Él me contó después la conversación, riendo y moviendo la cabeza.

—Tu Niuta es peor que las casamenteras de Tiflis —dijo—. Exigió saber si tenía esposa, si alguna vez había estado en la cárcel, cómo te conocí y qué intenciones tengo al jugar con tus sentimientos, como ella dijo. Cuando le hice notar en broma que si fuese un canalla no respondería a sus preguntas con sinceridad, no le gustó nada.

Al final todo quedó resuelto y se hicieron los preparativos para el viaje. Niuta debía acompañarme en calidad de camarera. Nikandr reuniría provisiones y caballos de refresco para llevarlos al campamento de oficiales. Se decidió que nos acompañase un escuadrón de coraceros, ya que pasaríamos por una franja de territorio peligrosa en la que el ejército ruso se batía en retirada y una gran fuerza de alemanes y austríacos avanzaba en su persecución.

Caía una tibia lluvia de otoño el día en que salimos de Tsárskoie Seló, y la neblina se alzaba ante nosotros mientras viajábamos hacia el sur a través de un terreno pantanoso, por las orillas de los arroyos. Yo viajaba en un carruaje cerrado con Niuta sentada frente a mí, y Mijaíl iba a caballo junto al carruaje. Resultaba muy apuesto con sus botas altas, su alto gorro de pieles y su larga túnica, con el kinjal colgado de la cintura. Los caminos fangosos y sin pavimentar estaban abarrotados de soldados y pertrechos, familias enteras de aldeanos con carros llenos hasta arriba de mobiliario, pollos en jaulas y niños pequeños aferrados a las cargas balanceantes.

—¡Pobres desgraciados! —comentó Niuta, expresando en voz alta mis pensamientos—. Sé cómo se sienten. Cuando yo era niña, mi familia tuvo que abandonar Pokróvskoie en dos ocasiones con todo lo que poseíamos: una vez durante un terrible invierno en que vinieron los lobos, y otra cuando nos buscaban los recaudadores de impuestos de tu abuelo.

—Pero volvisteis.

—Sí, las dos veces, después de muchas penalidades. Al final no teníamos ningún otro lugar al que ir. Los primos de mi madre nos acogieron y protegieron de los lobos y los recaudadores.

Pasamos muchos días en los caminos, con nuestro avance entorpecido por los demás viajeros, sus vehículos, sus vacas y cabras. Todos ellos, seres humanos y animales, iban en dirección opuesta a la nuestra. Todos se alejaban de los combates, mientras que nosotros íbamos hacia ellos.

A medida que avanzábamos, los efectos de la guerra se dejaban sentir cada vez más en el campo. Había asentamientos enteros arrasados, cultivos marchitos y agonizantes en los campos desatendidos, tumbas nuevas cavadas a toda prisa y sin señalar, salvo por austeras cruces de madera.

—¡Cerdos alemanes! —oí que decían ante aquellos horrores los coraceros, en cuya voz podía detectarse el miedo.

Al acercarnos a Mogilev oímos, en la lejanía, el retumbar atronador de la artillería y vimos compañías de nuestros soldados en marcha. Sus filas eran escasas, los hombres estaban demacrados, sucios y enflaquecidos, y muchos llevaban vendajes. No parecían un ejército en condiciones de defender un país, y mucho menos de vencer a un ejército enemigo. Parecían supervivientes de una catástrofe.

Una vez en que nuestro grupo se detuvo junto a un riachuelo para llenar los toneles de agua, Mijaíl y yo estábamos de pie al borde del camino, contemplando el desfile de soldados de uniforme raído.

—Podrías ser tú —dije—. Gracias a Dios, estás fuera de peligro.

—Era yo. Y tú sabes mejor que nadie lo cerca que estuve de morir. Sucedió en un campo abierto como aquel de allí —dijo, señalando un campo de trigo poco alejado del lugar en el que nos hallábamos, con el cultivo pisoteado contra la tierra fangosa—. Sabíamos que los austríacos estaban cerca. Enviamos exploradores, pero no habían vuelto para darnos la posición del enemigo. Estábamos acampando para pasar la noche. Los hombres montaban las tiendas y empezaban a excavar un terraplén improvisado. Se habían encendido algunas hogueras. Entonces llegaron. Los cañones empezaron a retumbar, y los proyectiles a estallar sobre nuestras cabezas como mortíferos fuegos artificiales. Apenas tuvimos tiempo de organizar la defensa cuando oímos el tableteo de sus ametralladoras. Nuestros hombres empezaron a caer. Oí silbar las balas a mi alrededor y solo pude pensar que nunca volvería a ver a mi padre. Entonces corrieron hacia nosotros, lanzando gritos inhumanos. Mis disparos alcanzaron a algunos, pues les vi caer. Había matado antes a austríacos y alemanes, pero nunca estando tan cerca que pudiese ver los pinchos de sus cascos y el fango de sus uniformes. Oía sus voces, aunque el ruido a mi alrededor era muy fuerte, los cañones, los gritos, los chillidos aterradores de algunos de los nuestros, ¡cobardes!, que intentaban huir, el relinchar de los caballos. Oh, Tania, solo pude quedarme donde estaba, con un viejo carro entre el enemigo y yo, apuntar entre los listones del carro y disparar. Mis ojos se llenaban de sudor y lágrimas por todo el humo que flotaba en el aire. Entonces noté un golpe sordo, como si una gran piedra me hubiese dado en el pecho. Pero no era una piedra, era el fuego enemigo. Me llevé la mano a la frente… y no recuerdo nada más.

—¡Mi querido Mijaíl! ¡Mi vida! —exclamé, aferrándome a él entre sollozos y temblores—. Cariño, ruego a Dios que nunca tengas que afrontar otro asalto.

—Y hemos de pedir clemencia para quienes deben hacerlo. Clemencia para quienes mueren mientras hablamos.

Mijaíl me abrazó durante unos momentos antes de que reanudásemos el viaje.

El campamento de Mogilev era más rústico de lo que imaginaba, y justo la clase de sitio que a papá le encantaba. Había en la ciudad un edificio oficial para el cuartel general, pero papá y Alexis tenían su amplia tienda montada en un bosque frondoso, a varios kilómetros de cualquier zona habitada. Había más o menos una docena de tiendas en las proximidades para los oficiales del Estado Mayor, y otras para los cocineros y criados, el cuerpo de guardia personal de papá y todos los trabajadores (carpinteros, herreros, armeros, etc.) necesarios para mantener en funcionamiento un puesto fortificado.

Papá y Alexis salieron a nuestro encuentro —Alexis, ansioso y contento; papá, satisfecho pero claramente fatigado— y les abracé a los dos a la vez, cosa que no fue fácil. Alexis se estaba haciendo mayor (tenía unos once años), y me costó rodearle con los brazos junto a papá. Oí que sonaba un disco de gramófono dentro de la tienda, un sensual tango, y de pronto confié en que Mathilde Kchessinska no estuviese allí.

—¡Tania! ¡Ven a ver a Joy! —gritó Alexis.

—¡Espera! ¡Deja que te admire!

Padre e hijo vestían igual, con camisa de campesino de color frambuesa y pantalones amplios sujetos con cuerdas. La expresión de papá era dulce y emotiva como siempre, aunque tenía el rostro gris y con más arrugas que la última vez que le vi. Alexis tenía las mejillas enrojecidas de entusiasmo.

—¡Tenéis un aspecto inmejorable! —dije—. Parecéis unos campesinos gordos y prósperos de Bielorrusia.

—Esta ropa fue un regalo de los ciudadanos —comentó papá—. Se han mostrado muy respetuosos y hospitalarios con nosotros.

Alexis, impaciente, me cogió de la mano y me llevó a la tienda, donde un spaniel leonado dormía acurrucado en su pequeño catre.

—Este es Joy. ¿Verdad que es maravilloso?

Acaricié el suave pelaje del perro, que me lamió la mano.

—Papá, quiero que conozcas a alguien.

Sonrió.

—Parece importante. Tráemelo.

Le presenté a Mijaíl, que hizo una profunda reverencia y se dirigió a papá como «padrecito».

—Su hija es una excelente enfermera, padrecito. Sin sus cuidados yo no estaría aquí.

—Mi esposa me dice en una de sus cartas que cierta vara de madera bendecida por el padre Grigori tuvo algo que ver con su supervivencia.

Papá me miró, esperando que confirmarse sus palabras. No había olvidado mis acusaciones de que el padre Grigori había atacado a una de las criadas y me había amenazado, aunque aún prefería creerlas fruto de mi imaginación. Ahora quería que reconociese los poderes de sanación del padre Grigori.

—Todos hemos visto pruebas de sus extraordinarias curaciones —me limité a decir.

Sonó un teléfono, cuya estridencia desentonó con la música metálica del tango.

Papá soltó un juramento.

—¡Maldito cacharro! ¡No deja de interrumpirme!

Se nos acercó un ordenanza.

—Perdón, majestad. Su excelencia el ministro de la Guerra necesita hablar con usted.

—Que espere. ¿No ves que tengo visita?

—Disculpe, majestad, pero su excelencia dice que es sumamente urgente que delibere con usted.

Papá volvió a jurar, esta vez en voz baja, y asintió con la cabeza.

—Muy bien entonces, si no hay más remedio…

Incómodo y nervioso, encendió un cigarrillo.

—¿Por qué no me dejan en paz? —dijo, sin hablarnos verdaderamente a nosotros—. Ya he repartido varias medallas hoy y he leído el informe que me han enviado esta mañana… o al menos lo he intentado. ¿Por qué tienen que insistir en venir a verme?

Empecé a caminar hacia la puerta abierta de la amplia tienda.

—Te dejaremos para que continúes con tus asuntos, papá.

—¡No! ¡Quedaos! Todo me será más fácil con vosotros aquí.

Mijaíl trajo una silla para papá y se vio recompensado por una mirada agradecida.

El ministro de la Guerra, Vladímir Sujomlinov, no tardó en entrar, seguido de varios secretarios y, para mi sorpresa, de Constantin. Todos inclinaron la cabeza ante papá.

—Majestad, le presento a Constantin Melnikov, mi nuevo asistente. Lleva un año trabajando en el ministerio y valoro mucho sus servicios.

Papá saludó a Constantin con una sonrisa y un gesto de la cabeza, dando varias caladas a su cigarrillo hasta que su cabeza quedó envuelta en humo, lo que le hizo toser.

El ministro de la Guerra, un hombre bajo y medio calvo, de más de sesenta años, lleno de determinación, empezó a hablar deprisa. Conociendo a Constantin, observé que debía hacer un esfuerzo para escuchar con paciencia. Vi que estaba muy inquieto, pues su frente alta aparecía surcada por arrugas de preocupación.

—Majestad, hay que actuar ahora mismo para proteger Rusia. He enviado telegramas, he telefoneado, he hecho lo posible para informarle de las necesidades más urgentes del ejército y la población civil de la capital, sin obtener respuesta alguna. Por eso he venido aquí para hablar con usted, en persona, con la esperanza de obtener su atención. Pido ahora respetuosamente esa atención.

—Le escucho.

Pero me di cuenta de que no escuchaba realmente y de que con los dedos de la mano libre tamborileaba en la mesa que tenía ante sí mientras el ministro de la Guerra seguía.

—Majestad, esto es lo que debe ordenarse.

Se sacó un papel del bolsillo de la chaqueta y se puso a leerlo:

—En primer lugar, debemos tener seis trenes más que circulen entre el frente y Petrogrado. Uno irá solo entre Mogilev y Petrogrado. En segundo lugar, necesitamos más provisiones, pues de lo contrario el ejército jamás sobrevivirá al invierno. Los hombres han empezado a comerse la avena para los caballos porque no tienen nada más.

Papá sonrió al oír esto y murmuró:

—¡Imagínate!

Vi que Constantin se agarrotaba al observar esta respuesta.

—Hay que llamar a la reserva de inmediato, señor. El Primer Ejército se ha debilitado y ya no tiene fuerzas para combatir, y el Regimiento Siberiano de Fusileros perdió la mitad de sus efectivos en el último ataque con gas. El Regimiento de Keksholm sencillamente ha dejado de existir. Se habla en el ejército de un golpe de Estado, señor, y las deserciones van en aumento.

Papá se puso pálido.

—¿Le traigo una copa de coñac, majestad? —sonó la voz profunda y tranquilizadora de Mijaíl.

—Sí, gracias.

Mijaíl salió y encontró a Shemodurov, al que yo había visto antes, dormitando bajo un árbol. Mijaíl no tardó en regresar con una copa y una botella de coñac en una bandeja. La apoyó en la mesa que papá tenía ante sí y se lo sirvió, como si llevase mucho tiempo a su servicio en lugar de acabar de conocerle.

Mientras tanto, el ministro de la Guerra seguía con su larga y escalofriante lista de asuntos urgentes, citando las numerosas bajas en el ejército, la dimisión de muchos ministros, la anarquía en Petrogrado y muchos otros problemas.

Papá, que se tomaba el coñac y encendía un cigarrillo tras otro, estaba cada vez más nervioso.

—La verdad, no veo qué más puedo hacer —dijo por fin—. Ayudo tanto como puedo, leo los informes que me envía, le escucho. ¿Acaso no he donado mi Rolls-Royce más nuevo al cuerpo médico para que sirva de ambulancia? No veo cómo puede criticarme.

Volvió la cara hacia otro lado.

—Me siento como el Job de la Biblia, el sufrido Job que cargó con todos los males, plagas y penas del mundo. ¿Sabe que mi cumpleaños, el seis de mayo, es la festividad del patriarca Job?

Cuando este comentario se vio acogido por un silencio, volvió de nuevo la cabeza ligeramente hacia nosotros y me miró.

—Tania —murmuró—, Tania, ¿tendrías la bondad de llevarte a mi setter a dar un paseo? Suelo sacarla a estas horas. Debe de estar comenzando a inquietarse.

—Por supuesto, papá.

Pero mientras me levantaba para irme oí un fuerte golpe sordo. Constantin había descargado un puñetazo en la mesa.

—¡Tania! —exclamó Constantin con una voz aún más fuerte de lo habitual—. ¡Dile a tu padre que no debe limitarse a escuchar, debe actuar ahora mismo! ¡Antes de que sea demasiado tarde!

37

*L*as palabras enérgicas de Constantin resonaron en el aire. Sin pensar, me precipité hacia él y traté de apartarle de la mesa.

—¡Para! —grité—. ¡Solo empeoras las cosas! No servirá de nada intimidar a papá. Deberías saberlo.

Constantin era un hombre corpulento y pesado, y yo era demasiado menuda para moverle.

—¡Ah! Querida Tania, eres muy buena al defenderme. Sin embargo, no necesito defensa alguna. Todo está en manos de Dios —dijo papá con mucha amabilidad, sin dejarse provocar por el arrebato de Constantin.

Volvió a llenar su copa de coñac y la sostuvo bajo su nariz por un momento antes de beber, disfrutando de su aroma.

—¡Esto es absurdo! —le espetó Constantin—. ¡Un país sucumbe porque un hombre es débil e insensato! ¿Qué mejor argumento podría haber para poner fin a la monarquía?

Exasperado e indignado, empezó a alejarse de la mesa, mientras el ministro de la Guerra, boquiabierto y con los ojos como platos, le observaba impotente.

Mijaíl se movió de manera tan rápida y silenciosa que Constantin no le oyó hasta que estuvo detrás de él y le sujetó los brazos detrás de la espalda.

—Majestad, ¿llamo a sus guardias para que se lleven a este traidor?

Papá suspiró con aire de cansancio y dejó su copa.

—No —dijo al cabo de un momento—. Que se siente y me diga lo que tiene que decir. Al fin y al cabo, es un viejo amigo de Tania.

Mijaíl me miró.

—¿Es este el hombre del que me hablaste? ¿El médico? ¿El que trabajaba en la clínica?

Asentí y vi una nueva firmeza en los ojos de Mijaíl. Constantin y yo habíamos estado enamorados. Así pues, Constantin era un rival.

—Si te suelto —le dijo Mijaíl a Constantin, en un tono más áspero que antes—, ¿me das tu palabra de que te sentarás, mantendrás la calma y te comportarás como debería comportarse un hombre de honor al hablar con el zar de todas las Rusias?

—Lo intentaré.

—Majestad... —empezó el ministro de la Guerra, al recuperar por fin la voz.

—No se preocupe, Sujomlinov. Oiré a su asistente, siempre que no se extienda demasiado.

Vi que Constantin se sentaba, luchando por dominarse. Cuando volvió a hablar estaba más tranquilo.

—Majestad, pido disculpas por mi arrebato. Hablo sin rodeos debido a mi amor hacia Rusia y su pueblo...

—Y su gobernante, esperemos —intervino Sujomlinov.

—Y su gobernante, y la familia de este. Deje que le diga lo que creo que debe ocurrir.

—Muy bien.

—Creo que tiene que mirar más allá del ejército y sus pérdidas y necesidades, más allá de la probabilidad de que Rusia pierda esta guerra.

El ministro de la Guerra ahogó un grito, pero papá alzó la mano.

—Déjele seguir.

—Creo que debe prestar mucha atención a la situación en Petrogrado.

—¿Petrogrado? ¿Qué situación en Petrogrado? Cuando me marché de la ciudad estaba bastante tranquila, tan tranquila como siempre.

—Las cosas han empeorado desde que se marchó. Los trabajadores están en huelga, la ciudad está llena de refugiados que no tienen nada que comer ni ningún sitio adonde ir y que escuchan cada vez en mayor número los discursos de los revolucionarios.

—¡Agitadores! —gritó papá—. ¡Solo son agitadores y criminales! Que los soldados se ocupen de ellos como siempre han hecho.

Me daba cuenta del esfuerzo que le costaba a papá hablar de aquella forma, escuchar noticias alarmantes, discutir con Constantin. La voz se le ponía ronca y respiraba cada vez con mayor agitación.

—Majestad, no hay bastantes soldados para luchar contra el enemigo y someter a los revolucionarios. No están en condiciones de mantener el orden. No pueden evitar el caos. Día tras día, Rusia es destruida, no por los enemigos extranjeros sino desde dentro, por sus propias gentes. Gentes que quieren el cambio, que exigen el poder para sí mismas, ya que quienes tienen el poder no parecen gobernar con eficacia.

Papá dejó su copa vacía. Observé que la mano le temblaba.

—Si las cosas en Petrogrado han ido tan lejos como dices, no podré hacer nada para detener lo que sucede.

—Con su permiso, señor, he redactado un breve informe en el que enumero todos los pasos inmediatos que se requieren.

Constantin sacó de su bolsillo un papel doblado y se lo entregó a papá, que lo metió sin leerlo en la cuerda que le rodeaba la cintura.

El ministro de la Guerra se puso en pie.

—Aguardaremos sus órdenes en Mogilev, majestad —dijo con una reverencia.

Echando una ojeada a Mijaíl, Constantin se levantó, se inclinó y murmuró una vez más:

—Majestad…

Acto seguido, ambos salieron de la tienda.

—¡Qué alivio! —dijo papá—. Creí que nunca se marcharían. Ahora, Tania, deja que os ofrezca a Mijaíl y a ti una buena cena. Habéis hecho un largo viaje y debéis de estar hambrientos y cansados.

Era cierto, teníamos mucha hambre y estábamos muy fatigados, pero después de comer y beber hasta hartarnos (no parecía haber escasez de comida en Mogilev) y retirarnos a las tiendas que habían dispuesto para nosotros, no pude conciliar el sueño. Estaba a solas en mi tienda, tras instar a Niuta a reunirse con su marido en una tienda para los dos en lugar de quedarse conmigo como solía hacer. Me envolví en una manta y salí de la tienda.

El aire era fresco y húmedo, pero no había nubes y en el cielo brillaban las estrellas. Encontré mis favoritas: la gran estrella roja llamada Betelgeuse en la constelación del cazador y la encendida Aldebarán en la constelación de su presa, Tauro el toro, y la brillante estrella del perro blanco que siempre seguía al cazador en su avance por el cuenco oscuro del cielo.

Disfrutando del silencio, me levanté y reflexioné sobre la inmensidad de los mundos que centelleaban sobre mi cabeza, tratando de evitar que me perturbasen mis preocupaciones por papá. Me quedé donde estaba hasta que percibí la fragancia intensa y dulce del tabaco de pipa. Miré a mi alrededor y vi el resplandor de una pipa. Era Mijaíl, sentado no muy lejos de mí, que contemplaba el cielo nocturno igual que yo.

—Ven a mirar las estrellas conmigo —le grité.

Se levantó y vino hasta donde estaba yo. Vació su pipa en el suelo y pisó las cenizas.

El rostro le brillaba a la luz de las estrellas. Sus oscuros ojos apacibles; sus gruesos labios cálidos y seductores. Sus caricias resultaban emocionantes y al mismo tiempo tranquilizadoras, que me hacían sentir segura y protegida.

—Esta noche no retumban los cañones —dijo—. No hay guerra.

—Solo las estrellas. Monsieur Gilliard dice que el universo no tiene bordes ni centro. ¿Cómo puede ser?

—Tal vez sea como el amor, inmenso e interminable.

Entonces me besó, y nuestros besos siguieron y siguieron, hasta que nos encontramos dentro de mi tienda y bajo las mantas de mi catre, con mi camisón tirado a un lado.

—Eres tan hermosa… tan y tan hermosa —murmuró mientras me besaba el cuello, los hombros y los pechos.

Con cariño le ayudé a desnudarse, aunque la visión de su cuerpo fuerte y delgado ya me resultaba familiar, casi tan familiar como el mío. Me levantó y quedé tendida sobre él, besándole y pellizcándole con gesto juguetón, sintiendo cómo se ponía duro contra mi ingle mientras mi propio deseo aumentaba hasta igualar el suyo.

No soy capaz de expresar con palabras el esplendor de aquellos momentos, la primera vez que nuestros cuerpos se unieron y alcanzamos juntos las más arrebatadas alturas del amor. Nada habría podido prepararme para el gozo sin límites que experimenté una y otra vez aquella primera noche con Mijaíl, nuestra primera noche como amantes en el más profundo sentido. Le dije que le amaba, pero las palabras quedaban tan por debajo de mis sentimientos que sonaban vacías.

—Mi querida Tania, mía por fin —dijo, abrazándome—. Prométeme que nunca amarás a nadie más.

—Lo prometo.

—Júralo por las estrellas.

—Te lo juro por la brillante estrella del perro, el cazador y el toro. Te lo juro por el universo que no tiene fin, como nuestro amor.

—Entonces estamos prometidos.

—Sí.

—Pase lo que pase.

—Pase lo que pase, Mijaíl, soy tuya.

38

Nos unimos y comprometimos felices, y luego nos separamos.

Cuanto más tiempo pasaba papá con Mijaíl, más sentía que podía confiar en él como criado, compañero y protector. Shemodurov había servido fielmente a papá desde su niñez, pero ahora estaba envejeciendo; era necesario un hombre más joven para sustituirle. Papá le ofreció el puesto a Mijaíl, que consideró su deber aceptar. Conservó su rango militar pero fue asignado al servicio personal de papá en lugar de servir en su regimiento.

Como papá estaba en Mogilev, Mijaíl iba a estar también allí en el futuro inmediato.

Lloré cuando dejé a papá, Alexis y Mijaíl para regresar a Tsárskoie Seló, pues no sabía cuándo volvería a verles ni podía saber si los austríacos y los alemanes invadirían el campamento, poniendo en peligro la vida de todos.

También existía otro peligro más privado. Papá me llevó aparte antes de que me marchase y hablamos con sinceridad acerca de ello.

—Quiero que tu hermano se quede aquí conmigo, Tania, aunque soy consciente de los riesgos que ello entraña para su salud. Si se cayese, se cortase o se golpease la cabeza, nada podrían hacer por él los médicos de aquí. Está vivo por la gracia de Dios y debido a las oraciones del padre Grigori, todos lo sabemos. Es un milagro que siga vivo, aunque casi toda la familia cree que va a morir.

—Yo espero que viva. Parece más fuerte de lo que yo pensaba, y estando aquí contigo se siente feliz.

—Es mi gran consuelo, pero ambos sabemos que puede ser la última vez que le veas.

—El primo Waldemar tiene hemofilia y sigue vivo. Es mucho mayor que Alexis.

—Tu primo es extraordinario, sí. Pero recuerda que su hermano Heinrich murió.

—Continuaré creyendo que Alexis sobrevivirá.

—Eres una buena chica, Tania. No olvides nunca que te quiero.

—Yo también te quiero, papá. Muchísimo.

Y nos abrazamos entre lágrimas.

Mi marcha de Mogilev en una mañana húmeda fue una despedida terrible, con Alexis llorando, Niuta tratando de meterme prisa y Mijaíl haciendo lo posible por retenerme.

¿Cuánto tardaríamos en volver a estar juntos Mijaíl y yo? ¿Cómo soportaría no saberlo?

Al final se me acabaron las excusas, y tras un último abrazo me separé de Mijaíl y subí al carruaje junto a Niuta. Cuando estuvo dispuesta nuestra escolta militar y estuvieron cargados todo el equipaje y las provisiones para el viaje, el cochero chasqueó la fusta y partimos.

Cuando llegamos a Petrogrado, quedó claro que lo que Constantin había tratado de advertirle a mi padre era cierto. En toda la ciudad reinaba un ambiente tempestuoso. Mientras avanzábamos por las amplias avenidas, lanzaron a nuestro carruaje piedras y porquerías. Campesinos, trabajadores en huelga y gentes andrajosas que debían de ser refugiados se hallaban reunidos en las esquinas hablando, leyendo periódicos, pues la mayoría de los habitantes de Petrogrado sabían leer, y, en algunos casos, escuchando a oradores exaltados que arengaban a la multitud subidos en bancos o muros de piedra.

Algunas de las personas junto a las que pasamos aguantaban grandes pancartas. Una que recordaría durante mucho tiempo fue LA TIERRA ES PROPIEDAD DE DIOS Y NO DE LOS TERRATENIENTES. PADRECITO, ALIMENTA A TU PUEBLO, decía otra, toscamente garabateada mediante pintura roja —¿o podía ser sangre?— en una vieja tabla. Sentí un escalofrío al leer varias pancartas que decían MUERTE A LA ZORRA ALEMANA, pues demasiado bien sabía quién era la «zorra alemana». Niuta trató de distraerme cuando pasamos junto a las peores de aquellas horribles pancartas, las que no llevaban palabras, sino solo imágenes crudas y obscenas de mi madre, con una corona en la cabeza, abrazando a su amante barbudo, supuestamente el padre Grigori.

Cuánto odio, cuánto veneno y cuánto sufrimiento. Aunque lo que veía me asustaba y me infundía deseos de proteger a mi familia, también despertaba mi compasión, puesto que se avecinaba el invierno y sabía que muchas de las personas que encontrábamos por las calles no tendrían manera alguna de sobrevivir al frío. Recordé cómo era el piso de Daria la primera vez que Avdokia me llevó a verlo. Me vino a la memoria la única habitación atestada y repugnante, los bebés que lloraban y el agua maloliente que cubría el suelo, así como el hambre en las caras de los hombres y mujeres que allí vivían y que tan poco me había esforzado por aplacar. Había estado antes en casas de campesinos y, aunque eran pequeñas y estrechas, por lo menos resultaban calientes y tenían su encanto, con su vieja estufa en un rincón y los iconos que relucían en las paredes. El inmundo piso de Daria proporcionaba refugio pero nada más, ni siquiera decencia.

Cuando llegamos a Tsárskoie Seló y las inmensas y ornamentadas puertas metálicas se cerraron a nuestras espaldas respiré hondo y pensé que ya estábamos seguros. Al menos allí, en los parterres de palacio, con tantos soldados y guardias para protegernos, estaríamos a salvo. Lo primero que hice al llegar fue buscar a mamá y a mis hermanas y abrazarlas a todas, y ni siquiera me importó que Olga parlotease de forma incesante e irritante sobre Víctor. No compartí con ella todo lo que había ocurrido entre Mijaíl y yo; era demasiado íntimo y demasiado valioso; además, no quería que mamá se enterase de lo mucho que significaba para mí y de que había arriesgado mi reputación al dejar que compartiese mi cama.

Con Mijaíl constantemente en mis pensamientos, hice lo posible por adaptarme de nuevo a una rutina de vida familiar. Olga, María, Anastasia y yo continuamos trabajando como voluntarias en el hospital, y también ayudábamos en la nueva obra de beneficencia fundada por mamá, el Fondo para Madres y Bebés, destinado a proporcionar ropa de abrigo y alimentos a las numerosas viudas indigentes de la capital. Por las noches nos reuníamos en el salón malva y leíamos en voz alta alguna vieja novela (yo evitaba *Guerra y paz*) o bien Olga tocaba el piano para nosotras. Mientras mamá tejía mitones y jerséis de lana para su obra de beneficencia, nos sentábamos a una mesa a hacer rompecabezas o jugar a las cartas, aunque María se enfurruñaba si perdía y Anastasia nunca podía concentrarse en el juego, cosa que irritaba a Olga.

Nos quedaba muy poco tiempo para las clases, pero a veces monsieur Gilliard nos leía libros de historia rusa o nos escuchaba practicar la conversación en francés. También nos traía las últimas noticias sobre la guerra procedentes de Francia (tenía un primo en la embajada francesa que le proporcionaba periódicos), donde mes tras mes los ingleses y los franceses luchaban contra los alemanes en Verdún. Parecía que la terrible batalla no fuese a acabar nunca.

Yo le escribía a Mijaíl cada día y enviaba mis cartas junto con las cartas de mamá a papá por mensajero a Mogilev. Él también me escribía tan a menudo como le era posible, aunque sus obligaciones le mantenían ocupado desde el amanecer hasta bien entrada la tarde, ya que a papá le gustaba pasar las tardes viendo las películas norteamericanas que se había hecho llevar al campamento y quería que Mijaíl le hiciese compañía.

Mes tras mes nuestra vida siguió de esa manera, hasta que un día del verano de 1916 me sorprendió ver al padre Grigori entrando en el salón malva de mamá. Estaba girando el tirador de la puerta mientras yo me acercaba por el corredor. Me vio pero no me saludó. Su rostro se mantuvo inexpresivo mientras continuaba girando el tirador, entraba y cerraba la puerta a sus espaldas. Llevaba barba, y su pelo largo y lacio —ya casi del todo gris— le colgaba sobre el cuello de raso de su camisa cara hecha a medida. Pese a la distancia pude ver el destello de las piedras preciosas de sus anillos.

Fui hasta la puerta y comprobé que estaba cerrada con llave.

—¡Mamá! —grité—. Mamá, ¿estás bien?

—Perfectamente, cariño —fue su respuesta.

—¿Qué está haciendo aquí ese hombre? Creía que papá le había enviado a Siberia.

—Ha vuelto de Pokróvskoie para ayudarnos, cariño. Ya sabes cuánto confío en él.

Tras este comentario, oí una risa al otro lado de la puerta, la risa grave del infame padre Grigori.

—¡Dile que se marche, mamá! ¡No le escuches!

—Te estás portando como una tonta, Tania. Estamos bien. Necesito el consejo del padre Grigori.

Golpeé la puerta.

—No, mamá, no. ¡Dile que se marche!

Pero mientras protestaba sabía que mis palabras no servirían de nada. Al final me marché y expuse mis temores y preocupaciones por escrito en una carta para Mijaíl.

Constantin vino al palacio una tarde, con Alexei Polivanov, el ministro de la Guerra recién destituido (Sujomlinov había sido destituido poco después de mi visita a Mogilev, y Polivanov había sido nombrado en su lugar), y solicitó hablar con mamá.

—Es muy importante, Tania. ¿Puedes preguntarle si nos recibirá?

Negué con la cabeza.

—No, Constantin. No quiero que le grites como le gritaste a papá. Además, nunca recibe a nadie por la tarde. Se toma el Veronal, al cabo de un rato se queja de que le duele el estómago, pues el Veronal siempre le provoca molestias, y después se toma el opio para aliviar el dolor de estómago y no tarda en dormirse.

Constantin meneó la cabeza con gesto triste.

—Sabes que eso le perjudica, ¿verdad? Sabes lo grave que puede ser una adicción.

—No puedo impedir que lo haga. He tratado de explicarle lo malas que son las drogas para su organismo, pero se limita a decir que le duelen las piernas, que le duele el corazón, que sus pobres nervios están siempre tensos y que no puede hacer otra cosa. No tengo respuesta para eso.

—Te ruego encarecidamente que la busques. Mientras tanto, Alexei Polivanov y yo tenemos noticias sobre Borís Stürmer, el nuevo ministro de Asuntos Exteriores.

—¿Qué ocurre con él? Se lo diré por la mañana.

—Queremos que sepa que, cuando se reúna la próxima Duma, de la que voy a ser elector por los cadetes, revelaremos que el corrupto de Stürmer, que reúne los cargos de primer ministro, ministro de Asuntos Exteriores y ministro del Interior, ha aceptado sobornos y vendido contratos con el ejército. También vende secretos militares al mejor postor.

—Se lo diré.

—Ese Stürmer está compinchado con vuestro corrupto padre Grigori. Juntos están ganando una fortuna.

—Estuvo aquí justo la semana pasada. Creía que se hallaba en Siberia, pero ha vuelto. El padre Grigori ha vuelto.

La expresión de Constantin se endureció.

—¿Dónde está tu Mijaíl? Debería estar contigo ahora.

—Sigue con papá en Mogilev. Se ha convertido en miembro de la casa imperial.

—Entiendo. Pues entonces no te separes de tu pistola, Tania, y mantente alejada del padre Grigori. No dejes que se acerque a tu dormitorio ni a los dormitorios de tus hermanas.

—Creo que ahora solo viene a ver a mamá.

—Está en la raíz de todo, ¿sabes? —siguió Constantin, sacando su pañuelo y enjugándose inquieto la frente—. Toda esta corrupción. Toda esta degeneración en el corazón del gobierno. Hay que librarse de él como sea.

—Le han disparado dos veces, y dos veces ha sobrevivido. La última vez fue en Pokróvskoie. Una mujer a la que violó trató de matarle, o al menos eso me han dicho.

Constantin me cogió suavemente del brazo y me llevó desde el sofá en el que estábamos sentados hasta un hueco cubierto por una cortina, al fondo de la habitación. Se me acercó mucho y habló en un susurro:

—Nunca debes repetir lo que voy a decirte ahora. Hay personas de la familia imperial que planean eliminarle. Sucederá pronto. Asegúrate de que tu madre no se entera de esto o tratará de impedirlo.

Algo en el tono y la expresión de Constantin me hizo temer por él.

—¿Tú participas, Constantin?

—No, directamente no, pero ayudaré de la forma que pueda.

—Pero ¿por qué hay que asesinarle? ¿Por qué no limitarse a arrestarle?

—Sabes cómo le protegen tus padres, y tiene aliados dentro de la policía. La gente le odia, pero también le teme. No, la única forma es matarle como a un perro rabioso.

Reflexioné un momento.

—Dice que es inmortal. Nadie puede matarle.

—¡Disfrutaré acabando con ese mito!

Antes de que Polivanov y él se marchasen, murmuré:

—Ten cuidado, Constantin. No te arriesgues demasiado.

—Lo que debe hacerse, debe hacerse —dijo en tono sombrío—. Y debe hacerse pronto.

39

Un fuerte alarido me despertó una noche de nieve, poco antes de Navidad. Me puse a escuchar y volvió a oírse el chillido.

Es mamá, pensé, y me apresuré a ponerme la bata.

—Debe de tener pesadillas otra vez.

Niuta, más rápida que yo, había salido ya del dormitorio y avanzaba por el corredor hacia el cuarto de mamá.

Cuando entramos en la habitación la vimos sentada en la cama. Llevaba el camisón torcido y el cabello suelto. Tenía los ojos muy abiertos y estaba pálida.

—¡Alguien ha atrapado a la paloma gris! —gritó—. Le están clavando alfileres… sangra… su sangre es roja como los arándanos… No puede escapar… ¡Oh! ¡Oh! ¡Alguien ha atrapado a la paloma gris!

Niuta trató de consolar a mamá, pero ella la rechazó, repitiendo una y otra vez que alguien había atrapado a la paloma gris. Estaba despierta, y sin embargo no lo estaba. Parecía como si ella misma se hubiese visto atrapada dentro del sueño aterrador y no pudiese encontrar el camino de regreso a la vigilia.

Me senté junto a la cama.

—Enciende unas velas —le ordené a Niuta—. La oscuridad la asusta.

Recordando el efecto apaciguador de la voz de herr Schmidt y el modo sutil que tenía de encontrar el significado que subyacía bajo las imágenes, empecé a hablarle a mamá.

—Iba vestido de gris —dijo cuando llevábamos un par de minutos hablando—. Tenía el pelo gris. Era tan inocente, tan indefenso, tan parecido a una paloma…

—¿Quién, mamá?

—Vamos, tú sabes quién —respondió, mirándome directamente por primera vez—. Tú le querías. Ahora le odias. ¿Por qué le has atrapado?

—Dime a quién quería. Dime cómo se llama.

—No. Tú le odias. Piensas que es malvado.

Solo había un ser que, al menos en mi infancia, llevaba túnicas y pantalones grises y deslustrados, tenía el pelo encanecido y fingía un aire de inocencia. Solo un ser que se me ocurriese al que antes quería y ahora odiaba. Ese ser era el padre Grigori.

Fue como si una mano fría bajase por mi columna vertebral. Las imágenes de alguien atrapado, atravesado, sangrando… ¿Podía ser que mamá viese en su sueño lo que Constantin me había contado, la eliminación del siniestro Rasputín?

40

*F*ue Sedinov quien nos trajo los primeros rumores.

—La noticia corre por todo el distrito de Narva —dijo sin aliento, después de subir las escaleras hasta el dormitorio de Olga, donde estábamos reunidas mis hermanas y yo—. En las tabernas de los trabajadores no se habla de otra cosa. ¡Brindan por los libertadores que han matado a Rasputín!

—No cabe duda de que ha muerto —metió baza Niuta—. Lo oí ayer en la carretera de Schlüsselburg. Nikandr también lo oyó.

Me pregunté si sería cierto o solo un rumor, uno de las docenas de rumores que se propagaban como el tifus por las calles superpobladas de Petrogrado. ¿Las terribles pesadillas de mamá habían sido un presagio?

Entonces el capitán Golenishchev, un oficial de la guardia que había formado parte de nuestra escolta en tiempos de la celebración del tricentenario, llegó al palacio y solicitó ver a mamá. Cuando le hicieron pasar, ella me estaba ayudando con un jersey que yo estaba tejiendo.

Mamá tragó saliva.

—¿Sí, capitán Golenishchev?

El hombre parecía agitado e inseguro.

—Majestad, se han encontrado manchas de sangre en el puente del Gran Petrovski.

—¿De verdad? Este invierno ha habido muchos suicidios. Tal vez este sea uno más.

—Ojalá pudiese estar de acuerdo, majestad. Pero es que también han encontrado una bota.

—Sangre y una bota… ¿Y trae esa noticia al palacio?

El capitán pareció avergonzado.

—Nunca se me ocurriría molestar a su majestad con un asunto sin importancia. Pero en este caso, dado que la bota pertenecía a Grigori Novi, conocido como Rasputín… Tengo entendido que su majestad le llama padre Grigori…

Mamá se sentó muy derecha en su butaca.

—¿Está seguro de que la bota es suya?

—Nuestros investigadores están seguros, sí.

En las mejillas de mamá aparecieron manchas rojas.

—¡Ordené que le escoltasen! ¿Por qué no le escoltaron?

—Le aseguro que se hicieron esfuerzos. Como usted, he querido durante mucho tiempo que protegiesen a Novi. He hecho lo posible. Pero no he venido solo por la bota y las manchas de sangre. Creo que su familia puede estar en peligro.

Mamá hizo un ruido desdeñoso.

—Llevamos años en peligro. Tal vez recuerde a los terroristas, los aspirantes a asesinos…

—Esta amenaza puede venir… de dentro de la familia imperial. Ciertos miembros descontentos de la familia…

Mamá me atrajo hacia sí.

—Ordene a la guardia que rodee el palacio de inmediato. Avise a mi esposo…

—Ya ha sido avisado, majestad. Hace algún tiempo que conoce la existencia de esta amenaza.

La respiración de mamá se convirtió en un jadeo. La terrible conmoción de enterarse de que el padre Grigori había muerto se alternaba con el pavor ante las palabras del capitán Golenishchev.

—No —repetía—. No, no, no. Mi familia, no. Mis hijas, no.

Me sujetaba tan fuerte que me dolía el pecho.

—Por favor, mamá. No puedo respirar.

En los días siguientes, Sedinov nos mantuvo informadas de la enorme alegría con que era recibida la noticia de la muerte del padre Grigori. Todos nuestros criados estaban encantados, sobre todo Daria, y tenían dificultades para no sonreír, aunque hacían lo posible por disimular su deleite en presencia de mamá, que andaba con la tez pálida. Sedinov decía que comerciantes, soldados y campesinos se paraban en las calles de Petrogrado para darse alegres la noticia, besarse y abrazarse.

—¡Ha muerto Rasputín! —gritaban—. ¡Ha muerto el malvado amante de la emperatriz!

Era como si hubiese desaparecido un siniestro hechizo que durante años se había cernido sobre el Imperio y hubiese quedado libre la gente esclava de él. La oratoria política estalló como nunca, pues, si Rasputín podía morir a manos de unos asesinos, también podía derrocarse la monarquía, o eso declaraban al menos los súbditos más radicales de papá. Y así siguió el ruidoso regocijo.

Llegaron para mamá envenenadas cartas de amenaza.

«Si no dejas de arruinar el país con tus intromisiones, continuarán las muertes», decía una de ellas. Mamá estaba convencida de que las cartas procedían de dentro de la familia y de que el asesinato del padre Grigori era un complot familiar. Los asesinos, a quienes pronto se identificó como Félix Yussupov, yerno de la tía Xenia, y Dimitri, primo de papá, nunca fueron castigados; en opinión de mamá, todo el clan de los Romanov estuvo detrás del asesinato, como si cada uno de sus miembros hubiese clavado una daga en el costado del padre Grigori.

—Ahora vendrán a por mí —me confió.

—No… ¡No digas eso, mamá!

—Espera y verás.

Durante algún tiempo empecé a dormir en su habitación por las noches, con mi revólver cargado bajo la almohada. Al otro lado de la puerta del dormitorio estaban los guardias, pero ello no nos reconfortaba, pues sabíamos que se rumoreaba en Petrogrado que muchos de los soldados imperiales ya no eran leales a papá ni a su familia. Nos decíamos confidencialmente que los hombres que hacían guardia junto a la puerta bien podían ser asesinos. Se decía que había por todas partes traidores, espías y agentes del enemigo. No podíamos contar con casi nadie; debíamos confiar más que nunca en nosotras mismas.

Cuánto me habría gustado en aquellos días tensos que papá y Mijaíl estuviesen con nosotras en Tsárskoie Seló y no tan lejos, en Mogilev. En mis cartas le contaba a Mijaíl todo lo que sucedía, y recibía respuestas cariñosas y atentas, aunque poco frecuentes. Le echaba mucho de menos y suspiraba por su regreso.

Cavaron un profundo hoyo en la tierra helada para acoger el cuerpo destrozado del padre Grigori. Yo no quería ver el cadáver, pero mamá insistió en que cada una de nosotras echásemos un vistazo dentro del ataúd de roble para despedirnos y colocar en su interior un recuerdo. Me obligué a mirar una vez más el rostro hinchado y desfigurado, enmarcado por el pelo canoso, y puse un tarro de aceite de ajenjo (con la falsa etiqueta de «Miel») dentro del ataúd antes de que cerrasen y clavasen la tapa.

Permanecimos en silencio, alrededor del hoyo recién cavado, mientras la nieve caía en suaves copos sobre nuestros abrigos, sombreros y abrigadas bufandas de lana. Ningún coro cantó, ninguna procesión dio vueltas en torno a la tumba con iconos e incienso. Y es que el padre Grigori estaba siendo enterrado en tierra no consagrada, y el sacerdote que pronunció las más breves palabras sobre su cuerpo no fue enviado allí por el obispo, sino convocado y pagado por mamá.

Me disgustaba estar allí. Me sentía obligada a honrar a un hombre al que no podía dejar de despreciar ni siquiera muerto. Sentí vergüenza ajena al ver que mamá cogía con gesto reverente la camisa manchada de sangre del padre Grigori y la metía en una gran cruz hueca de madera que colgó en la pared. Recordé que la tía Ella había hecho lo mismo con la camisa ensangrentada con la que murió el tío Gega. ¿Consideraba mamá al padre Grigori una especie de segundo marido? No podía imaginar que se hubiese acostado con él, aunque en Petrogrado eran muchos los que lo creían; la idea parecía demasiado absurda… y demasiado dolorosa.

—No frunzas el ceño, Tania —me dijo mamá mientras miraba la tierra fría—. Es poco respetuoso hacia el muerto.

En el bolsillo de mi abrigo había una nota arrugada que encontré en el suelo del salón malva de mamá. Ella u otra persona la había roto y pretendía tirarla. Aún resultaba legible. Reconocí la letra característica del padre Grigori, ancha y picuda.

Dios es amor. Yo amo y Dios perdona.

GRIGORI

Saqué la nota y le eché un vistazo. A continuación la estrujé y la arrojé dentro de la tumba. El sacerdote terminó de recitar las últimas oraciones mientras mamá sollozaba en su pañuelo. La niebla descendía y se arremolinaba a nuestro alrededor; su frío aliento me hizo tiritar. Me sentí aliviada cuando llegaron los sepultureros y empezaron a echar paletadas de tierra oscura sobre la tapa del ataúd, y después de santiguarnos por última vez volvimos todas a casa en silencio.

41

¡*N*adie había visto nunca tanta nieve! El horrible invierno de 1917, con el frío enero, el helado febrero y el glacial marzo, hirió, abrasó y maltrató cruelmente a las decenas de miles de personas que vivían en las calles de Petrogrado hasta que respirar resultó doloroso y el aire pareció niebla congelada, opaca y amenazadora. Una tras otra, las ventiscas estallaron con furia sobre la ciudad, dejando profundas masas de nieve de cuatro o cinco metros de altura, tan altas que habrían podido ser los montículos de hielo de una feria de invierno.

Pero no había ambiente de feria; solo había sufrimiento y hambre, y la incipiente e incesante necesidad de cambio. De un traspaso del poder al pueblo. De revolución.

Había hogueras en todos los cruces; cada esquina tenía su pequeño fuego, junto al que hombres de abrigo sucio y roto extendían las manos para calentarlas, unas manos que habían perdido dedos por congelación. Por todas partes se oía el crujido de las botas contra el grueso hielo ennegrecido, tan resbaladizo que los caballos no podían avanzar sobre él sin caerse.

Vi las altas masas de nieve apiladas, el hielo y las gentes irritadas y congeladas cuando fuimos a Petrogrado a visitar a la tía Olenka para felicitarla discretamente por su reciente boda con su amante de toda la vida, Nikolái Kulikovski. Volví a ver todo aquello cuando mamá, contra todo sentido común, me llevó a Ouchinnikov, la orfebrería de la calle Bolshaia Morskaia, para comprarme una pulsera de oro como la que llevaba ella, y en la calle la multitud estuvo a punto de volcar nuestro carruaje. Estaba al tanto de las condiciones en Petrogrado a través de Sedinov, que iba a la capital al menos una vez por semana, y de Daria, a quien le encantaba pensar que su sueño de una Rusia donde el pueblo se gobernase a sí mismo estaba por fin a punto de hacerse realidad.

Nos sentamos una mañana junto a la ventana de mi dormitorio. La costra de hielo del cristal era tan gruesa que apenas podíamos distinguir las formas del otro lado. El perrito de Daria estaba en su cesta y Artipo dormía al lado de mi butaca. Iskra se hallaba sentada sobre un cojín en el suelo, leyendo un libro inglés que mamá le había regalado. Monsieur Gilliard le daba clases de vez en cuando y decía que era una niña precoz con mucho talento para aprender. Poseía el cabello claro y los ojos azules de Daria, pero su rostro tenía una forma más exótica, casi asiática, y su piel era dorada. Daria me había contado que su padre procedía de Mongolia. Nunca supe cómo llegó a nuestra capital rusa.

Estábamos sentadas hablando tranquilamente cuando entró Niuta.

—Tania —dijo—, tu madre te necesita en su salón de inmediato.

Acudí al instante y encontré a mis hermanas de pie en la habitación, junto a las camareras de mamá y monsieur Gilliard.

—He recibido una noticia muy preocupante —empezó ella, haciendo un esfuerzo por dominarse—, del cuartel general donde está vuestro padre.

Y donde está Mijaíl, pensé.

—Me han dicho… —continuó antes de interrumpirse—. Me han dicho…

Se detuvo con las manos temblorosas, que juntó con fuerza ante sí.

—Niñas, debo deciros que vuestro padre ha decidido que es mejor para Rusia que ceda la dignidad de zar a vuestro tío Miguel.

Nos quedamos sin habla. Acto seguido, Olga empezó a llorar en silencio, y a las demás no tardaron en resbalarnos las lágrimas por las mejillas. Pero todas éramos grandes duquesas y nos habían educado bien. Continuamos de pie, con la espalda recta y la cabeza erguida, mirando a mamá. Si ella podía ser fuerte, nosotras también. Pero ¡pobre papá!

—Así pues, ha abdicado —dijo monsieur Gilliard—. Se ha visto obligado a firmar el documento de abdicación.

Dolía oír aquellas palabras.

—Sí —dijo mamá en voz baja, claramente sin aliento, con las manos aún unidas.

—¿Le permitirán regresar aquí, a Tsárskoie Seló?

Mamá negó con la cabeza y quiso hablar, pero no pudo. Entonces cerró los ojos, se le doblaron las rodillas y cayó al suelo.

Puede que parezca extraño, pero lo que recuerdo con más claridad de las semanas y meses confusos que siguieron a la abdicación de mi padre fueron los chirridos, los constantes chirridos. Eran los trabajadores sobre el tejado, que rascaban la nieve y el hielo. Nunca se detenían, salvo durante unas cuantas horas por la noche, cuando debían dormir.

Al fin y al cabo había nevado mucho, y sin duda el hielo se había concentrado sobre el tejado en una cantidad poco habitual. Solo sé que los chirridos persistían y los obreros continuaban trabajando, aunque muchos de los criados habían huido sin despedirse siquiera y los soldados que protegían el palacio también empezaron a desertar en gran número.

Los cambios en palacio fueron repentinos y graves. Primero nos cortaron la electricidad, dejándonos solamente con velas para iluminar las habitaciones y leña para guisar nuestra comida. Luego descubrimos que no salía agua de los grifos; solo podíamos conseguir agua fresca rompiendo el hielo del lago del parque de palacio y recogiendo en cubos como podíamos el agua helada. Durante unos días Niuta hizo lo posible por proporcionarnos baños calientes a mis hermanas y a mí, calentando el agua del lago sobre el hornillo y vertiéndola en nuestra bañera de plata, que fue trasladada a la cocina para facilitarle la tarea. Pero los cubos tardaban demasiado en calentarse, y el aire era tan frío que el agua se enfriaba tan pronto como nos la echaban por encima. Pronto renunciamos a la idea de bañarnos. En lugar de eso, pasamos a ducharnos con agua fría, enjabonándonos y luego aclarándonos mientras nos castañeteaban los dientes.

Estábamos preocupados por papá, sobre todo cuando nos enteramos de que el tío Miguel, reacio a aceptar el odiado papel de zar, había abdicado. El gobierno de los Romanov había terminado, aunque mamá continuaba insistiendo en que la abdicación forzada de papá era nula y en que un zar ungido nunca podía renunciar a la autoridad que Dios le había dado.

Vivíamos pendientes de un mensaje o una llamada telefónica, pero no llegaban. ¿Por qué no había vuelto papá con nosotras? ¿Estaba en prisión? Sin duda el nuevo Gobierno Provisional del que nos hablaban no ordenaría su ejecución. Sin duda les quedaría algún vestigio de sentimiento, algún vestigio de compasión hacia el padrecito que siempre les había gobernado.

Entonces vino Constantin al palacio, oficialmente como asistente del nuevo Gobierno Provisional. Su labor consistía en informar sobre la eficacia de la seguridad de palacio, refiriéndose a lo leales al nuevo gobierno que eran los guardias que nos impedían huir y lo seguros que estaríamos en caso de que los guardias se amotinasen o de que quien de verdad mandaba en Petrogrado, el nuevo Sóviet de Diputados Obreros y Soldados, perpetrase un atentado.

—Lo que deben entender —nos decía Constantin a mamá y a los demás en los pocos momentos privados que pasábamos juntos— es que en la capital se ha desatado el caos. Nosotros, los delegados, intentamos gobernar, es decir, mantener a raya el caos, pero discrepamos en muchísimas cosas. Nos peleamos, discutimos. Al parecer, no encontramos una voluntad común. Tenemos muchos problemas que afrontar: la guerra, la escasez y los trabajadores insatisfechos que no nos consideran mejores que la vieja monarquía y quieren un cambio más radical.

Caminaba de un lado a otro, frunciendo el ceño. Profundas arrugas de preocupación habían aparecido en su frente desde la última vez que le vi.

—No pueden imaginarse lo mal que están las cosas. En el mercado no hay carne, ni pan, ni sal. Para las personas sin techo no hay ni una habitación pequeña que alquilar. Los saqueadores desvalijan las mansiones junto al Fontanka, entran en las bodegas, se emborrachan. Nadie trabaja…

—¡Han sobornado a los obreros para que se declaren en huelga! —le espetó mamá—. Los enemigos del Estado minan toda autoridad. Se han desatado fuerzas oscuras, instintos asesinos…

—¿No lo entiende? ¡No hay Estado ni autoridad! Mientras discutimos y deliberamos, el sóviet iza la bandera roja de los bolcheviques en cada edificio público. Han tomado los ferrocarriles y el telégrafo. La gente acude a ellos en busca de ayuda, no a nosotros.

—¿Por qué no vuelve papá a casa? —preguntó Anastasia.

Se produjo un silencio, y en el silencio continuó el chirrido incesante en el tejado.

Constantin dejó de caminar y miró a mi hermana a la cara.

—No lo sé, guapa —dijo—. Estoy seguro de que estará con vosotras en cuanto pueda.

Entonces tuvo que marcharse, y después de apretarme la mano y dedicarme una breve sonrisa llena de preocupación se fue.

Una tarde nublada los guardas dejaron entrar en palacio a una figura corpulenta y familiar. Era alta como un hombre pero llevaba una mugrienta falda amarilla y pequeños pendientes de oro.

—¡Avdokia! —grité al verla—. ¡Cuánto me alegro de verte!

Y me alegraba realmente de ver a alguien que no fuese un guardia o un visitante del Gobierno Provisional en aquellos días difíciles de aislamiento.

—He traído este icono para tu madre —dijo secamente, mostrándome una imagen de la Virgen María con la cabeza cubierta por un velo de oro. Sus ropas brillaban a la luz de las velas—. Es de su tumba.

Supe al instante a qué tumba se refería.

—Los guardias han desenterrado el cadáver de Grigori Novi. Les vi cuando vine a entregar la leche. Pusieron el cadáver en una carretilla. Apestaba. Dijeron que iban a quemarlo con todo lo que había en la tumba. Pedí el icono y me lo dieron.

—¿Hiciste eso… por mi madre?

—No. Por mí misma. Ese icono costaría cien rublos en el mercado. Iba a venderlo. Pero conocía a Grigori Novi. Él querría que tu madre lo tuviese.

Se volvió para marcharse, dando grandes pisotones con sus piernas gruesas antes de que tuviese la oportunidad de darle las gracias.

—¡Avdokia! —la llamé—. ¿Por qué sigues viniendo? Casi todos los criados se han marchado.

Se encogió de hombros.

—Todo el mundo necesita leche —dijo antes de irse.

Mamá colgó el icono en la pared de su salón malva, una pared ya cubierta de iconos, y rezaba ante él cada noche.

—Es un icono milagroso —me confió—. La Virgen llora. Llora por Rusia y no encuentra consuelo.

42

—¡*M*ijaíl!

Por fin, después de tantos meses largos y cansados, volvió conmigo, cruzando a caballo las puertas de Tsárskoie Seló junto a papá, ambos rodeados por una escolta de soldados muy serios.

¡Cómo nos abrazamos y besamos! Cómo lloramos sin avergonzarnos delante de mi familia, de los toscos guardias, que se rieron burlonamente al vernos, de Niuta y Nikandr, que sonrieron y se cogieron de las manos, y de Daria, que, satisfecha, asintió con la cabeza. Nuestra alegría solo era una parte de la alegría mayor que sentía la familia entera por el regreso de papá, una alegría agridulce, porque el hombre al que dábamos la bienvenida a casa era un hombre despojado de su orgulloso uniforme, de su espada y de sus numerosas medallas, despojado de su rango y títulos y llamado simplemente Nicolás Romanov, un hombre, en resumen, privado de su dignidad.

Y no solo privado de su dignidad, sino sometido a insultos y humillaciones.

A nuestros captores les complacía hostigarle, empujarle desde atrás mientras caminaba, gritarle órdenes que él no se atrevía a desobedecer. En los días que siguieron a su regreso, vimos cómo le maltrataban una y otra vez y le sometían a actos mezquinos de maldad. Todos sentíamos el impulso airado de intervenir, pero papá no nos lo permitía. Se limitaba a levantar una mano y decir en voz baja:

—No tiene importancia. Pasémoslo por alto.

El primer día cálido y nublado desde el regreso de papá a palacio, cuando el largo y duro invierno empezaba a dar paso a una primavera temprana, dejaron que almorzásemos en los parterres de palacio. Era un privilegio nuevo para nosotros; nos preguntamos si indicaría una mejora en la actitud de nuestros carceleros coincidiendo con el deshielo de la nieve y el hielo en el tejado de palacio.

Nos condujeron a toda la familia a través de los jardines, invadidos por las malas hierbas y muy descuidados desde la abdicación de papá, hasta el mismo borde del césped, y allí los guardias nos ordenaron extender nuestro mantel sobre la hierba quebradiza que crecía junto a la alta verja de hierro que rodeaba el parque. Para nuestra sorpresa, había gente al otro lado de la verja, gritándonos e insultándonos. Algunos escupieron a papá y llamaron a mamá «zorra alemana».

—¡Mirad a las zorritas alemanas! —nos chillaron a mis hermanas y a mí mientras nuestros guardias se reían—. ¡Todas unas putitas, como su madre!

—¡Y allí está el enfermo! —le gritaron a Alexis—. ¡El de la enfermedad sangrante! ¡Parece a punto de caer muerto!

Papá alzó la mano y nos miró de tal manera que no respondimos a las pullas, aunque yo tenía cada vez más calor y me costaba reprimirme para no gritar a mi vez contra aquellas voces crueles.

—¡Adelante, cómete el almuerzo, Romanov! —le ordenó a papá el teniente de la guardia—. ¡Te digo que comas!

—Me parece que va a llover —respondió papá con gravedad y en voz baja—. ¿Podemos tomar el almuerzo dentro?

—¡Luego! ¡Ahora come!

A una señal de papá nos sentamos en el mantel, desenvolvimos a toda prisa la comida que llevábamos en la cesta y tratamos de comérnosla lo más deprisa posible. Pero nos resultaba difícil forzarnos a dar un solo bocado, con el griterío y las burlas constantes. Masticar era un tormento; tragar, casi imposible, aunque conseguí ingerir algunos bocados pequeños. La comida resultaba insípida y se me atragantaba, haciéndome toser.

Anastasia escupió su comida. María acabó tirando su plato, aunque no sé si lo hizo o no de forma intencionada. Mamá se quedó sentada en el mantel, inmóvil e impasible. Papá comió, de forma lenta y metódica, hasta que empezaron a caer las primeras gotas de lluvia.

Todos levantamos la vista hacia el cielo agradecidos, esperando que nos dejasen volver al palacio ahora que el tiempo había cambiado.

Pero nos equivocábamos. Nos obligaron a quedarnos donde estábamos, mientras crecía la multitud hiriente y burlona, haciendo caso omiso de la lluvia, y los guardias, disfrutando con nuestra humillación, contemplaban la escena sin hacer nada, faltándonos al respeto, hablando entre sí, dándose codazos y riendo.

El agua de lluvia nos corría por la cara y nos entraba en la boca, mezclándose con la comida insípida, hasta que al final esta cayó sobre la hierba y nosotros quedamos empapados.

—¡Muy bien, Romanov! —exclamó el teniente de la guardia—. Volved ya a vuestra cárcel. El almuerzo se ha acabado.

Me dolía el estómago y tenía náuseas, pero temía que si vomitaba delante de nuestros carceleros hubiese más castigos para todos. Mientras volvíamos al palacio, hice lo posible por contener mis náuseas, agarrándome a Olga, que también parecía encontrarse mal, y concentrándome en dar un paso cada vez.

Con mucho esfuerzo conseguí aguantar hasta llegar a mi cuarto. Sin embargo, una vez allí, me precipité sobre mi palangana y vomité toda la comida que había ingerido, devolviendo una y otra vez hasta que no salió nada más y sintiéndome como si jamás quisiera volver a comer nada.

A ninguno de los criados les habían permitido acompañarnos en nuestro bochornoso almuerzo, pero si Mijaíl hubiese estado allí estoy segura de que habría lanzado unos cuantos golpes… y le habrían castigado por ello. Al día siguiente, cuando estuvimos a solas en la habitación que le dieron en el alojamiento de los criados de palacio, me enseñó las cicatrices recientes que llevaba en el pecho y los brazos por luchar contra los captores de papá durante los días que siguieron a su abdicación.

—Parece que colecciono estos recuerdos —dijo, sonriendo irónico mientras contemplaba las señales y profundas heridas rojas.

Ninguno de los dos habló de la cicatriz más antigua que llevaba, su cicatriz del campo de batalla, que ya estaba curada casi por completo. Nos tendimos el uno en brazos del otro mientras el bálsamo de hacer el amor disipaba la irritación diaria de nuestros verdugos. Cuando estaba con Mijaíl solo era consciente de él: su aliento, su olor, su dura fuerza apretada contra mi cuerpo, la seguridad que sentía cuando estaba junto a él. Lo era todo para mí, y cuando yacíamos juntos en su estrecha cama, con su cara sobre mí, dulce a la cálida luz de las velas, no podía dejar de pensar que no había en la vida mayor alegría que aquella.

Me sentía culpable, envuelta en el capullo protector de mi amor por Mijaíl y el suyo por mí, mientras mi familia sufría. Desde luego, yo sufría con ellos, pero en el fondo, donde el amor vivía enroscado en el centro de mi ser, ningún sufrimiento podía afectarme.

43

No permitían que comiésemos fruta. No permitían que nos lavásemos más de una vez por semana. Nos obligaban a lavar nuestra propia ropa. Yo pensaba en la abuela Minnie, que siempre enviaba a lavar y planchar sus prendas de vestir y sus sábanas a París. No permitían que preparásemos té antes de las diez de la mañana ni después de las cuatro de la tarde.

No permitían que tuviésemos flores en nuestras habitaciones. No nos permitían hacer llamadas, salvo desde el teléfono del cuartel del cuerpo de guardia, donde podían oír todo lo que decíamos. Se llevaron los gusanos de Anastasia y los enterraron en el jardín, donde murieron todos enseguida. Leyeron el diario de mamá y retiraron todos los iconos de las paredes de su salón malva, manchándolos con sus sucios dedos, antes de devolvérselos de mala gana.

Lo pusieron todo patas arriba en busca de alguna prueba que pudiese incriminarnos como enemigos de la revolución. Rajaron butacas y sofás antiguos, volcaron baúles, cortaron cuadros y destriparon armarios. Destruyeron todas las tablas de planchar de la vasta sala de plancha, destrozaron la práctica totalidad de las obras de la magnífica biblioteca de papá, desgarraron las encuadernaciones de piel y les arrancaron del lomo las letras de pan de oro para tirarlas a una cesta.

Y sobre el desastre de un palacio que siguió en pie izaron una bandera roja, tras cambiar el nombre del edificio por el de Casa del Pueblo.

¿Qué más harían? Temíamos lo que estaba por venir y no parábamos de especular sobre ello. Supimos por Constantin —que continuaba viniendo al palacio, observándonos e informando a sus colegas del gobierno sobre nuestras condiciones y sobre la seguridad bajo la cual vivíamos— que la situación política en Petrogrado era inestable. Los miembros del Gobierno Provisional parecían cambiar cada pocas semanas, según decía, con poca continuidad de personas o propósitos de un cambio al siguiente. La gente decía que se avecinaba un golpe de Estado, que todo lo que habían hecho los revolucionarios sería barrido y una nueva autoridad subiría al poder. Algunos decían que sería la abuela Minnie, gobernando desde Kiev; otros, que sería Nikolasha, primo de papá y antiguo comandante del ejército.

Por último, otros predecían que el Sóviet de Diputados Obreros y Soldados no tardaría en convertirse en la autoridad gubernamental, y que papá y los demás seríamos tratados sin compasión, probablemente incluso ejecutados. Fue este pensamiento escalofriante lo que me llevó a darme cuenta de que sería una insensatez permanecer un solo momento más en la nueva Casa del Pueblo. Teníamos que hallar una forma de huir, y pronto.

Echada en mi cama, mientras fingía leer, hice una lista de las personas a quienes creía que podíamos recurrir en busca de ayuda. El primero era el rey Jorge de Inglaterra, primo de papá y, por supuesto, también de mamá. Aparte de los lazos familiares, Inglaterra era aliada de Rusia. Sin duda el rey estaba obligado a rescatar a sus parientes. Pensé que el rey Jorge quizá se estuviese preparando ya, en ese mismo momento, para rescatarnos. Tal vez no tuviésemos que esperar mucho.

Luego anoté el nombre de Adalberto. No había tenido muchas noticias suyas desde el primer año de la guerra, cuando su barco, el *SMS Derfflinger*, quedó inutilizado cerca de Dogger Bank en una batalla con la marina británica. Me escribió después de la batalla para decirme que había sobrevivido y que le habían destinado a otro puesto. Pero desde entonces solo había recibido dos cartas muy breves, asegurándome su afecto y preocupación y diciéndome que esperaba que nuestra familia se encontrase bien. Me preguntaba si tal vez habría escrito más cartas que nunca recibí, cartas que nuestros guardias habían interceptado y destruido.

¿Quién más había? Las hermanas de mamá, Victoria e Irene, ambas casadas con oficiales navales de alto rango y que tal vez pudiesen enviar a un grupo de rescate por mar. ¿Y Ernesto, el hermano de mamá? ¿Y la tía Olga?

Consideré a cada uno, pero aparte del rey Jorge y tal vez Adalberto, con su velero *Mercurio*, no parecía muy probable que nadie pudiese acudir en nuestra ayuda. Si el auxilio no llegaba pronto, tendríamos que contar con nuestros propios medios para escapar.

Mijaíl y yo fuimos a hablar con papá de ello.

Le encontramos caminando por la isla de los Niños, con dos guardias que fumaban repantigados contra un árbol mientras le vigilaban. Nuestros propios guardias, que nos habían escoltado desde el palacio, se unieron a los de papá, lo que significaba que estábamos a unos seis metros del pequeño grupo de soldados que nos miraban con furia de vez en cuando pero que sobre todo se dedicaban a fumar y hablar entre sí.

Papá nos abrazó a ambos. Se estaba encariñando cada vez más con Mijaíl, y siempre sonreía al verle.

—Mira, Mijaíl —dijo, señalándose el hombro izquierdo—, se niegan a permitir que lleve mis charreteras. Me las han quitado. ¿Qué crees que habrán hecho con ellas? No me importa decirte que no me siento vestido sin mis charreteras.

—Yo también echo de menos mi uniforme a veces, señor. El del Quinto Circasiano, ya sabe.

—Un traje muy fino, el del Quinto Circasiano —dijo papá, asintiendo con mirada soñadora.

—Me sentía orgulloso de formar parte de él.

Papá pareció sobresaltado.

—Sigues formando parte de él.

—No... es decir, desde el punto de vista del ejército, ya no hay Quinto Circasiano.

—¿Cómo? No me han dicho nada de eso.

—Papá —intervine—, recuerda que has renunciado a tu trono... y que ya no eres comandante del ejército. No te informan de... de todo lo que pasa.

Papá se enfureció ante mis palabras, pero no dijo nada.

—Cuando los hombres del Quinto Circasiano supieron que le habían obligado a abdicar, se negaron a aceptar cualquier otro mando que no fuese el suyo. Denunciaron a los miembros del Gobierno Provisional por farsantes. Algunos fueron encarcelados por lo que hicieron; los demás viven como rebeldes. He sabido por mi amigo Archile que un grupo numeroso de ellos se ha ido al sur, de regreso al Cáucaso, y solo unas dos docenas siguen en Petrogrado. Si sirve de algo, le siguen siendo leales, señor, y obedecerán todas las órdenes que dé.

Me di cuenta de que papá se conmovía al oír hablar de ese pequeño foco de hombres leales. Pero cuando habló de nuevo, lo hizo de cosas muy distintas:

—Tania, ¿sabías que Mijaíl y yo fuimos a cazar a los bosques cercanos a Mogilev? —preguntó mientras reanudábamos nuestro paseo por la isla, seguidos con paso cansino por nuestros guardias.

—Sí, papá. Mijaíl me habló en sus cartas de vuestras cacerías.

—¿Sabías que matamos dos alces en un día? ¿Se lo contaste, Mijaíl?

—Sí, señor, lo hice.

—Y también atrapamos un oso, ¿verdad? —dijo papá, de pronto lleno de energía—. Era joven y se amansó. Le llamamos Dobrinya, Oso Amable. Nos hacía mucha compañía, ¿verdad?

—En efecto.

Papá nos miró fijamente a los dos, y en su mirada sentí su amor.

—Pasamos buenos ratos juntos en Mogilev, ¿verdad?

—Hicimos lo posible, señor. Ojalá la guerra no hubiese sido tan terrible ni nos hubiese ocupado tanto los pensamientos…

Pero me di cuenta, mientras Mijaíl hablaba, de que para papá la guerra, la guerra de verdad, la guerra de balas, cadáveres y sufrimiento impotente, solo había sido una especie de pena distante. Un pesar, pero no un dolor agudo. Él sabía, aunque su mente se negaba a reconocerlo, la verdad de su vida, que era que todo lo que había sido, todo lo que había tratado de ser, yacía ahora en ruinas a su alrededor, y que si no se emprendía pronto una acción drástica para impedirlo incluso las ruinas quedarían barridas.

44

—*N*o quiere aceptarnos. No quiere acogernos. ¿Os lo podéis imaginar?

Con gesto airado, mamá partió por la mitad la pluma con la que escribía y cogió de un tirón una nueva.

—¡Le estoy escribiendo ahora mismo para decirle lo que pienso de él!

—¡Silencio, mamá! ¡El guardia! —la avisó Olga.

—¡Al infierno los guardias! ¡Me tienen harta!

Olga y yo nos miramos, sabiendo cada una lo que pensaba la otra. Nos preguntábamos si el enfado de mamá crecería hasta que empezase a gritar y nos viésemos obligadas a tratar de calmarla antes de que los guardias se impacientasen, la encerrasen en su habitación y la privasen de alimento durante un día.

Ya lo habían hecho dos veces, a pesar de las fuertes protestas de papá.

Pero ella siguió hablando en tono alto y molesto de su madre, cuyo espíritu creía ver y con el que creía conversar, y del hombre sin nombre que no quería aceptarnos.

—Mamá me advirtió que podía decir que no. Dice que es un cobarde. La abuela Victoria nunca tuvo buena opinión de él.

—¡Silencio! Sabes que tu madre está muerta —la riñó Olga—. ¡Lleva muchos años muerta, desde que eras niña! No puedes verla ni oírla. Y por cierto, ¿quién es el que no quiere aceptarnos?

—Pues el primo Jorge, por supuesto.

El primo Jorge era, como bien sabíamos, el rey Jorge, el joven estirado y artificial que yo había conocido cuando mamá y yo fuimos a Cowes años atrás. Entonces era el príncipe Jorge. Recuerdo que me besó la mano cuando abandonamos Inglaterra para volver a casa y que dijo que me echaría de menos.

—¿Cómo lo sabes?

Mamá metió la mano en su escritorio y sacó un trozo de papel muy doblado.

—De vuestro tío Ernesto. Escrito en un lenguaje infantil que solo sabemos él y yo. No hemos vuelto a usarlo desde que éramos pequeños —susurró—. Mi lista de la ropa sucia —añadió, alzando la voz en atención a los guardias—. Niuta tendrá que ocuparse de ella. Me dicen que no pueden recibir más ropa sucia en Londres. ¡Todas las lavanderas están en huelga!

—¡Lavarás tu propia ropa, Alejandra Romanova! —dijo uno de los guardias levantando la voz.

—¿Y por qué están en huelga? —pregunté, sin apartar los ojos de mamá.

—Porque temen que al introducir ropa sucia del exterior se contamine la suya con gérmenes extranjeros.

La metáfora de mamá resultaba forzada pero suficientemente clara. Era evidente que el rey Jorge temía importar las ideas revolucionarias junto con nuestra familia si nos ofrecía asilo en Inglaterra, aunque no había nada más alejado de la realidad que tacharnos de revolucionarios.

—Quizá tu mamá pueda decirte adónde enviar tu ropa sucia —sugerí, provocando que Olga me mirase con el ceño fruncido—. ¿En qué lugar no están en huelga las lavanderas?

—Se lo preguntaré.

Si la carta del tío Ernesto a mamá era de fiar (¿y cómo, me pregunté, sabía el tío Ernesto, que estaba en Alemania, lo que decía el primo Jorge?), Inglaterra no nos ofrecería un refugio. Le escribí a Adalberto y envié mi carta a través del amigo de monsieur Gilliard en la embajada suiza en Petrogrado. Pero no tenía ni idea de si la carta llegaría verdaderamente hasta Adalberto o no. O de si, en caso de que le llegase, podría ofrecer alguna ayuda real.

Mientras tanto, Mijaíl había meditado sobre nuestra situación igual que yo, y me dijo que no tardaría en producirse una sorpresa en la Casa del Pueblo.

—Cuando tu padre mencionó el oso manso de Mogilev se me

ocurrió una idea —me dijo—. Tengo pensado cómo podríamos encontrar todos la manera de salir pronto de esta Casa del Pueblo.

—¿Cómo?

—Ya lo verás —dijo Mijaíl en tono misterioso, con una sonrisa en los labios—. Será mejor que no lo sepas de antemano, Tania. Confía en mí. Ya lo verás.

Era la estación de las Noches Blancas, esa época del verano en que el crepúsculo se une con el amanecer e incluso a medianoche el cielo es tan claro como si fuese de día. Petrogrado está tan al norte que allí las estaciones se unen con sus extremos; en pleno invierno apenas se ve el sol, y en verano, a finales de junio, no existe noche.

Es una estación de emociones extremas, en que a la gente le gusta pasar la noche despierta, cantando y bebiendo con amigos, en que los amantes se refugian en el bosque y no regresan hasta la mañana, en que los piadosos buscan revelaciones y los románticos desesperados, al sentirse engañados por lo trascendente que tanto han buscado en vano, beben frasquitos de láudano y ponen fin a su vida bajo el cielo luminoso.

Nuestros guardias se mostraban descontentos, deseosos de cualquier distracción (estoy segura de que sus obligaciones eran muy duras, aburridas e incluso desagradables, por mucho que se rieran, bromeasen y nos jugasen malas pasadas para su diversión). Por eso, cuando una noche clara llegó hasta la puerta principal de Tsárskoie Seló un gitano moreno de pelo rizado, ojos negros y una barba negra muy poblada y descuidada, y pidió que le dejasen entrar, los guardias se burlaron de él, le insultaron y le apuntaron con sus fusiles a través de los barrotes.

Entonces vieron a Lavoritia, una gran osa bailarina de color miel, tan alta como dos hombres y con pequeñas orejas planas, un largo hocico y ojos diminutos, casi perdidos en su espesa costra de pelo.

—¡Amigos! —exclamó el gitano—. Permitid que entre Lavoritia y baile para vosotros. ¡Os prometo que no os arrepentiréis! ¡Y si os desagrada lo que veis, ni la osa ni yo pediremos pago!

Se terminaron las burlas. Sonriendo, los guardias abrieron las puertas.

La osa y su amo entraron, pero a los pocos instantes este hizo otra petición.

—Baila mejor con música. Hay una orquesta…

Señaló a un grupo de hombres que llevaban instrumentos musicales y vestían túnicas a juego de color plata y oro, bastante voluminosas en la cintura. Parecían confeccionadas de forma chapucera y tenían el cuello y el dobladillo ribeteados con colores chillones.

—¡Nada de orquestas! —se oyó la voz del comandante de la guardia.

—¡También sabemos bailar! —exclamó una voz procedente de la orquesta.

Y en ese preciso instante todos los hombres dejaron sus instrumentos, cruzaron los brazos y se pusieron a dar patadas al aire y ponerse de cuclillas en un baile popular, mientras al mismo tiempo cantaban y gritaban juntos para subrayar sus movimientos.

—¡Que entren! —pidieron a gritos los guardias.

Después de contemplar el baile por un momento, su jefe cedió. Todos los guardias salieron al patio de palacio para asistir al espectáculo. El gitano, un artista experto, controlaba el ritmo de las payasadas del gran oso de forma que cada baile era más desenfrenado e imaginativo que el anterior. Lavoritia llevó muchos trajes; primero apareció vestida como una bailarina de ballet, luego como una monja, y luego como un soldado. Se levantó sobre las dos patas traseras, sobre una pata trasera, se balanceó, saltó, aplaudió con sus inmensas patas, movió su enorme cabeza y abrió su boca salvaje cuando el gitano le ofreció miel de un bote rojo.

Entre bailes Lavoritia descansaba, el gitano le cambiaba el traje y los músicos cantaban y bailaban. La noche era cálida y la música tentadora, y al final mis hermanas, mamá, papá y todos los criados salieron para ver la actuación, incluso Alexis, que llevaba varios días en cama con un brazo hinchado, quejándose de dolor. Se sentó en una sillita en primera fila de nuestro grupo familiar, absorto en la contemplación del espectáculo, riéndose y balanceándose al ritmo de la música.

Noté una mano en el hombro y oí la voz de Mijaíl en mi oído.

—Tania, no dejes de mirarme. Si se produce un alboroto y ves que hago una señal con la cabeza, llévate a tus hermanas adentro de inmediato. Id a las cocinas y quedaos allí.

—Sí —susurré—. De acuerdo.

—Buena chica.

El gitano había exigido un cubo de agua y Lavoritia hundía su hocico en él, bebiendo de forma ruidosa y descuidada. Los soldados, impacientes por verla reanudar su danza, se pusieron a tocar las palmas. Se mostraban revoltosos, llevaban un rato pasándose petacas y botellas, y se estaban volviendo ruidosos de tanto beber. Empezaron a empujarse, a incitarse unos a otros a bailar con Lavoritia, y el gitano les animaba.

Yo no dejaba de mirar a Mijaíl, que se unió entusiasmado a las palmadas mientras se abría paso discretamente hacia el lugar en el que un grupo de guardias había formado un círculo y hacía algo que yo no podía ver.

Empezaba a ponerme nerviosa. Sentía la necesidad de avisar a mis hermanas de lo que Mijaíl me había advertido, aunque no deseaba alarmarlas ni hacer que la imprevisible Anastasia soltase alguna pregunta que llamase la atención hacia lo que Mijaíl se disponía a hacer.

Me acerqué a Olga y murmuré:

—Por favor, ayúdame a llevar a María y Anastasia a las cocinas si hace falta.

Me dedicó una mirada suspicaz.

—¿Cómo?

—Que me ayudes. Debes estar preparada para ayudarme.

—No si no sé por qué.

—Sé razonable, Olga. Es por nuestro propio bien, créeme.

—¿A quién se le ha ocurrido esto?

—¡No importa!

En ese momento no sentía nada de amor hacia mi hermana. ¿Por qué no podía cooperar aunque fuese solo una vez?

Noté que la multitud de hombres daba muestras de impaciencia entre el entusiasmo general. El gitano tardaba demasiado en preparar a la osa para la última parte del espectáculo. El teniente de la guardia no tardaría en ordenar que todo el mundo volviese al palacio, y los planes de Mijaíl se verían frustrados.

Entonces, de pronto, se oyeron nuevas carcajadas mientras una figura esperpéntica surgía de entre los guardias, cerca de Mijaíl. Uno de los guardias salió del grupo. Un largo velo femenino de encaje blanco le caía en cascada desde la cabeza hasta las rodillas, cubriendo su insulso uniforme marrón. Llevaba un ramo de lirios. ¿De dónde habían salido? Nunca nos permitían tener flores en palacio. Encima del velo se distinguía una tosca diadema de papel. Se balanceaba de un lado a otro al estilo de una niña que hiciese girar sus faldas al caminar, provocando carcajadas entre los hombres. Pestañeaba y fruncía los labios con aire seductor.

En ese preciso instante el gitano condujo hacia delante a Lavoritia, que ahora llevaba en la cabeza una réplica chillona de una corona imperial, así como una chaqueta corta y roja con banda que se parecía bastante a la que papá llevaba en calidad de zar en las ocasiones ceremoniales.

Los músicos empezaron a tocar una marcha nupcial. El guardia y la osa se juntaron más, y el gitano hizo la señal de la cruz ante la pareja como si presidiese una boda. Entre las risas crecientes que acompañaron esta pantomima, Lavoritia se tiró un pedo, un pedo alto y prolongado que sonó como un cañonazo.

Los guardias se desternillaban de risa. Uno de ellos, borracho, se inclinó demasiado y tiró accidentalmente al suelo la silla de Alexis, que se cayó. Mamá gritó. Y Mijaíl, por fin, me hizo con la cabeza la señal que estaba esperando.

—¡Deprisa! ¡Olga! ¡María! ¡Anastasia! ¡Seguidme! ¡No preguntéis por qué! ¡Seguidme y basta!

Agarré de la mano a las dos más pequeñas y eché a correr hacia el palacio, confiando en que Olga nos siguiera. A mis espaldas se oían sonidos de confusión, gritos y alaridos, un estrépito de música, los chillidos angustiados de mamá, la voz del gitano llamando a su osa, y por encima de todo la voz fuerte de Mijaíl:

—¡El muchacho está herido! ¡Traigan al médico! ¡Traigan una camilla! ¡Hay que llevarle de inmediato a Petrogrado, o sin duda morirá!

45

*C*orrimos. Arrastré a las niñas y Olga también me siguió, aunque de mala gana. Creo que estaba asustada por todo el alboroto y no sabía qué hacer.

Entramos en palacio por una puerta lateral y recorrimos varios pasillos largos hasta llegar a las escaleras desnudas que conducían a las cocinas, cuyas amplias salas y almacenes habrían estado muy oscuros de no haber sido junio con su luminosa noche blanca. No encontramos criados en las cocinas. Ya no era hora de cocinar, y en cualquier caso nuestro servicio se había reducido mucho.

Jadeando por el esfuerzo, escogimos un lugar para escondernos, dentro de un armario de la despensa, y cerramos la puerta.

—Mijaíl tiene un plan para sacarnos de este lugar —les dije a mis hermanas.

—¿De qué se trata? —preguntó Anastasia.

—No lo sé. Tenemos que aguardar aquí. Eso es todo lo que sé.

—¿Busco a Niuta y le digo que prepare una bolsa?

—No hay tiempo.

—Pero aquí no hay nadie. No hacemos más que esperar. Podría prepararla deprisa mientras tanto.

—No, María. Tenemos que quedarnos aquí.

Esperaba oír pisadas y voces en cualquier momento. Esperaba actividad. Las paredes de la cocina eran gruesas y no se oía ningún ruido procedente del exterior. Nada procedente del patio en el que habían actuado Lavoritia y los demás.

—Tengo hambre —dijo Olga poco después—. Voy a buscar comida.

—No te alejes mucho.

—¿Crees que Alexis se pondrá bien? —preguntó Anastasia en voz baja, al cabo de un rato—. No he podido ver si sangraba.

—Siempre sangra —respondió María—, ya lo sabes. Nunca para. La pregunta es si se morirá de tanto sangrar o si simplemente lo pasará mal y gritará como hace siempre.

—¡María!

Nunca la había oído hablar de forma tan despiadada.

—Es verdad. Todas lo sabemos. De todos modos, mamá y papá solo se preocupan por él, no por nosotras.

En ese momento me habría gustado abofetearla, pero controlé mi reacción. Me recordé que en el fondo debía de estar preocupada por Alexis, y que, como todos nosotros, llevaba meses muy agobiada. Yo sabía que se sentía abandonada y, hasta cierto punto, rechazada por nuestros padres. Su lado peor estaba saliendo a la luz.

Olga regresó con un poco de pan negro y unas cuantas hojas de col marchitas, que procedió a comerse sin ofrecernos nada. De todas formas yo no habría podido comer, y además la comida no resultaba en absoluto apetitosa.

Nos sentamos sin decir palabra en el suelo de piedra de la despensa, con la espalda contra la pared. Llena de irritación, María se puso a darle patadas a Anastasia, la cual protestó. Mientras seguían riñendo, pensé que Mijaíl había planeado toda la velada. La presencia de la osa para distraer, la abundancia de alcohol, la comedia, el bullicio y, en el momento culminante, la urgencia que afectó a Alexis. Una gran distracción, aunque, ¿cómo habría podido saber que Alexis sufriría una caída? ¿Eso también estaba organizado de antemano? Y en tal caso, ¿significaba que en realidad mi hermano estaba ileso? Confiaba en que así fuera.

Al cabo de lo que parecieron varias horas, oímos una puerta abriéndose de golpe y varias voces masculinas. Entreabrí la puerta de la despensa y vi… ¡a los músicos! Supuse que Mijaíl les enviaba y me arriesgué a salir.

—¡Alteza! —exclamó un hombre, y se inclinó ante mí con una reverencia.

¡Una reverencia de verdad! ¡Hacía meses que no recibía reverencias!

—Alteza, hemos venido a llevarlas a usted y a sus hermanas a un lugar seguro. Soy el sargento primero Archile Dartchia, del Quinto Regimiento Circasiano, a su servicio.

Presentó a los demás, desembarazándose con destreza al mismo tiempo de la túnica brillante y holgada que llevaba para revelar una casaca militar de color verde oscuro y un grueso cinturón negro, con un largo kinjal enjoyado sujeto al mismo. Un kinjal como el que llevaba Mijaíl. Como los que llevaban todos los oficiales georgianos.

Sus compañeros también se transformaron de músicos llamativos en temibles oficiales armados hasta los dientes.

—Nosotros, los del Quinto Circasiano, somos leales al zar Nicolás II. Creemos que ha sido injustamente privado de su mando y su trono.

—Estoy segura de que, si mi padre estuviera aquí, les daría las gracias por su lealtad… pero les instaría a no correr ningún riesgo innecesario.

—La vida de un soldado es riesgo, alteza. Riesgo en nombre de una gran causa… y de la gloria.

Todos los hombres asintieron.

—¿Pueden decirnos qué está ocurriendo? —les preguntó Olga a los hombres al salir de la despensa delante de María y Anastasia—. ¿Nos vamos pronto? ¿Adónde van a llevarnos?

—Haremos lo que ordene el capitán Gamkrelidze. Nos hemos puesto bajo su mando —dijo el sargento primero—. Por favor, altezas, no se angustien.

Comprendí que hablaban de Mijaíl, el cual me explicó una vez que su familia había cambiado su apellido Gamkrelidze por el de Gradov cuando se trasladaron a Tiflis. Al parecer, con esos hombres del Cáucaso había optado por utilizar su apellido original.

No podíamos evitar sentirnos inquietas. Mijaíl tardaba mucho en venir. ¿Y si nunca aparecía? ¿Qué haríamos?

Por fortuna, Mijaíl no tardó mucho en cruzar la puerta, aunque me di cuenta de que estaba preocupado. Aun así, al verle se apaciguaron mis temores.

—Todo está listo —dijo—. Hay carros esperando para llevaros al campo. Todo debería transcurrir sin contratiempos. Solo hay un problema.

—¿De qué se trata?

—Tus padres se niegan a venir.

—¿Cómo?

—No vendrán con nosotros. Dicen que no hay necesidad.

Pensé deprisa.

—¿Dónde están?

—En la isla de los Niños. No se me ha ocurrido ningún otro sitio al que llevarles cuando se han negado a marcharse con los hombres del regimiento. Alexis está con ellos. Aparte del brazo hinchado, que lleva semanas molestándole, parece estar entero.

¿Qué podíamos hacer? Los hombres leales del Quinto Circasiano estaban dispuestos a llevarnos a mis hermanas y a mí a un lugar seguro. Pero si nos marchábamos y nuestros padres se negaban a marcharse con nosotras, ¿qué supondría eso para nuestro futuro como familia? ¿Nos encontraríamos huérfanas en algún lugar del extranjero, entre personas compasivas pero sin familia? ¿O nos capturarían y asesinarían, dejando a papá, mamá y Alexis para que llorasen nuestra muerte?

—Tengo que hablarles —dije al final—. No podemos irnos solas.

Y, tras decirles a mis hermanas que me esperasen protegidas por los leales soldados, salí con Mijaíl hacia la isla de los Niños bajo un cielo claro y luminoso.

46

*L*os parterres de palacio eran una olla de grillos. Frenéticos, los guardias revolucionarios nos buscaban por todas partes, se llamaban unos a otros y disparaban sus fusiles al aire. Mijaíl me echó sobre los hombros una larga capa militar de color verde y ocultó mi cabello bajo una gorra de soldado. Luego se quitó sus gruesas botas y me dijo que me las pusiera encima de los zapatos.

—Iré descalzo —dijo—. Un georgiano descalzo no llamará la atención.

Así ataviada, y armándome de valor, caminé deprisa junto a Mijaíl en dirección a la isla de los Niños mientras ambos intentábamos dar la impresión de participar también en la búsqueda general.

Había una casita de verano en la isla, poco más que un recinto de una habitación, y fue en esa pequeña construcción donde encontramos a mamá, caminando de un lado a otro, histérica y tensa; a papá, que la observaba mientras fumaba inquieto, y a Alexis, tendido en un sofá de mimbre con el brazo hinchado, rígido y prominente.

Llegamos a la casa sin problemas y entramos. Me quité la gorra de soldado y le devolví las botas a Mijaíl, pero me dejé la capa puesta.

Mamá se me acercó y me miró a la cara entre preocupada y acusadora.

—¡Tania! Tania, ¿te encuentras bien? ¿Dónde están tus hermanas?

—Las he dejado en una de las despensas de la cocina, con algunos de los soldados leales.

—Tania, ¿a qué viene este jaleo? No corremos peligro alguno.

Nuestra situación aquí solo es temporal. He tratado de decírselo a Mijaíl, pero no me cree. Tal vez puedas convencerle…

—Papá, tenemos que marcharnos ahora mismo. Esta noche. Mamá, Alexis y tú debéis venir con nosotros.

—Pero ¡eso es absurdo! —insistió mamá—. No tenemos necesidad de abandonar nuestro hogar. El espíritu de mamá me ha dicho que se avecina un gran cambio. La abdicación ilegal de tu padre va a ser revocada. A todos estos soldados brutos que nos han tenido prisioneros les someterán a un consejo de guerra y les ejecutarán. ¡Se hará justicia!

Agarró su aterciopelado rosario lila y se puso a repetir sus oraciones moviendo los labios en silencio.

Evité mirar a Mijaíl.

—Papá, tienes que escucharme. No podemos depositar nuestra confianza en nadie ni en nada, salvo en nosotros mismos. Debemos decidir nuestro propio destino. Debemos actuar ahora mismo. Esta noche.

—Pero el Gobierno Provisional me ha asegurado que se nos permitirá instalarnos fuera de Rusia, tal vez en la corte danesa, entre los parientes de la abuela Minnie, si el primo Jorge continúa negándonos un refugio.

—¡El Gobierno Provisional puede caer mañana!

—¿Qué?

—Constantin teme que se produzca un cambio repentino, que el sóviet se haga cargo de todo.

—¿Esos vándalos? ¡El pueblo nunca lo toleraría! Constantin es impetuoso. Eso son imaginaciones suyas.

—No hay tiempo para discutir —dijo Mijaíl con serena autoridad mientras empezaba a sacar su kinjal—. Ha llegado la hora de irnos. Señor, señora, debo insistir en que me acompañen…

Pero antes de que pudiese acabar la frase oímos gritos y un alboroto en el bosquecillo adyacente a la casa. Hombres con botas pesadas marchaban sobre el puente de madera que conectaba la isla y el amplio césped con su jardín de estatuas.

Cogí a Mijaíl por el brazo.

—Ya vienen. No sirve de nada —murmuró—. Tania, no puedo dejar que me atrapen. Puedo ayudaros más si me voy. ¡Que Dios esté con todos vosotros!

Me abrazó con fuerza, me besó en los labios y salió corriendo.

Solo tuvo un momento para escaparse. La casa quedó rodeada casi al instante e irrumpieron en ella media docena de guardias.

Tras quitarme rápidamente la capa, me enfrenté a ellos.

—¿Dónde han estado todo este tiempo? —pregunté—. Les estábamos esperando. ¿No saben que mi hermano está enfermo? Esta noche ha sufrido una terrible caída. Está sufriendo y no puede moverse. Ayúdennos enseguida a llevarle de nuevo al palacio, o sea, a la Casa del Pueblo. Busquen al doctor Korovin. ¡Vamos, no se queden ahí parados! ¡Ayúdennos!

47

*M*ijaíl se había marchado. No podía saber con certeza si se había escapado, pues no supe nada de él. Los hombres del Quinto Circasiano que le ayudaron en la noche de nuestra huida fallida también se habían dispersado. Mi peor temor era que todos ellos, incluyendo a Mijaíl, hubiesen sido capturados y ejecutados por los guardias revolucionarios. Pero sencillamente no lo sabía.

En palacio, parecía que los acontecimientos de esa noche, la osa bailarina, el alboroto, el tumulto y por último el restablecimiento de nuestro cautiverio, jamás hubiesen sucedido. Los guardias nunca los mencionaban ni nosotros tampoco, aunque mis hermanas y mis padres veían que estaba preocupada por Mijaíl y sabían muy bien cuál era la causa.

Papá echaba de menos a Mijaíl. Se había acostumbrado a su compañía y servicio, y nadie podía ocupar su lugar, ya que el viejo Shemodurov se había jubilado. Mis hermanas y Alexis —sobre todo Alexis— también le echaban de menos. Mijaíl jugaba con ellos, llevaba a Alexis a hombros y su presencia siempre levantaba el ánimo de todos.

Solo mamá, sospecho, se sentía aliviada por su marcha, pues significaba que no tenía que fingir ignorar que Mijaíl y yo éramos amantes. Yo siempre la había creído excepcionalmente abierta y espontánea en cuanto al sexo y el amor, como decía que siempre habían sido su madre y la abuela Victoria. Pero al tratarse de mi amor hacia Mijaíl y el suyo hacia mí, nunca había dicho una palabra acerca de la parte física de nuestra relación. En eso era lo contrario de la tía Olenka, que se alegraba por nosotros y me había dicho muchas veces lo contenta que estaba de que hubiese encontrado a un amante que me complaciese de forma tan completa.

¡Tía Olenka! Me pregunté dónde estaría en esos momentos. Nos habían dicho que se había ido a Crimea con la tía Xenia, el tío Sandro y la abuela Minnie. Habíamos recibido varias cartas cariñosas y preocupadas de la tía Xenia —prueba de que nuestros carceleros no confiscaban o destruían todo nuestro correo—, pero a medida que transcurría el verano no supimos nada más y empezamos a preguntarnos por su seguridad.

Sí llegó una carta muy importante, poco después de que Mijaíl se marchase (por alguna razón yo lo databa todo a partir de la última vez que vi a Mijaíl, echando a correr hacia el bosque de la isla de los Niños). Llegó a través del amigo de monsieur Gilliard en la embajada suiza. Era de Adalberto.

> Mi querida Tania:
> Me alegré mucho al recibir tu carta. Todos hemos estado preocupados por ti y tu familia. Esperamos que todo el mundo esté bien, sobre todo tu hermano. Llevaré el *Mercurio* al Báltico tan pronto como se rompa el hielo. Avísame de dónde debo esperaros. Confía en mí. Recuerda la Iniciativa de Paz.
> Un abrazo cariñoso de tu amigo,
>
> ADALBERTO

Contentísima, me disponía a llevarle la carta a Mijaíl cuando recordé que se había marchado. Pensé que se alegraría mucho al saber que algún miembro de mi familia se preocupaba por nosotros y acudía en nuestra ayuda.

Procurando disimular mi entusiasmo a ojos de los guardias, siempre vigilantes, doblé la carta de Adalberto una y otra vez hasta que solo fue un cuadradito de papel blanco y la deslicé en uno de los pocos libros de papá que los guardias no habían destruido. Durante el almuerzo coloqué el libro junto a su plato.

—Monsieur Gilliard nos ha estado leyendo *Historia de la decadencia y caída del Imperio romano*, de Gibbon —le comenté a papá mientras comíamos—. He marcado algunos pasajes que nos han parecido especialmente elocuentes.

—No recuerdo que hayamos leído nada de Gibbon —saltó Olga.

Le di una patada por debajo de la mesa.

—Te habrás quedado traspuesta. De todos modos, eres demasiado mayor para las clases.

—A mí me parece que Gibbon es una lectura deprimentemente apropiada —dijo mamá con aire de cansancio—. La decadencia y caída de Roma. Participamos en la decadencia y caída de Rusia, al menos por el momento. Y, como los romanos, hallamos fuerza en un nuevo poder espiritual que surge entre nosotros.

—Si no te importa, Tania, preferiría seguir leyendo *La muchacha de la pulsera de diamantes*, la novela negra que traje de Mogilev.

Me eché a un lado y le susurré al oído:

—Es importante, papá. Hay una cosa en el libro.

—¿Estáis hablando mal de mí otra vez? —preguntó mamá secamente.

—No, mamá. No es nada. No hablamos de ti.

—Estoy segura de que no habláis de mí. Nadie se preocupa por mí.

Era la conocida queja de María, que todos habíamos oído demasiadas veces.

—No me gusta Gibbon —comentó Anastasia—. Demasiadas palabras largas. Demasiadas frases largas.

—¡Qué estúpida eres! —le espetó Olga—. De todos modos, no sé qué estás haciendo en esta familia.

—¡Silencio, Olga! Sabes que no me gusta que critiques a tus hermanas —replicó papá en tono fatigado antes de levantarse de la mesa—. Voy a pediros que me disculpéis. Me han dicho que tendré una visita del nuevo primer ministro del Gobierno Provisional, Kerenski. Tengo que prepararme para recibirle. Tania, sube a mi despacho. Puedo echarle un vistazo al libro de Gibbon allí.

Cuando estuvimos sentados en su despacho, papá preguntó:

—Bueno, ¿qué es tan importante, Tania?

Abrió el volumen de Gibbon y cayó el cuadradito blanco de papel doblado. Lo desdobló y lo leyó.

—Ah, ya veo. Tu fiel Adalberto. Un buen chico. Sí, un chico excelente.

—Ya no es un chico, papá. Es un hombre casado y un oficial de marina.

—Para mí siempre será el chico que pidió tu mano. En los buenos tiempos, antes de que llegasen los horrores.

—Debemos prepararnos para encontrarnos con el *Mercurio*. Se nos presenta una segunda oportunidad para escapar. Debemos aprovecharla.

—Tania, el ejército alemán está prácticamente delante de nuestra puerta. Los alemanes y los austríacos han matado a un millón de nuestros hombres. A más de un millón. ¿De verdad supones que tu madre subiría a bordo de un buque alemán que dice ofrecernos rescate?

—Pero Adalberto no es un asesino salvaje, es mi amigo. Nos ofrece ayuda y amistad.

—¿No servía como oficial en buques que disparaban contra nuestra marina?

—Sí, y hundimos uno de los barcos en los que servía. Podría haberse ahogado.

—La cuestión es, Tania, que Adalberto es el enemigo.

¡Oh, papá, qué poco entiendes!, quise exclamar, pero en lugar de eso dije en voz baja:

—¿Qué hará falta para que lo entiendas?

No dijo nada. Cogió su pipa y se puso a llenarla de la lata de tabaco que descansaba en la mesa, junto a su silla.

Sacudí la cabeza desesperada, y me disponía a levantarme y marcharme cuando uno de los guardias abrió la puerta del despacho y anunció:

—El primer ministro Kerenski.

Era un hombre muy bajo y nervioso, con unos ojos negros que abarcaron de un vistazo a mi padre llenando su pipa sin prisas, mi cara de evidente frustración e insatisfacción, y la elegante habitación de altos techos con su gruesa alfombra persa estampada y sus ornamentadas molduras de yeso. Se dirigió rápidamente hacia mi padre y le tendió la mano. Papá se levantó y se la estrechó.

—¡Romanov!

—Primer ministro, le presento a mi hija Tatiana.

Kerenski se inclinó cortésmente, no con deferencia, y volvió a centrar su atención en papá, que le ofreció una silla.

—Tatiana —me dijo papá—, debemos felicitar al primer ministro por su reciente nombramiento, es decir, elección.

—Enhorabuena, señor —dije.

—Gracias, pero mi mandato podría ser breve. Se celebrarán

elecciones muy pronto y nadie puede predecir su resultado. No hace falta que le diga, señor, que cada vez resulta más difícil controlar al sóviet.

—Es el grupo radical, Tania. Los agitadores.

—Lo sé, papá. Constantin me mantiene bien informada.

Y he oído hablar a los radicales con mis propios oídos, habría podido añadir, aunque no lo hice.

El primer ministro, delgado y fibroso, incapaz de estarse quieto, se levantó de su silla y fue a situarse de pie junto a la chimenea de mármol. No había fuego, ya que la tarde era muy cálida.

—He tenido que armar a los obreros —le confió a papá—. De lo contrario, los radicales hubieran provocado el caos…

—Pero si arma a los obreros, ¡se apoderarán de la ciudad! —exclamé.

—Tengo que confiar en su lealtad. Mientras tanto, no debo arriesgarme con su seguridad, Romanov. Tengo entendido que tuvieron problemas aquí no hace mucho.

—Nada importante —dijo papá, dando una calada a su pipa—. Varios guardias se entusiasmaron cuando vino un gitano con una osa bailarina.

—Entonces, ¿no es cierto que se frustró una fuga?

—¿Una fuga? Nadie se fugó. Como ve, Tania y yo estamos aquí, y el resto de mi familia también está aquí en palacio, como siempre.

El primer ministro me miró.

—¿Hubo una fuga, señorita?

—No —me limité a decir.

Lo cual era cierto. Si hubiese preguntado si se intentó una fuga, tal vez habría tenido que responder de otro modo.

Papá continuó fumando su pipa; parecía serenamente indiferente a los ojos penetrantes y las secas indagaciones del hombrecillo.

—Tengan en cuenta que, en caso de que intentasen fugarse, sin duda serían ejecutados. El sóviet, o los agitadores, como ustedes les llaman, están deseosos de eliminar a su familia. Temen, con razón, que a muchos rusos no les parezca positiva ni su abdicación ni la autoridad del Gobierno Provisional. Son muchos los rusos que rechazan la revolución y quieren un regreso a la monarquía.

—Aprecio su lealtad —dijo papá con voz suave.

—Pero no el peligro que representan para usted y para el país.

Una contrarrevolución significaría la guerra civil. Los miembros de su familia serían las primeras bajas… pero no las últimas, ni mucho menos.

—Sí, entiendo. Ojalá nos acogiesen los británicos.

—Como usted sabe, eso es lo que yo he querido desde el principio. Y el rey Jorge continúa confiando en que se encuentre un refugio para ustedes, siempre que no sea en su país.

—Tenemos una of… —comencé, antes de que papá me interrumpiese.

—No tiene sentido sacar a colación lo que nunca podrá ser, Tania.

Kerenski volvió sus ojos penetrantes hacia mí.

—¿Qué iba a decir?

Vacilé.

—Tal vez tenga razón papá. No hay necesidad de alimentar falsas esperanzas.

Lamentaba haber estado a punto de soltar lo que había escrito Adalberto acerca de enviar su velero a rescatarnos. Así pues, papá no confiaba en el primer ministro, aunque hubiesen hablado de nuestra posible partida hacia Gran Bretaña.

—Tania tiene un amigo que quisiera ayudarnos.

—La ayuda particular resultaría inadecuada. Tiene que haber un gobierno que la apoye. Y mientras continúe esta guerra existen graves dificultades.

El primer ministro volvió a sentarse, en el borde de la silla.

—Mientras tanto, estamos formulando un plan. Queremos enviarles lejos de Petrogrado. A Siberia, en concreto.

Papá abrió la boca y su pipa cayó sobre la alfombra.

—¡Siberia! ¡Esa región congelada!

—Congelada en el tiempo. La ciudad a la que viajarán no ha cambiado en décadas. Si su abuelo estuviera vivo, se sentiría allí como en casa. No hay obreros descontentos y radicales, porque no hay fábricas, ni terroristas. Solo gentes de pueblo que van a la iglesia y veneran a los santos y al zar, no necesariamente en ese orden.

—Parece muy seguro —comenté.

—Lo es.

—Pero ¡Siberia! —repitió papá mientras se agachaba para recoger su pipa, que se había apagado.

—No sé por qué le sorprende tanto —respondió el primer ministro, tras levantarse de nuevo de la silla y ponerse a caminar de un lado a otro de la habitación—. Parece una elección totalmente natural y sensata. No tiene por qué ser una larga estancia allí. Con el tiempo podremos negociar un asilo permanente para ustedes.

Se inclinó ante ambos.

—Ahora tengo que irme. Ya les enviarán las instrucciones para la partida.

Y se marchó.

Papá y yo permanecimos unos momentos sentados en silencio, sumidos en nuestros pensamientos. Me preguntaba cómo podría encontrarme Mijaíl si nos íbamos tan lejos. ¿Cómo podría avisarle? ¿Y si nunca me encontraba? ¿Y si nunca volvía a verle?

Papá parecía aturdido. Miró sin ver el opulento despacho mientras su pipa apagada yacía olvidada sobre la mesa que estaba a su lado.

—¡Siberia! —dijo de nuevo—. Desde luego, Siberia es el fin del mundo.

48

$\mathcal{D}$urante cuatro días calurosos y polvorientos de agosto de 1917 viajamos en un tren infestado de piojos por el desolado erial de Siberia.

No sabía que Rusia poseyese tierras tan vacías, vacías de ciudades, vacías de vegetación y, sobre todo, vacías de gente. Viajamos durante horas sin ver ni una pequeña aldea, a través de áridas estepas y pantanosas tierras bajas en las que brillaban pequeños lagos y por pasos de montaña en los que el tren, resoplando despacio, parecía esforzarse al máximo para arrastrar su pesada carga.

Éramos un grupo numeroso, formado por los siete miembros de nuestra familia, nuestros tres perros, Niuta y Nikandr, Daria e Iskra, que habían llegado a ser, al menos para mí, una segunda familia, más las camareras de mamá, Sedinov, monsieur Gilliard y el doctor Botkin, el nuevo médico de Alexis (y mejor que el doctor Korovin), y nuestro reducido servicio doméstico de cocineros y lacayos, además de los varios centenares de soldados que eran nuestros carceleros desde el estallido de la revolución cinco meses atrás.

El equipaje de nuestra familia ocupaba un vagón entero, pues mamá no quiso dejar nada atrás y había llenado baúles y baúles con sus preciosos iconos, reliquias familiares y fotografías, por no hablar de sus numerosos vestidos, sombreros, pares de guantes y metros y metros de encaje confeccionado a mano. Mis hermanas y yo teníamos varios baúles cada una, y papá llevaba los libros que le quedaban y algunos tesoros que habían pertenecido a su padre y a su abuelo.

No hace falta decir que nuestras posesiones más valiosas eran las joyas de mamá. Diamantes exagerados y magníficos, esmeraldas y perlas, diademas y collares, cada uno de los cuales valía una fortuna, y muchos anillos bonitos que papá le había comprado a lo largo de los años con su gran fortuna personal. Si mis padres hubiesen querido reconocer que la revolución era inevitable, sin duda habrían vendido algunas de esas joyas y depositado los beneficios en bancos suizos o en discretas agencias de Londres o París. Cuando hicimos el viaje a Cowes, mamá podría haberle dejado a la amable reina Alejandra parte de sus perlas y diamantes para que los escondiese con las joyas reales en la Torre de Londres, o al menos eso imaginaba yo.

Pero, por supuesto, no habían previsto que nuestra familia se viese prácticamente desposeída de todo y que la vasta fortuna de los Romanov fuese confiscada. Así pues, lo único que podíamos hacer mientras nos preparábamos para marcharnos de Tsárskoie Seló era sacar las hermosas joyas de sus engarces y ocultarlas. Algunas las escondimos en nuestros corsés, otras las envolvimos bien en seda y las convertimos en botones que cosimos en nuestros vestidos. Cada una de nosotras llevaba encima miles de rublos. Éramos conscientes de que podían representar la diferencia entre la pobreza y la riqueza en nuestro desconocido futuro.

Antes de abandonar el palacio, fui a ver al elefante por última vez. Seguía allí, en su recinto triste y en malas condiciones. Parecía tan polvoriento y peludo como siempre. Su estanque estaba turbio y el animal arrastraba los pies a través de pilas de tierra y hojas mientras avanzaba despacio, oscilando de un lado a otro del recinto vallado.

—Adiós, querido y viejo amigo —le dije mientras pasaba la mano por entre los barrotes. El elefante levantó la trompa para husmearla en busca de golosinas—. No tengo nada que darte. Lo siento. Nos vamos —añadí cuando nos miramos a los ojos—. No sé por cuánto tiempo. Espero que estés bien. Espero que hayas tenido una buena vida.

Levantó la trompa y, al contemplar cómo se alzaba, vi en la pared de ladrillo del fondo una hilera de agujeros recientes. Agujeros de bala. Los soldados habían estado disparando contra él, o cerca de él, con objeto de asustarle. Sin duda disfrutaban tanto atormentándole a él como atormentándonos a nosotros.

Deseaba poder proteger al viejo elefante del destino que le esperaba cuando nos hubiéramos marchado. ¿Moriría de hambre? No había rastro de su cuidador. ¿Le ejecutarían en calidad de enemigo de la revolución, o simplemente le pasarían por alto como una víctima más de la situación caótica en que estaba cayendo Rusia?

Apoyé la cabeza contra los barrotes de hierro. Una vez más, el animal se me acercó y sacó la trompa para husmear mi cabello.

—Sabes que te quiero, ¿verdad? —pude decir antes de tener que marcharme. Esperaba que lo entendiese.

A medida que viajábamos hacia el este hacía más calor, y cada vez que debíamos parar para aprovisionarnos de carbón o pasar por un pueblo teníamos que bajar las persianas para evitar ser reconocidos, con lo que el aire del interior se volvía aún más caliente. Llevábamos agua limpia para beber y nos servíamos champán del vagón restaurante, con lo que nos achispábamos y el tiempo pasaba más deprisa.

Haciendo lo posible para olvidar las picaduras de los piojos y las sacudidas y vaivenes del tren, que nos dificultaban mucho dormir en las estrechas camas, bromeábamos acerca de nuestra situación. Allí estábamos, apretados en un tren achacoso y viejo, de camino al fin del mundo (como decía papá), con nuestro propio viaje disfrazado de misión de la Cruz Roja para nuestro antiguo enemigo, ¡los japoneses! La bandera japonesa ondeaba en nuestro tren, y habían contratado a dos soldados japoneses armados para que patrullasen las vías cada vez que el tren paraba para abastecerse de carbón y agua.

Cuando por fin terminó nuestro incómodo viaje en tren, subimos a bordo del barco de vapor *Russia* en Tiumén para navegar río arriba hasta nuestro destino definitivo, el pueblo de Tobolsk. Éramos demasiados pasajeros para la capacidad del barco, y mis hermanas y yo tuvimos que compartir un camarote muy pequeño con camas que eran poco más que tablones y en las que apenas habrían podido dormir nuestros perros. No diré nada de los baños porque, sencillamente, no los había. Fueran quienes fuesen los que habían viajado en ese barco antes que nosotros, no habían sido muy limpios, y yo estaba impaciente por llegar a tierra firme y a nuestro nuevo palacio.

Pero no había palacios en Tobolsk, como no tardamos en averiguar.

Lo cierto es que solo había una casa grande, conocida como la Mansión del Gobernador, y el resto eran casas de troncos apenas lo bastante espaciosas para una familia, y no digamos todo un clan aristocrático con criados, un profesor particular, un médico y, en nuestro caso, un nutrido destacamento de carceleros.

Aunque la Mansión del Gobernador estaba abandonada y tenía puertas y ventanas tapiadas con tablas, debíamos instalarnos en ella y arreglárnoslas como pudiéramos. Sedinov y Nikandr arrancaron algunas de las tablas y entraron a echar un vistazo.

—Resulta de todo punto imposible que se instalen ahí —nos dijo Sedinov secamente cuando regresamos al barco—. Apenas hay muebles, las paredes y los suelos están asquerosos y no han encendido el gas. No hay agua y las tuberías están atascadas. El barco es mejor.

—¡Me niego en redondo a permanecer otra noche en este horrible barco! —se quejó mamá.

Pero no teníamos elección. Permanecimos a bordo del *Russia*, sin poder dormir por los pitidos y bichos del barco y por la incomodidad de las estrechas camas de tablones, durante una semana más, mientras preparaban la casa.

—No puedo creer que alguna vez haya vivido un gobernador en esta casa —comentó papá cuando por fin desembarcamos y nos instalamos, mientras deshacían nuestros baúles—. ¡Todo es tan viejo y cochambroso! El olor es terrible. ¡Y el desván! Me avergüenza que los criados vivan allí.

Niuta y Nikandr, al igual que Daria e Iskra, se instalaron en otras viviendas de la población. Muchos de nuestros criados vivían en una casa situada frente a la nuestra. Nosotros también nos instalamos e hicimos lo posible por acomodarnos. Olga y yo cosimos cortinas para tapar las ventanas sucias. Vecinos agradables nos traían lámparas y mesas, y nos expresaban sus mejores deseos en voz baja a espaldas de nuestros guardias. Todas las habitaciones necesitaban pintura y el viejo papel pintado se despegaba de las paredes, aunque papá insistía en que no importaba, ya que nuestro alojamiento era solo temporal.

—Un día de estos nos ofrecerán asilo en el extranjero —decía—. Es el deseo de todo el mundo. El primer ministro Kerenski me ha dado su palabra.

Nos esforzábamos por recordar sus palabras alentadoras mientras hacíamos frente a la porquería y el hedor de los desagües que rebosaban y los inodoros que no querían funcionar.

—Es como vivir en una cueva —protestaba María—. ¡Aquí vivimos como animales!

Cuando un vecino amable llevó un piano a la mansión, Olga se puso a gritar:

—¡Para qué necesitamos un piano, si ni siquiera tenemos un inodoro que funcione! Si esas personas quieren ayudarnos de verdad, ¡que nos limpien de arriba abajo las fosas sépticas!

Sin embargo, por supuesto, nadie quería hacer eso. Se le dieron las gracias al donante del piano y nuestras cañerías continuaron estropeadas.

Aun así, pese a todo su atraso, la población y sus gentes se mostraban sinceramente afables con nosotros. Allí no había multitudes que nos abucheasen, ni obreros que se manifestasen enfadados. Al contrario, los habitantes de Tobolsk se quitaban el sombrero y se santiguaban cuando pasaban frente a nuestra casa. Algunos se arrodillaban en el suelo. Algunos hacían reverencias. Nunca vi que nadie besase la tierra cuando la sombra de papá caía sobre ella, pero si alguien lo hubiese hecho no me habría sorprendido.

Lo más sorprendente de todo era que nadie insultaba a mamá llamándola «zorra alemana» ni murmuraba los sucios chismorreos que con tanta frecuencia se habían contado y vuelto a contar en Petrogrado.

—¡Aquí en Tobolsk nadie dice tonterías como que soy una espía alemana o la amante del padre Grigori! —nos dijo con una sonrisa de satisfacción—. Saben quién soy realmente, se inclinan ante mí. ¡Puede que sepan que la abdicación de su *batiushka* está a punto de ser revocada!

Mamá tenía sus satisfacciones diarias, cuando iba a sentarse en la ventana de su habitación del piso de arriba y los transeúntes le mostraban respeto. Sin embargo, papá estaba muy desanimado pues se enteró de que los alemanes avanzaban y habían tomado Riga, y de que sus amados soldados rusos se hallaban a todas luces en lo que sería su retirada final.

Sabíamos lo peor; nos permitían leer los periódicos locales y también recibir telegramas de Petrogrado y otros lugares, aunque nuestros guardias los leían primero y eliminaban todo lo que no querían que viésemos o supiésemos. Al parecer, ninguna de las noticias era positiva. Aunque Tobolsk conservaba sus valores tradicionales y continuaba venerando a la monarquía (ahora disuelta), en el resto de Rusia, sobre todo en las ciudades industriales, la revolución se hacía más y más radical. En los sóviets o comités de obreros y soldados, cada vez con mayor poder, quienes se llamaban a sí mismos bolcheviques se volvían más y más fuertes, y reclamaban «paz, tierra y pan» mientras el Gobierno Provisional perdía apoyos.

Leíamos esas cosas y las comentábamos en susurros, mientras hacíamos lo posible por mantener una vida ordenada de calma aparente, a pesar de las malas condiciones de nuestra mansión, y aguardábamos la llegada de los primeros indicios del temible invierno siberiano.

49

$\mathcal{L}$as monjas del cercano convento de Ivanovski iban y venían por la puerta lateral de nuestra mansión a todas horas del día, sin hacer ruido, hablando con voz suave, trayéndonos verdura de su despensa, panes recién horneados e incluso pescado, siempre con un saludo y una bendición de sus manos nudosas.

Al principio todas me parecían iguales, damas ancianas de rostro arrugado bajo el velo negro, pero con el paso de los días empecé a aprender el nombre de algunas y, cuando se me permitía, pasaba el mejor momento del día con ellas antes de que se marchasen. A veces venían para la misa vespertina que permitían celebrar a un sacerdote del pueblo en nuestro salón. En otras ocasiones venían cuando algún miembro de la familia estaba enfermo, o cuando se necesitaban oraciones especiales.

Nuestros guardias toleraban la presencia de las monjas, aunque de vez en cuando les ponían la zancadilla y caían al suelo despatarradas con sus delgadas piernas blancas asomando bajo las largas faldas negras. Sin embargo, en general las monjas y los guardias parecían ignorarse mutuamente. Unas y otros se convirtieron en parte integrante de nuestro nuevo entorno: las monjas, siempre bien recibidas; los guardias, una fuente constante de fastidio, una pesada molestia.

Eran las monjas quienes nos traían los periódicos, periódicos de una semana atrás con descripciones muy medidas del empeoramiento de la situación en Petrogrado. Las leíamos —solo papá y yo, pues los demás preferían mantenerse en la ignorancia— y tratábamos de imaginar la verdad que se ocultaba tras los relatos cautelosos y breves sobre disturbios, sospechas, huelgas y escasez de alimentos.

—¿Cuánto tiempo más puede aguantar la ciudad? —preguntó papá desesperado mientras echaba una ojeada a uno de los periódicos después de nuestro escaso almuerzo.

Nuestra propia ración había sido reducida por orden del Gobierno Provisional; nos daban comida campesina, sopa de col, pan negro y nabos, y no se permitía repetir a nadie, ni siquiera a Anastasia, que a los dieciséis años estaba engordando mucho y siempre tenía hambre.

—Sin duda, las cosas fueron muy malas el invierno pasado —siguió papá—, pero parece que el invierno que se avecina será aún peor.

Vino una de las monjas con una cesta de panes recién hechos, y mientras me la pasaba susurró:

—Hay uno entre nosotras que desea hablar con su padre.

—Pídale que salga al patio —respondí—. Esta tarde papá estará cortando leña como de costumbre y le vendrá bien un poco de ayuda. Mi hermana María y yo hacemos lo que podemos, pero nuestras pilas de leña siempre son pequeñas. Pídale que les diga a los guardias que está aquí para ayudar a papá a cortar leña.

Era el único placer verdadero de papá: balancear su hacha y cortar los troncos que le traían los guardias hasta convertirlos en palos para quemar en las estufas. Ahora que había llegado noviembre, el tiempo estaba refrescando mucho, y necesitaríamos mucha leña para calentar la casa durante el largo invierno.

Poco después dejaron entrar en el patio a un hombre bajo y enérgico vestido con un grueso abrigo y un gorro, ambos de piel. Tras coger un hacha, se puso a trabajar para reducir a leña los obstinados tocones. Me pareció que me resultaba familiar, pero no recordaba dónde había podido verle antes. Sin embargo, le conocí tan pronto como le oí hablar con papá. ¡Era el primer ministro, Kerenski!

Me acerqué a él, pero antes de que pudiese hablar se llevó un dedo a los labios.

—Por favor, señorita Tatiana, le ruego que no se dirija a mí. No soy quien usted cree.

—Entonces, ¿quién es?

—Un viajero de paso por Tobolsk de camino a Múrmansk.

—¡Tan lejos! —dijo papá—. Dígame, viajero, ¿dónde inició su viaje?

—En Petrogrado.

—¿Y cómo está mi ciudad predilecta?

Kerenski sacudió la cabeza.

—Nunca la he visto tan mal. Cuando me marché... En fin, me marché apresuradamente, se lo aseguro; tuve mucha suerte al salir con vida de la ciudad...

Dejó de hablar al darse cuenta de que uno de los centinelas se nos acercaba tranquilamente. Cuando el hombre volvió a alejarse, continuó con voz llena de preocupación:

—Cuando me marché, las calles estaban llenas de saqueadores. Robaban en todas las casas, desvalijaban todas las bodegas. Nadie trabajaba. No circulaban los trenes. No había alimentos en los mercados. Los soldados se negaban a restablecer el orden. ¿Pueden imaginárselo? ¡Los hombres del regimiento Preobrazhenski rechazando nuestra orden de salir a las calles y disparar contra los saqueadores!

Durante un rato el primer ministro, papá y yo continuamos trabajando en silencio.

—¿Quién manda ahora? —preguntó papá al final.

—Nadie... legalmente. Los bolcheviques reinan mediante el terror. Se autodenominan el Comité Militar Revolucionario.

—Pero ¿y el Gobierno Provisional? —pregunté en voz baja—. ¿Y mi amigo Constantin?

Kerenski negó con la cabeza.

—El Gobierno Provisional ya no existe. Los bolcheviques nos expulsaron a todos del palacio en el que celebrábamos nuestras reuniones. A continuación hicieron su gran declaración: toda la propiedad privada ha sido abolida.

—¿Qué?

Papá, atónito, hundió su hacha en un tocón con un sonoro porrazo.

—Es el sueño del líder bolchevique, ese al que llaman Lenin. Dice que todo es propiedad de todo el mundo. Nadie puede guardar nada para sí.

Papá se sentó en un tocón y miró al vacío.

—¿No saben que eso solo puede conducir a la anarquía, a una jungla en que los fuertes se lo quedan todo y los débiles son masacrados?

Alzó la mirada al rostro de Kerenski, pero Kerenski se limitó a poner los ojos en blanco y sacudir la cabeza.

Dos de los guardias, que se divertían forcejeando entre sí y nos prestaban poca atención, recordaron en ese momento su deber y se acercaron más. Papá se levantó de inmediato y continuó cortando leña mientras cambiaba de tema y su voz adoptaba un tono práctico:

—Me han dicho que el invierno es aún más riguroso en Múrmansk que aquí. Dígame, ¿qué hará usted allí?

—Soy un científico. Estudio las manadas de morsas. ¿Sabía usted que los colmillos de una morsa pueden llegar a medir más de un metro de largo?

—Mi hermana tiene un collar de marfil de morsa —intervine—, pero nunca se lo pone.

Los guardias empezaron a alejarse de nuevo. Cuando estaban lo bastante lejos, Kerenski continuó con su mensaje:

—He venido a avisarle. Ahora corre más peligro que nunca, y está solo. Ningún gobierno extranjero va a acogerle ahora que los bolcheviques han tomado el control. Se imaginan que los alemanes conquistarán Petrogrado, le restaurarán como zar y le obligarán a ordenar la muerte de todos los radicales.

—¡No tendrían que insistirme mucho para eso! —dijo papá, apretando los dientes.

—Antes de que eso pueda suceder, los bolcheviques ordenarán su muerte. Debe encontrar una forma de escapar.

Papá dejó caer los hombros.

—En cuanto a eso, todo está en manos de Dios.

—Los bolcheviques han ilegalizado a Dios.

Durante unos momentos más trabajamos en silencio. Me di cuenta de que papá se estaba cansando. Le pesaban las terribles noticias que Kerenski había traído. Estaba lejos de ser un viejo, solo tenía cuarenta y nueve años cuando nos trasladamos a Tobolsk, pero empezaba a tener el aspecto agotado y frágil de la vejez, y aunque disfrutaba con el ejercicio físico, se fatigaba más que antes y tenía que tomar cocaína para reanimarse.

—¡Vosotros! —exclamó uno de los guardias—. ¡Trabajáis despacio! ¡Qué pila de leña más miserable! ¡Este invierno os vais a congelar!

Los demás se echaron a reír y luego se pusieron a cantar. Solían cantar canciones revolucionarias con sus voces ásperas, dándose palmadas en los muslos al ritmo de la música. Las canciones hablaban siempre de la libertad y del triunfo de los trabajadores.

—¿No hay nadie que les plante cara a esos bolcheviques? —le preguntó papá a Kerenski al cabo de un rato—. Aquí en Tobolsk Dios sigue en sus iglesias, y la gente sigue siendo propietaria de su casa y sus campos. Nada ha cambiado.

—Por eso dispusimos que se trasladasen aquí, porque la revolución aún no ha llegado a Tobolsk. Pero no tardará en implantarse aquí, y en una forma más violenta que nunca. En Petrogrado se ha producido un baño de sangre. Los bolcheviques asesinan a todo aquel que se oponga a ellos, incluso a los miembros de los sindicatos y a los soldados que se niegan a obedecer sus órdenes.

—¿Asesinan a soldados?

—A centenares.

Papá volvió la cabeza hacia otro lado. No me cabía duda de que estaba llorando.

Mi único pensamiento era que Mijaíl seguía siendo soldado. ¿Estaría seguro?

—¿Sabe algo del Quinto Regimiento Circasiano y de un oficial llamado Mijaíl Gradov?

—No, pero si no es bolchevique está en peligro… o, seguramente, está ya más allá del peligro. Ya ha encontrado la muerte.

Se me paró el corazón.

—Pero no puede estar seguro. Tal vez haya escapado.

—La esperanza es lo último que se pierde… incluso contra toda probabilidad —reconoció Kerenski con una ligera sonrisa—. ¿Ese Gradov era un radical?

—No. Lo cierto es que era miembro de mi casa.

—¡Ah! Pues en ese caso el Comité se aseguraría de no mostrarle compasión.

Al oír las palabras de Kerenski no pude reprimir mis propias lágrimas. Mi querido Mijaíl, ¡asesinado por los bolcheviques! ¡Aquellos odiosos bolcheviques! Impulsada por la ira, escupí en dirección a los guardias, que una vez más se aproximaron a nosotros.

Uno de ellos derribó nuestra pulcra pila de leña de una patada, esparciendo los palos en todas direcciones.

—¡Recógelo, Romanov! ¡Lo has desordenado todo! —exclamó—. Y tú márchate —añadió, dirigiéndose a Kerenski.

Tras vacilar un instante, este se despidió de mi padre, me saludó con un gesto de la cabeza y se fue.

Papá se agachó y empezó a recoger la leña y a apilarla de nuevo.

—Ayúdame, Tania —dijo—. Limítate a ayudarme e ignora a los hombres.

—Pero papá…

—Esto es lo que debemos hacer en este momento. Ayúdame sin pensar en nada más.

Hice lo que me pedía a pesar de la ira, la pena y el miedo que se arremolinaban en mi interior. A pesar de mis ganas de arrojar la leña contra los guardias, de matarles a todos, de vengarme de la forma más terrible de aquellos que, si mis temores eran ciertos, habían matado a Mijaíl y pensaban destruir todo y a todos los que yo amaba.

50

—¿*Q*ué está haciendo esto aquí?

Irrumpió en el patio en el que estábamos cortando leña una tarde glacial. Era un hombre delgado y desaliñado, con la ropa sucia, el pelo largo y rojizo y gafas de montura metálica. Corrió hacia Iskra, que jugaba con un trineo en un montoncito de nieve junto a nosotros, y la agarró brutalmente, asustándola y haciéndole gritar.

Los holgazanes guardias se pusieron firmes al instante.

—¡Déjela! —grité.

—¡Deshazte de esto al instante! —le gritó el hombre pelirrojo al soldado que tenía más cerca, lanzándole con tanto descuido a Iskra, que se retorcía, que me asombró que no cayese al suelo cubierto de nieve—. Llévalo dentro. Busca a la madre. Mátala.

Ahora me llegó a mí el turno de chillar.

—¿No sabéis que cualquier extraño puede ser utilizado para llevar armas o mensajes? No se puede permitir la entrada de nadie en este recinto. De nadie, ¿lo oís?

Arengaba a los guardias mientras su pelo largo y rojizo revoloteaba en torno a su rostro de rasgos afilados. La amenaza en su voz era clara y aterradora. Los guardias se encogieron.

Papá dejó el hacha y se acercó al loco, pues eso me parecía en ese momento. Tendió la mano.

—Romanov —dijo.

—¿Crees que no sé quién eres, explotador? ¡Tirano! ¡Monstruo!

Le volvió la espalda a papá y caminó despacio de un lado a otro delante de los guardias, que se pusieron firmes con las manos a los costados.

—¡Chusma! —susurró—. Debemos traer guardias de verdad a este sitio. Miembros de la Guardia Roja. Revolucionarios entregados por completo a su trabajo. ¡No vosotros, aficionados chapuceros, que dejáis entrar a cualquiera en lo que debería ser una prisión cerrada!

El teniente de la guardia dio un paso adelante.

—Señor, yo…

El hombre pelirrojo le abofeteó tan fuerte que se tambaleó antes de volver a la fila.

Hasta entonces había permanecido paralizada, conmocionada por lo que veía. Pero entonces recuperé mis facultades.

—No puede matar a la madre de esa niña —dije—. No ha hecho nada.

Me miró de arriba abajo antes de volver a la casa, dejándonos a solas. Me dispuse a seguirle, pero papá me contuvo.

—No, Tania. No te enfrentes a él.

—Pero, papá, está loco, sea quien sea.

—Recuerda lo que nos ha dicho nuestro visitante, el que va de camino a Múrmansk. Un nuevo grupo de revolucionarios ha subido al poder. Debe de ser uno de ellos.

No tardamos en saber por nuestros guardias quién era el hombre pelirrojo. Parecían deseosos de compartir lo que sabían.

—Le llaman «el Fusil». Nadie sabe a cuántos mató en los días sangrientos después de que los bolcheviques tomasen el poder en Petrogrado. Docenas. Tal vez centenares. Tiene sed de sangre.

—Dicen que se volvió loco mientras estaba en la cárcel. Pasó quince años confinado. Quince años solo, muerto de hambre, ansiando comida, luz y calor. Es suficiente para volver loco a cualquier hombre. Ahora es miembro de la nueva Comisión, esa a la que llaman «la Checa».

—No había oído hablar de eso —comentó papá—. ¿Qué es la Checa?

—La comisión extraordinaria de todas las Rusias para la lucha contra la contrarrevolución y el sabotaje. La Checa es mortífera. Matan a la gente y luego buscan excusas. Eso hemos oído.

—Matan a quienes les desagradan. El Fusil no perdona a nadie.

Pero al final perdonó a Daria e Iskra, solo para ordenar que las encerrasen en el sótano de nuestra casa, en una especie de prisión dentro de una prisión, horriblemente fría y húmeda y con una sola estufa pequeña para calentarse. Una estufa que funcionaba mal y tenía mala ventilación.

Las imaginaba allí, noche tras noche, apiñadas para darse calor en la oscuridad, y la idea me pesaba como plomo, desanimándome aún más. Y ya estaba muy desanimada. Después de lo que nos había dicho Kerenski, temía que hubiesen matado a Mijaíl en Petrogrado. Pensaba que, cuando tuviese la certeza de que estaba muerto, cuando conociese esa noticia terrible y definitiva, no querría vivir.

¿Cómo puedo describir el frío de aquel duro invierno? Soy rusa; conozco el frío. Pero el frío profundo, penetrante y crudo de Siberia era nuevo para mí. Descendía sobre nosotros en una marea vengativa de hielo, viento y oscuridad. Nos agarraba de forma dolorosa. Nos abrumaba y debilitaba, en cuerpo, mente y espíritu.

Aunque estábamos dentro de la casa, notábamos el frío como si una tormenta inacabable nos hubiese sorprendido sin hallar refugio. El frío atravesaba las paredes, cubriendo de escarcha cada superficie. Todo lo que dejábamos en el suelo se congelaba. Los pies se nos ponían azules dentro de su dobla capa de gruesos calcetines de lana y botas de fieltro.

Las tuberías se helaron y nos quedamos sin agua, salvo la que obteníamos derritiendo el hielo. Hervíamos hielo en una cazuela encima de nuestra única estufa, que manteníamos atestada de leña. El hielo se entibiaba y luego se derretía, pero el agua no llegaba a hervir, pues el aire era demasiado frío. Así pues, disponíamos de agua para beber pero no de agua caliente para bañarnos; no solo teníamos frío, sino que además estábamos sucios, y eso aumentaba nuestra tristeza.

Lo peor de todo era el viento que chillaba y aullaba igual que algo vivo, como si hubiesen soltado a todas las furias del infierno y pretendiesen destruirnos. A veces, por la noche, cuando estábamos reunidos en torno a la estufa, intentando hablar, mamá tratando de tejer con los guantes puestos, monsieur Gilliard haciendo lo posible por jugar al ajedrez con Olga o Anastasia, y papá con el abrigo puesto leyendo un grueso libro de *Historia universal* aunque las hojas no dejaban de rizarse de forma molesta, el viento chillaba tan fuerte que la charla era imposible y nos tapábamos las orejas con las manos.

Las ráfagas heladas entraban por las ventanas mal cerradas, bajo las puertas dobles mal ajustadas. Nos quemaba los pulmones y nos hacía toser. Nos lloraban los ojos. Tratábamos de cantar para sentirnos mejor, pero el viento nos arrancaba el aliento de la boca y nos rendíamos al poco rato.

El peor momento de todos era bien entrada la noche, cuando ya no podíamos retrasar el momento de irnos a dormir. Tiritábamos en nuestras camas húmedas e incómodas, con los dedos azules de congelación y doloridos por los sabañones. Jurábamos, rezábamos, volvíamos a jurar y al final nos hundíamos en un sueño frío, soñando con baños de vapor, chimeneas encendidas y playas cálidas y soleadas. Con cualquier lugar del que estuviese ausente el despiadado viento.

Se acumuló tanta nieve sobre el tejado que papá tenía miedo de que este se hundiese sobre nosotros. Envuelto en su abrigo, con la cabeza cubierta por capas de lana y pieles, guantes gruesos en las manos, que ya estaban en carne viva de cortar leña, subió al tejado y trató de rascar la nieve. Pero sus esfuerzos fueron en vano. La nieve se había convertido en hielo. Le oímos intentando hacer pedazos el hielo con la pala, y sabíamos, aunque ninguno de nosotros lo dijo en voz alta, que a su modo estaba luchando, y luchando duro, no solo contra el hielo sino contra todo lo que nos asaltaba: la cruel meteorología, los crueles soldados y el malvado Fusil, los sufrimientos desconocidos que nos aguardaban. Sentía tanta compasión por él en aquellos momentos que apenas puedo expresarla, una compasión enorme, justo entonces, por el padre al que tanto amaba.

Fue en aquellos grises días de desesperación cuando empecé a enfermar.

Cogí un resfriado, y luego empecé a arder de fiebre, una fiebre que subió, día tras día, hasta que el doctor Botkin comenzó a preocuparse mucho por mí y pidió a nuestros guardias que les permitiesen trasladarme a la ciudad grande más cercana en la que hubiese un hospital bien equipado. Pero, por supuesto, esta petición fue denegada.

Tenía graves dificultades para respirar y el corazón se me aceleraba aunque yacía en la cama, descansando. Mamá, el médico y algunas de las monjas estaban pendientes de mí, observándome. Yo era consciente de que también les observaba, o intentaba hacerlo, pero me distraía sin parar. No sabía si era de día o de noche, y mis pensamientos resultaban confusos.

Bajaba la mano y sentía hielo sobre las mantas, aunque estaba ardiendo. Notaba unas manos que me frotaban los brazos y las piernas para mantenerme caliente, pero ¿de quién eran las manos? Oía voces, pero ya no podía distinguir de quién eran.

Recuerdo haber visto el icono de san Simón Verjoturye y haber oído decir a mamá:

—Llora por ella.

Tosía, los dientes me castañeteaban de frío y el pecho me dolía cuando respiraba. Extendía la mano, pero Mijaíl no estaba allí para cogerla. Trataba de pronunciar su nombre. Sabía que mis labios se movían, pero no oía ningún sonido que no fuese el llanto fúnebre del viento.

Cerré los ojos. Alguien estaba sollozando. ¿Era mamá? Olí el tabaco de papá.

Entonces me pareció que me deslizaba hacia abajo, como si fuese en un trineo que bajase por la ladera de una inmensa montaña de nieve, cada vez más deprisa, queriendo parar pero sin poder hacerlo.

Todo era blancura a mi alrededor, y el único sonido que oía era el plaf ahogado de la nieve que caía desde las ramas de los árboles hasta la tierra helada. Luego cayó el silencio.

51

—¿Está muerta?

—No, pero lleva dos días sin moverse.

Noté que una mano agarraba la mía e hice lo posible por apretar los dedos. Unos dedos fuertes y cálidos. Unos dedos de hombre.

En la habitación espantosamente fría continué sintiendo el tacto de la cálida mano y hallando fuerza en su calor.

Entonces noté que me ponían algo en la mano. Parecía una vara congelada.

—Sujeta esto —dijo una voz reconfortante y cariñosa—. Sujeta esto, y te ayudará a ponerte mejor.

—¿Es la vara del padre Grigori? —conseguí murmurar.

—¿Tú qué crees?

Traté de concentrarme todo lo que pude en aquella vara. Mis pensamientos empezaron a ser coherentes. Y de forma gradual, hora tras hora, empecé a sentirme un poco mejor.

Mientras apretaba la vara, recordé el tiempo ya lejano en que la había puesto sobre el pecho herido de Mijaíl, cuando yo era su enfermera y él estaba cerca de la muerte en el hospital abarrotado. Recordé que en la vara había aparecido un capullo, y luego una fragante flor blanca. Y Mijaíl recuperó la vida y la salud.

Al final pude abrir los ojos. Lo primero que vi fue… ¡a Mijaíl! Sano y salvo, y sonriéndome. Me estrechó entre sus brazos y sentí que la vida y la fuerza se incrementaban rápidamente en mi interior.

Todos los reunidos junto a mi cama sonreían: mamá, papá, mis hermanos, las monjas, monsieur Gilliard… y Daria e Iskra. Aunque me sentía muy débil, hice lo posible por devolverles la sonrisa.

—Daria —murmuré—. ¡Os han dejado salir del sótano a Iskra y a ti!

—Solo mientras el Fusil esté fuera. Ha ido a la Reunión de Sóviets Regionales en Ekaterinburgo. Tardará varios días en volver.

Me aferré a Mijaíl, que apenas se separaba de mi cama. Insistió en cuidar de mí en persona, tal como yo le había cuidado a él. Me alimentaba con pan negro y sopa, col cruda, rábanos y té muy flojo; cantaba y me contaba cosas sobre Daguestán y Georgia, así como sobre sus camaradas del ejército, los hombres del Quinto Regimiento Circasiano.

—Están aquí, ¿sabes? En Tobolsk. Esperando el momento en que puedan ser útiles a tu familia. Se ha reunido dinero. Se están acumulando armas. Hay muchos grupos aquí en Siberia ansiosos por oponerse al nuevo gobierno bolchevique. Con el tiempo será derrocado, estoy seguro. Se recuperará Petrogrado. Los extremistas como el Fusil serán ejecutados por sus crímenes.

Vino el doctor Botkin, me apoyó el estetoscopio en el pecho y me auscultó el corazón y los pulmones.

—Se está recuperando, Tania, pero no debe tratar de hacerlo demasiado deprisa, sobre todo en esta casa helada. Ha tenido una neumonía doble y podría sufrir una recaída.

Siguiendo sus órdenes, trasladaron mi cama lo más cerca posible de nuestra única estufa, y Mijaíl improvisó unos biombos para intentar protegerme de las corrientes constantes.

Al cabo de pocos días pude incorporarme y mejoró mi apetito; por desgracia, no sucedió lo mismo con la comida.

—Mijaíl —pregunté cuando estuvimos a solas—, ¿cómo pudiste escapar de Tsárskoie Seló y cómo me encontraste?

—El peor momento llegó justo después de dejaros a ti y a tu familia allí, en la casita de la isla de los Niños. Me dirigí corriendo al bosque, pero los guardias estaban por toda la isla y estaba seguro de que me encontrarían. No veía ningún lugar en el que esconderme. Pero tuve suerte. Llevaban toda la noche bebiendo. Tropecé con uno que se había desmayado. Me puse su uniforme. ¡Ojalá la noche hubiese sido oscura! Aun así, conseguí mezclarme con los demás hasta que encontré el camino hacia el recinto del elefante. Entré y soborné al cuidador para que dejase que me escondiese en su cabaña toda la noche, debajo del montón de harapos donde dormía, hasta que resultase seguro abandonar los parterres. No me importa decirte, Tania, que estaba aterrado. Por la mañana llevé una carga de excrementos de elefante en una carretilla al cobertizo al que acude el basurero con su carro para recoger la basura y arrojarla al Slavianka. Nadie me hizo preguntas… ni quiso acercarse a mí. ¡Oh, cómo apestaba! Me escondí en la parte inferior del carro hasta que salió al río por una de las puertas laterales. Desde allí pude encontrar el camino hacia la guarnición del regimiento Semionovski, que contaba con muchos oficiales aún leales a tu padre y opuestos al poder creciente del sóviet. Me acogieron como a un compañero y me dieron ropa y algo de dinero. Dije que pertenecía al servicio del zar (no le llamé «antiguo zar»). Me aplaudieron, me desearon lo mejor y me hablaron de un tren militar especial que debía viajar hacia el este al cabo de uno o dos días. Antes de marcharme fui en busca de Constantin, que estaba escondido. Tenía suerte de estar vivo. Pudo decirme adónde iban a llevar a tu familia. Subí al tren y viajé durante cuatro días, pero fuimos atacados cerca de Perm por una fuerza de la Guardia Roja y pararon el tren. Permanecí durante algún tiempo en un pueblo situado al borde de los Urales, pero tuve que marcharme cuando alguien informó al sóviet local de mi presencia allí. Estuvieron a punto de dispararme. Otros muchos no tuvieron tanta suerte. Me dijeron que había bandidos monárquicos en las estribaciones, así que fui en busca de una banda de proscritos, confiando en poder unirme a ellos. Me acogieron porque era soldado y necesitaban instrucción. Te aseguro, Tania, que la vida de un proscrito es como la vida que conocí cuando era un muchacho en las montañas de Daguestán. Completamente libres, sin nadie que nos dijese cómo vivir o qué hacer. Mi bisabuela Lalako se habría sentido como en casa entre aquellos proscritos de los Urales. ¡Habría acabado encabezándolos! Sabía que tenía que llegar a Tiumén y esperaba poder coger el barco de vapor fluvial desde allí hasta Tobolsk. Pero cuando por fin llegué a Tiumén el río estaba helado. Pensé que tal vez tendría que pasar el invierno allí, en Tiumén, pero había unos cazadores de lobos que salían de la población en trineos y conseguí viajar con ellos. Con el tiempo encontré el camino hacia el convento de Ivanovski y las monjas me acogieron. Me contaron todo lo que le había ocurrido a tu familia… y también que estabas enferma y no esperaban que sobrevivieras. Supe que las monjas venían a vuestro recinto cada día con comida y los periódicos. Decidí disfrazarme de granjero y traer mantequilla, huevos y café. Les caí bien a los guardias… y a tu mamá, que adora el café. Incluso al Fusil le gusta el café, aunque a veces lo arroja a la cara de la gente cuando se disgusta.

Extendí las manos y Mijaíl las tomó entre las suyas.

—¡Cuánto has pasado por mí… y mi familia!

—Volvería a hacerlo… mil veces.

Entonces nos abrazamos como si nunca fuésemos a separarnos, y di las gracias al cielo por devolverme a Mijaíl.

—Tengo que preguntarte una cosa más —dije al final—. ¿Por qué conservaste la vara del padre Grigori desde Tsárskoie Seló?

—¿Cómo? —preguntó entre risas.

—La vara sanadora. La que te devolvió la vida cuando estabas herido y me salvó de la neumonía.

—Solo era un palo que cogí en el patio. No era nada especial.

—Pero creí que…

—Sé lo que creíste. Sabía que creerías eso. Necesitabas depositar tu fe en algo, así que te busqué un palo. La verdad es que fue tu propia fuerza la que te salvó.

—No. Fue mi fe… y tú. Prométeme que nunca volverás a dejarme, Mijaíl. No podría soportarlo.

Se inclinó y me besó.

—Yo tampoco —susurró—. Ahora, cómete la sopa.

52

Mientras me recuperaba, observé que las monjas que venían a menudo a sentarse junto a mi cama cosían mucho. Lo hacían tan rápido que sus manos casi parecían fluir sobre la tela; la pequeña aguja lanzaba destellos mientras entraba y salía del tejido casi demasiado deprisa para que el ojo la siguiese. A veces hacían bordados, a veces hacían encajes. Pero me parecía que con bastante frecuencia cosían prendas de vestir: sus propios hábitos negros y velos blancos, espléndidas vestiduras para los sacerdotes y, sobre todo, ropa para los pobres.

—¿Serían tan amables de confeccionarnos ropa interior nueva? —les pedí un día—. Hace casi un año que no estrenamos nada. La nuestra ha sido remendada y zurcida tantas veces que casi no queda nada.

Me aseguraron que suministrar ropa interior nueva para mí, mamá y mis hermanas no supondría ningún trastorno, y en cuestión de días nos entregaron una cesta de enaguas, corsés y prendas íntimas. Las prendas estaban confeccionadas de forma muy hábil, aunque eran bastante holgadas y no tenían adornos.

—Es una ropa interior práctica —dijo Olga, sosteniendo unas enaguas—, no elegantes prendas íntimas de seda procedentes de París. Además, ¿qué pueden saber las monjas de lencería fina para damas delicadas?

—Lo que me impresiona —dije yo— es lo deprisa que han cosido todo esto. Me imagino que estas monjas podrían hacer un vestido de baile de un día para otro si se les mostrase uno para copiarlo y se les diesen todos los materiales.

—En los buenos tiempos, antes de la guerra, Lamanov tardaba dos o tres semanas en hacer un vestido de baile para mamá o la abuela Minnie.

—Sí, a eso me refiero exactamente. ¡Estas monjas trabajan muy deprisa!

El Fusil regresó de su lejana reunión del sóviet regional y sembró el pánico en toda la casa. Daria e Iskra fueron encerradas de nuevo en el sótano y Mijaíl se vio obligado a regresar a su refugio en el convento de Ivanovski, aunque venía de visita cada día con las monjas, trayéndonos regalos en forma de comida y sin olvidar nunca el café del Fusil.

Los guardias habían empezado a construir una montaña de nieve en nuestro pequeño patio, pero el Fusil ordenó destruirla.

—¿No sabéis que el explotador y su familia podrían subir a la montaña y atisbar por encima de la valla? ¿No os dais cuenta de que están conspirando con los Blancos para destruir la revolución?

Los Blancos era un término que usaban los bolcheviques para referirse a todo aquel que se oponía a ellos.

—Es que se acerca el carnaval —oí que protestaba uno de los guardias—. Siempre tenemos montañas de nieve en las fiestas de carnaval.

—¿Qué carnaval? —gritó el Fusil—. ¡Superstición, culto a Dios! Eso se ha acabado para siempre. ¡No habrá carnaval!

Pero los ciudadanos de Tobolsk no opinaban lo mismo. Desde nuestra ventana envuelta en la niebla vimos que estaban en marcha los preparativos para el carnaval previo a la Cuaresma, tanto si lo aprobaban el Fusil y sus superiores bolcheviques como si no.

Siempre había habido una semana de celebración antes del comienzo de la Cuaresma. En Rusia, la Cuaresma correspondía a la última semana antes del Domingo de Pascua. Era una tradición de siglos. Se llamaba Maslenitsa, o «semana con manteca», debido a la manteca que extendíamos sobre nuestras tortas dulces llamadas blinis, manteca que goteaba de forma deliciosa por la barbilla y el pecho. La manteca simbolizaba la grasa y la opulencia, y presagiaba el final del largo invierno de hambre, cuando la comida volviese a ser abundante.

En la semana con manteca se celebraban concursos para ver quién podía consumir los blinis más suculentos, rellenos de fruta dulce, mermelada o caviar, salmón o eperlano del mar Blanco. Mijaíl decía en broma que en aquel año de 1918 solo habría blinis bolcheviques, rellenos de nada, pero a diferencia de Petrogrado, donde las masas pasaban hambre, Tobolsk contaba con caza y pescado fresco en el mercado y reservas de alimentos procedentes de las granjas y huertos situados en las afueras de la población, por lo que pensé que los blinis estarían rebosantes.

¡Cómo soñaba despierta con comida buena y que llenase el estómago en aquellos días de sopa clara de col, pan negro y nabos! A medida que recuperaba la salud regresaba mi apetito, e incluso el olor del café del Fusil era suficiente para removerme el estómago y agitarme los pensamientos. Por más que intentaba suprimir los recuerdos, no podía olvidar los banquetes que celebrábamos en el Palacio de Invierno y en Tsárskoie Seló, las fuentes con montones de setas y anchoas marinadas, salmón y arenque ahumado, ganso relleno, puré de jamón y liebre trufada y asada. Los patés, los caracoles, las salsas, pastellillos y petisús delicados. Nunca había sido una glotona, pero en aquellos días de escasez mis pensamientos se descontrolaban. Imaginaba lechones y perdices asados en nata agria, filetes de reno, esturiones del Volga, tiernos espárragos blancos, pasteles glaseados y frambuesas amarillas con azúcar. La boca se me hacía agua y mi pobre estómago me dolía.

No podía dejar de recordar a Bertie, el primo de mamá, en Cowes con sus tarros de confitura de Bar-le-Duc. ¡Cómo comía! Me pregunté qué pensaría si pudiese ver a nuestra familia ahora, delgada por las privaciones, tiritando en aquella casa gélida, y humillada de una forma que él nunca hubiese podido imaginar en la realeza. Aunque, claro, el primo Bertie nunca habría permitido que esto nos ocurriese. No se habría mostrado cauto como su hijo el rey Jorge, temeroso de intervenir en los asuntos rusos para rescatarnos aunque supiese que nuestra vida corría peligro. ¡No! El primo Bertie habría enviado en nuestro rescate a su ejército, su armada y todas las fuerzas bajo su mando, y no se habría quedado satisfecho hasta que volviésemos a estar sentados a su mesa y disfrutando de la generosidad de sus cocinas.

Los ingleses no nos socorrerían, pero estábamos averiguando que otros se preocupaban de veras por nuestros intereses y que estaban haciendo planes para ayudarnos.

Hubo un accidente en la cocina y uno de nuestros cocineros sufrió quemaduras graves. Trajeron a un viejo para sustituirle; al menos a mí me parecía viejo, dada mi juventud. Probablemente no era mayor que mi padre. Había estado trabajando en la cocina de las monjas, pero oí que una monja le decía al teniente de la guardia que podían prescindir de él dado que nuestra cocina no tenía suficiente personal.

Observé que el viejo, calvo y ligeramente encorvado, aunque aún vivaz, ayudaba no solo como cocinero sino también fuera de la cocina, barriendo las habitaciones, limpiando las ventanas (una tarea inútil, ya que tan pronto como quitaban la escarcha se acumulaba escarcha nueva) e incluso ayudando a papá a cortar leña.

Se estaban agotando nuestras reservas de leña. La única estufa de nuestra familia, los fuegos de la cocina y la estufa del sótano que mantenía vivas a Daria e Iskra gastaban más leña de la que podíamos cortar. El Fusil ordenó que trajesen al patio gruesos troncos de haya y papá trabajaba varias horas al día reduciéndolos a palos que cupiesen en las estufas. A pesar de las advertencias del doctor Botkin acerca del estado de mis pulmones, yo salía y hacía lo posible por ayudar a papá, por pequeña que fuese mi aportación al montón de leña. Hacía demasiado frío para mis hermanas; ellas permanecían dentro.

Una tarde, el viejo criado calvo salió como de costumbre para ofrecer su colaboración. Se agachó para coger el hacha, pero en lugar de bajar el hacha sobre el trozo de madera que tenía delante vi que miraba hacia la casa. Hacía un día gélido y los guardias habían entrado para evitar el viento. Nadie nos observaba. El viejo se volvió hacia papá con una expresión de bondadosa reverencia que me llegó al corazón.

A continuación se arrodilló en la nieve, a los pies de papá.

—*Batiushka* —murmuró—. *Batiushka*, padrecito, estamos aquí para ayudarle.

Vi lágrimas en los ojos de mi padre.

—¿Quién eres?

El viejo volvió a levantarse.

—Soy Georgi Kochetkov —susurró—, líder de la Hermandad de San Juan.

—¿Una orden religiosa?

—No, pero nos inspiramos en el patrón de Tobolsk, san Juan, y la catedral de San Juan es nuestra sede central.

Miró a su alrededor y vio que tres de los guardias habían salido al patio, aunque permanecían en un grupo junto a la puerta de la casa, como si estuvieran ansiosos por volver a entrar y calentarse de nuevo.

—Tenemos un escondite de armas en el sótano —confió Georgi—. La catedral es nuestro punto de encuentro… para cuando reconquistemos la población.

Papá enarcó las cejas sorprendido.

—¿Cuántos miembros tiene esa hermandad?

—Cada día más.

—¡Vosotros! —sonó la voz áspera del Fusil—. ¿De qué habláis? ¡Exijo saberlo!

Había salido de la casa y caminaba a grandes zancadas por la nieve hacia nosotros, sin gorro a pesar del frío, con el pelo largo y rojizo revoloteando y la nariz también enrojecida.

Georgi hizo una profunda inclinación.

—Señor, decía que nunca he visto un invierno tan duro como este en mis setenta años.

Así pues, me había equivocado acerca de su edad. No era de la generación de mi padre, era un viejo excepcionalmente en forma.

El Fusil frunció el ceño.

—¡Setenta años en Siberia! ¡Es un milagro que no hayas muerto! ¡No tardarás en estarlo si sigues hablando con el explotador!

—Sí, señor.

Manteniendo una postura sumisa, Georgi se marchó hacia un rincón del patio, donde se puso a cortar un tronco. Reanudamos nuestro trabajo. El Fusil se quedó observando al viejo durante un rato; luego se encogió de hombros y volvió a la casa.

Al cabo de un cuarto de hora, Georgi trajo un montón de leña para añadirla a nuestra pila. La dejó caer en la nieve y empezó a apilarla con cuidado. Mientras tanto, le habló a papá en susurros una vez más:

—Padrecito, hay muchos en Tobolsk que detestan la revolución. Odiamos a esos hombres nuevos, a esos hombres brutales y crueles que afirman hablar en nombre del pueblo. ¿Quiénes son en realidad? ¡Criminales! ¡Traidores a la auténtica Rusia! Nuestro número va en aumento. Algunos somos terratenientes como yo mismo y tememos que los campesinos se apoderen de nuestras propiedades y nos asesinen. Algunos son soldados. Hay trescientos oficiales de la guarnición de Tiumén que se han comprometido a apoyarnos cuando llegue el momento de nuestra revuelta.

Echó otra ojeada rápida al patio y luego siguió hablando en voz muy baja:

—Se está reuniendo dinero. Nuestro banquero de Tiumén recibe muchas aportaciones. Otro banquero de Petrogrado recoge en secreto fondos procedentes de toda Rusia. Me han dicho que ya ha reunido doscientos mil rublos. ¡Queremos que vuelva nuestro zar!

Observé el rostro de papá mientras oía aquellas palabras extraordinarias. Parecía iluminado desde el interior.

—¿Es posible? —murmuraba, sacudiendo la cabeza con gesto incrédulo—. ¿De verdad es posible?

—Nuestro objetivo es apoderarnos de Tobolsk cuando llegue el deshielo —dijo Georgi—. Tobolsk se convertirá en la nueva capital de Rusia, con usted, padrecito, restaurado en el trono y sus derechos. Mientras tanto, estamos reclutando más ayuda y cada vez somos más. El oculista y el dentista de su esposa llevan mensajes para nosotros, y su lavandera también.

—¿Y el Fusil sospecha lo fuertes que sois?

—Él sospecha de todo el mundo. Sabe muy bien que, mientras ustedes estén vivos, habrá oposición a los bolcheviques y sus objetivos. Pero no puede convencer a sus superiores de Moscú de que ordenen su ejecución. Ellos piensan que ustedes pueden serles más útiles vivos que muertos.

—¡Ojalá pudiésemos estar seguros de eso!

—La certeza es lo único de lo que no podemos estar seguros —susurró Georgi con una sonrisa irónica.

Habíamos leído en el periódico que el gobierno bolchevique había declarado a Moscú la nueva capital de Rusia y que todas sus órdenes procedían ahora de allí. Al parecer, habían abandonado a la pobre Petrogrado a su destino. ¡Hermosa y triste Petrogrado! Apenas soportaba pensar en ello.

Georgi regresó a su rincón del patio y continuamos oyendo el sonido de su hacha que penetraba en la obstinada madera, aunque estaba empezando a hacerse de noche y el viento se volvía más frío.

Al final papá y yo llevamos un montón de leña a la casa y le dejamos allí. Pero durante toda la velada el rostro delgado de papá resplandeció de felicidad. Al parecer, no podía dejar de sonreír, a nosotros, a los guardias y al icono lloroso colgado junto a la estufa.

Era el icono de san Juan.

53

*R*ecogí toda nuestra ropa sucia en una cesta grande y esperé junto a la puerta a que llegase la lavandera, como cada miércoles. Traté de evitar reaccionar ante las risillas burlonas de los guardias, que hurgaban dentro de la cesta, haciendo bromas fuera de tono y lanzándose nuestra ropa interior unos a otros. Ya era una vieja rutina, se había vuelto pesada.

Llegaron varias monjas con la lavandera, que trajo una cesta llena de ropa y sábanas limpias.

—Asegúrese de tender las enaguas azules —me comentó una de las monjas—. No están secas del todo. Cuélguelas junto a la estufa.

Como siempre, me llevé la cesta al dormitorio que compartía con mis hermanas y empecé a separar y doblar la ropa, buscando ansiosa las enaguas azules. No me cabía duda de que la monja las había mencionado por alguna razón. Cuando las encontré las puse en una percha, me las llevé al salón y las colgué en una silla, alisando las arrugas pero en realidad buscando alguna irregularidad en los pliegues de la tela. En un bolsillo del corpiño noté el borde duro de un papel doblado. Conseguí sacar el papelito y ocultármelo en la manga.

Me lo llevé al cuarto de baño y lo desdoblé con rapidez, consciente de que ni siquiera en el cuarto de baño estaría tranquila, pues a los guardias les gustaba interrumpirnos en nuestros momentos más íntimos.

La nota decía, en la letra pequeña y picuda de Mijaíl:

Baja al sótano cuando todos los demás se hayan acostado.

La rompí en pedacitos que arrojé al defectuoso váter, temiendo que no desapareciesen y fuesen vomitados de nuevo. Después de tirar de la cadena tres veces me sentí lo bastante segura para salir del cuarto de baño e ir a sentarme con mamá, que tejía un jersey. Tenía ojeras. Me recibió con una lánguida sonrisa. Vi sobre la mesa el frasquito de Veronal, un vaso medio lleno de agua turbia —continuaba aumentando la cantidad de Veronal que tomaba al día, dando sorbos de un vaso de agua con diez o doce gotas de sedante— y varias cartas.

—¿Sabías, Tania, que hoy es San Eutimio? No… espera… creo que es San Alexis, o tal vez la fiesta de Nuestra Señora de…

Se interrumpió confusa, mientras se le marcaban unas arrugas de preocupación en la frente blanca.

—Lo tengo escrito en alguna parte —dijo antes de dejar la labor y ponerse a buscar algo en la manta que le cubría las piernas—. Da igual, no lo encuentro.

—¿Tu calendario?

—Sí, me refiero a mi calendario de santos y festividades.

—Creía que te los sabías de memoria.

Negó con la cabeza con una media sonrisa apesadumbrada en sus labios pálidos.

—Mi memoria… es tan mala últimamente…

Continuó con su labor, y observé que el dibujo de rayas blancas que atravesaba la lana gris estaba torcido; mamá, que siempre tejía con tanta precisión, con puntos uniformes e impecables y los colores en perfecta alineación, se estaba volviendo chapucera y descuidada.

—Debe de ser difícil tejer con los guantes puestos.

—Estoy acostumbrada, pero me duelen los dedos —dijo bostezando.

—¿Quieres que echemos luego una partida de pináculo?

—Si te apetece, querida… Tengo que escribir unas cartas… ¿Sabes, Tania, que hay una dama en esta población que me escribe cartas en eslavo eclesiástico?

—¿Puedes leerlas?

—Un poco, aunque me resulta fatigoso.

—Podrían ser importantes, ¿sabes? Podrían ayudarnos.

Pareció aturdida.

—No veo cómo —dijo—. Al principio pensé que podían proceder de mamá —añadió, animándose—. Aunque no creo que mamá aprendiese nunca eslavo eclesiástico.

Sabía que no tenía sentido intentar explicarle que las cartas podían ser de la Hermandad de San Juan (cuya existencia ignoraba) y que podían contener instrucciones o información alentadora. Me pregunté si las monjas leerían el viejo y oscuro idioma eclesiástico y si Georgi Kochetkov lo conocería o estaría en contacto con alguien que lo conociese.

Me pasé todo el día ilusionada y ansiosa, esperando las diez de la noche, hora en que solía acostarse la familia y también en que se retiraban casi todos los guardias, dejando solo a dos o tres hombres que se pasaban la noche dormitando junto a la estufa y a varios centinelas que vigilaban la puerta del sótano y la casa principal.

No se consideraba necesario apostar guardias en el exterior durante la noche; nos decían que, si alguien era lo bastante temerario como para aventurarse en el frío extremo de una noche siberiana sin estar preparado, su piel se congelaría en menos de un minuto y quedaría inconsciente un minuto después, cuando el frío hubiese penetrado en su frente.

«Baja al sótano», había escrito Mijaíl. Me puse toda la ropa que poseía, mis calcetines de lana y botas de fieltro, cogí un farol y bajé sigilosamente las escaleras hasta el sótano. Pisé el suelo de tierra helada y esperé.

Era un sótano sucio y húmedo que olía a moho, vacío salvo por un antiguo baúl del tamaño de un ataúd, con la tapa arrancada y las bisagras metálicas oxidadas. Sabía que Daria e Iskra estaban en una despensa cerrada con llave, al fondo de la habitación. No oí ningún sonido y pensé que debían de estar dormidas. Enfoqué el farol hacia las paredes. Como el suelo, eran de tierra helada. No había nada en la habitación que ofreciese un rastro de comodidad o carácter. Estaba oscura, desolada y vacía, con el vacío desalentador del frío extremo.

Poco después oí un sonido muy débil.

Al principio pensé que podía proceder de la despensa, pero luego me di cuenta de que sonaba más cerca. Parecía proceder del baúl destartalado.

Me acerqué al baúl, enfoqué el farol hacia él y atisbé el interior.

Estuve a punto de gritar cuando se repitió el sonido y el fondo de madera del baúl empezó a moverse. A continuación se levantó despacio, como si se moviese sobre unas bisagras.

—¿Tania?

—¿Mijaíl? ¡Por favor, di que eres tú, Mijaíl!

Con un crujido, la tabla de madera se levantó aún más. Pude ver un brazo cubierto de pieles y luego una cabeza, la cabeza de Mijaíl, revestida de gorro y bufanda, y por último la gruesa tabla cayó al suelo y el farol enfocó otras escaleras.

—Ven —dijo, extendiendo el brazo hacia mí.

Cogí su mano y le seguí por el ancho tramo de escaleras. Nos detuvimos para que cerrase el falso fondo del baúl sobre nuestras cabezas.

—Nunca adivinarás adónde lleva esto —dijo mientras seguíamos adelante.

Mi farol iluminaba el camino a lo largo de un pasadizo estrecho que conducía a la oscuridad.

54

*D*urante algún tiempo, pareció realmente que nuestra liberación estaba al alcance de la mano. El pasadizo por el que me condujo Mijaíl la noche que me reuní con él en el sótano de la Mansión del Gobernador llegaba hasta el del convento de Ivanovski.

¡Una vía de escape para todos nosotros!

Me explicó que las monjas le habían revelado la existencia del pasadizo, construido por el anterior gobernador de Tobolsk por si su familia y él necesitaban abandonar su casa deprisa en una emergencia. Nadie lo conocía, salvo Mijaíl y la docena aproximada de compañeros del Quinto Regimiento Circasiano que le habían seguido hasta Tobolsk. Ni el Fusil ni los guardias que nos atormentaban sospechaban su existencia.

—Entonces, ¡esta salida ha estado aquí desde que nos trajeron por primera vez aunque lo ignorábamos! —exclamé.

Mijaíl avanzaba delante de mí. El pasadizo era tan estrecho que mis hombros rozaban las frías paredes a cada paso.

—No supimos de él hasta hace unas semanas —dijo Mijaíl—. Las monjas no nos lo dijeron enseguida. Tenían que asegurarse de que podían confiarnos vuestras vidas.

Aun así me preguntaba: aunque toda mi familia alcanzase a través del pasadizo una seguridad temporal entre las monjas, ¿adónde iríamos una vez que llegásemos al convento?

El río estaba helado; no podíamos abandonar la población en barco. Intentar viajar por tierra en trineo era peligroso en invierno, aunque pudiesen proporcionarnos suficientes caballos de refresco. Esconder a nuestra familia en el sótano del convento sería inútil, pues habían puesto precio a la cabeza de papá, un alto precio de cinco mil rublos, según había oído Mijaíl en el mercado. Además, estábamos seguros de que, si intentábamos ocultarnos entre las monjas, se conocería nuestra presencia y alguien nos traicionaría.

La Hermandad de San Juan tenía respuesta para la pregunta de adónde iríamos: ¡no iríamos a ninguna parte! Georgi Kochetkov nos aconsejó quedarnos donde estábamos, congelándonos en la Mansión del Gobernador, hasta que comenzase el deshielo primaveral. Luego la Hermandad tomaría la ciudad y echaría a los bolcheviques. Cuando los bolcheviques se fueran, la Hermandad, actuando en nombre del pueblo ruso en conjunto, volvería a coronar zar a papá (tenían planes detallados para la coronación) y convertirían Tobolsk en el centro de un nuevo y glorioso reino de los Romanov.

Así pues, por el momento nos quedamos.

Mientras tanto, se acercaba la semana de la manteca. Los panaderos ya empezaban a vender los pastellillos llamados «alondras», en forma de pájaros, con finas patas de masa y pasas para los ojos, que anunciaban la Maslenitsa. En los rincones más cálidos de las granjas y las cocinas de la ciudad se batía la leche hasta convertirla en mantequilla y se hacía queso, mientras en la plaza del pueblo los carpinteros construían puestos en los que se vendían frutos secos, pan de jengibre y caramelos. Tobolsk se llenaba de visitantes para la fiesta; oíamos el tintineo de los cascabeles de los trineos en la calle con más frecuencia que antes, y sabíamos que el tráfico se incrementaba. También oíamos, aunque más débilmente, la música del carrusel pintado que subían desde su lugar de almacenamiento, en el sótano del ayuntamiento, y montaban, pieza por pieza, en la franja de tierra nevada de la plaza principal.

El Fusil encontró a dos de los guardias borrachos de vodka de pasas (una variedad que siempre abundaba durante la semana de la manteca) y ordenó irritado que les encerrasen en el sótano junto a Daria e Iskra. Les oíamos cantar con voz ronca mientras tomábamos nuestra escasa cena en el piso de arriba.

—¡No oiremos más cantos cuando lleven unos cuantos días sin comida! —exclamó el Fusil.

Pero continuaron cantando, hora tras hora, a pesar de sus órdenes, y Georgi nos susurró al recoger nuestros platos que los demás guardias desobedecían en secreto las órdenes del Fusil y les daban a sus camaradas encarcelados comida y más vodka.

Ya fuese porque se acercaban las festividades o por las crecientes desavenencias entre los guardias y su comandante de la Checa, era evidente que los guardias se volvían más negligentes e incluso desobedientes. No nos vigilaban tan de cerca como antes, y no parecía que les importase tanto lo que hacíamos o decíamos.

—¿Crees que es una trampa? —le pregunté a Mijaíl—. ¿Tratan de engañarnos, de hacernos creer que podemos hacer lo que nos apetezca, y luego, cuando hagamos algo malo, arrestarnos y enviarnos a Moscú?

—Lo ignoro, pero sí sé esto: los guardias se quejan de que llevan tres meses sin cobrar, y el Fusil trata de sustituirlos por miembros de la Guardia Roja procedentes de Ekaterinburgo, y ellos lo saben.

—Matar a la gente de hambre justo antes de la Maslenitsa no está bien —oí que le decía uno de los guardias a otro, refiriéndose a sus camaradas borrachos—. Nadie se merece eso después de lo que hemos tenido que afrontar este invierno.

—Quieres decir después de a quién hemos tenido que afrontar este invierno —murmuró su compañero con una sonrisa irónica.

Los dos soldados confinados siguieron recibiendo comida en secreto, y al cabo de una semana volvían a estar entre nosotros. No parecían más delgados que antes de su borrachera. Me pregunté por qué no castigaba el Fusil a quienes le habían desobedecido.

—Quizá se esté poniendo a tono —comentó Georgi mientras limpiaba nuestras habitaciones—. Aquí en Tobolsk celebramos un magnífico carnaval cada invierno. No solo hay mucha comida sino también numerosas diversiones. Obras de teatro y espectáculos, malabaristas y payasos, toda clase de intérpretes disfrazados. Todo el mundo lleva máscaras, incluso los vendedores de té y de dulces. No sería la semana de la manteca sin todo el teatro y los disfraces. Yo mismo me disfrazaré del zar Pedro el Grande.

—Ojalá nos dejasen participar y divertirnos —dijo Anastasia con nostalgia—. Quiero deslizarme por la montaña de hielo.

—Y yo quiero ir en trineo —añadió Alexis—. Hace mucho que no voy en trineo.

Mientras hablaba se frotó la rodilla y vi que la tenía algo hinchada.

—¿Te has dado algún golpe, Alexis? —le pregunté.

—Uno pequeño. Solo me duele un poco.

—Más vale que el doctor Botkin te eche un vistazo.

Pero a pesar de la preocupación y las limitadas atenciones del doctor Botkin, pues en realidad no había nada que pudiese hacer ningún médico por su enfermedad, la rodilla de Alexis continuó hinchándose, y al cabo de unas horas tenía la pierna entera rígida y dolorida. Al día siguiente, la tenía completamente hinchada y llena de sangre, y gemía de dolor.

Vinieron las monjas a rezar por él, y mamá envió a Sedinov a sostener el icono de san Simón Verjoturye sobre su fría cama. Mijaíl le contaba chistes y le hacía reír, aunque hacía muecas de dolor y tiritaba de frío. Todos hacíamos turnos para sentarnos junto a su cama. Era valiente y aguantaba mucho. Como solía suceder cuando sufría un ataque fuerte, no tenía apetito y mostraba una palidez alarmante.

Aunque trataba de apartar los pensamientos morbosos de mi mente, no podía olvidar que, cuando era mucho más pequeño, en todo momento había un ataúd preparado en su cuarto, forrado de terciopelo morado y decorado con pan de oro. Había sido heredero del trono de Rusia, y ahora solo era un prisionero del Comité Militar Revolucionario, un muchacho delgado de trece años que sufría, un muchacho cuya vida o muerte ya no tenía demasiada importancia fuera de su familia y que, si moría, yacería en una fosa común poco profunda.

55

—¡*D*espertad! ¡Levantaos! ¡Vestíos!

El Fusil tenía una voz agresiva; su chillido irritado nos atacó muy temprano una mañana fría y oscura, y supe enseguida que había ocurrido algo importante.

—¿Qué pasa? ¿Por qué tenemos que levantarnos?

Como de costumbre, ignoró todas las preguntas y concentró su energía en gritarnos groseramente a nosotros y a los guardias, que también se despertaron y se alinearon, preparados para obedecer sus órdenes.

Miré el reloj. Aún no eran las seis de la mañana.

Cuando nos lavamos lo más rápido posible con el cubo de agua de deshielo que había encima de la estufa y nos pusimos nuestras ropas, limpias aunque arrugadas, repasó nuestra indumentaria.

—¡Abrigos! ¡Gorros! ¡Botas!

Olga y yo nos miramos asombradas. ¡Íbamos a salir! Y, al parecer, no solo al patio, sino a las calles de la ciudad. ¡Un acontecimiento sin precedentes en todos aquellos meses! Pero ¿por qué? ¿Iban a llevarnos a juicio?

Hubo una discusión, primero por Alexis, que estaba demasiado enfermo para ser trasladado, y luego por la silla de ruedas de mamá, en cuya necesidad insistía ella, porque no podía caminar muy bien con la pierna mala. El Fusil se mostró insultante, mamá insistió, aunque su tono lastimero era mucho más débil que antes, y al final encontraron la silla y se le asignó a uno de los guardias la tarea de empujarla.

Cuando salimos, el frío nos asaltó con mucha más crueldad que la voz del Fusil. Por la avenida de la Libertad nos condujeron en un carruaje cerrado, entre el tintineo de los cascabeles, hasta un amplio edificio de dos pisos en el que nos hicieron entrar. Era el ayuntamiento.

En cuanto entramos, una bocanada de aire caliente nos sorprendió con su grato abrazo. Estábamos en una espaciosa sala iluminada con velas y con las paredes forradas de madera. Había en ella no una sino tres estufas, y nos sentamos agradecidos junto a la más cercana, deleitándonos con el calor inusual. La sala estaba llena de toscos bancos de troncos partidos; era evidente que esperaban a más gente.

Durante varias horas aguardamos allí mientras la habitación se llenaba despacio de ciudadanos que nos saludaban inclinando la cabeza, y en algunos casos arrodillándose brevemente ante papá. Había un estrado elevado en la parte de delante de la sala con varias mesas alargadas y una docena de sillas dispuestas a su alrededor. Unos hombres que parecían funcionarios del ayuntamiento tomaron asiento en el estrado. Observé que ninguno de los hombres tenía la mirada penetrante de los revolucionarios entregados ni parecía tan delgado y hambriento como ellos, y que tampoco poseían la energía brusca y nerviosa del antiguo primer ministro Kerenski. Al contrario, parecían gente próspera del campo que aún no se había visto afectada por los acontecimientos desestabilizadores de Petrogrado y más recientemente de Moscú, hombres y mujeres que todavía no habían empezado a apreciar la magnitud de la convulsión política que se producía entre ellos.

Noté cierta agitación en la sala, un murmullo de emoción. Entraron dos hombres. Caminaban uno junto a otro y saludaban con la cabeza al público mientras se aproximaban al estrado. Uno de los hombres era moreno y corpulento, y llevaba barba. Vestía la camisa áspera de un obrero y unos pantalones sujetos con un cinturón de cuerda. El otro, alto, rubio y guapo, con su blanco uniforme naval y su larga espada dorada… ¡era Adalberto!

Parpadeé y miré con mayor atención, pero no me equivocaba. Era Adalberto, sonriente y seguro de sí mismo. Su aspecto correspondía al príncipe que era, y además resultaba bondadoso a pesar del uniforme naval. Justo cuando empezaba a hacerme a la idea de la inesperada visión de Adalberto, me di cuenta de que él y su compañero venían hacia nosotros.

—Señor —dijo Adalberto, inclinándose ante papá y también ante mamá, que evitó mirarle a los ojos—. Y Tania. ¡Te has convertido en una mujer muy hermosa!

Con una amplia sonrisa, cogió mi mano y se la llevó a los labios, cosa que suscitó entre los curiosos un murmullo audible de sorpresa y aprobación.

Oh, no, pensé. Estoy demasiado delgada, mi ropa es de una sencillez vergonzosa, mi pelo necesita un arreglo y tengo la mano, esa pobre mano que besas, llena de sabañones.

—Esta hermosa mujer me hizo una vez el honor de considerar la posibilidad de convertirse en mi esposa —le decía Adalberto a su compañero—, aunque nos vimos separados por… circunstancias políticas.

—¡Qué lástima! —respondió el hombre de la barba, mirándome con tanta intensidad que no dudé que pretendía transmitir algo de vital importancia.

Su mudo mensaje solo podía significar una cosa: que la presencia de Adalberto en Tobolsk beneficiaría a nuestra familia.

—Me alegro mucho de verte, Adalberto —dije, dándole un beso en la mejilla en un gesto que confié en que fuese familiar—. Me alegro muchísimo.

—Querida Tania, tenemos que hablar cuando concluya esta reunión. Prométemelo.

—Si los guardias lo permiten.

—Creo que podemos convencerles —me aseguró el hombre corpulento con una leve sonrisa.

Adalberto y su compañero subieron los peldaños que llevaban al estrado y el público se levantó. El hombre corpulento se puso a cantar la «Internacional», el himno de la revolución, y varias voces se le unieron. Mi familia se mantuvo en silencio, aunque lamento decir que conocíamos bien la canción de tantas veces como se la habíamos oído cantar, silbar y tararear a los soldados. Incluso el Fusil la cantaba a gritos de vez en cuando.

Cuando terminó la canción todo el mundo volvió a sentarse, aunque el hombre corpulento permaneció en pie.

—Camaradas —empezó—, algunos de vosotros me conocéis, pero muchos de vosotros no. Permitid que me presente. Soy el comisario Iuri Piatakov. Me envía aquí el Comité Militar Revolucionario de Moscú, del cual soy miembro. Traigo a mi amigo el príncipe Adalberto, que viene no como nuestro adversario del Imperio alemán sino como emisario de futura paz y buena voluntad. Pero dejaré que sea él quien os lo aclare mejor. Camaradas, os presento al príncipe Adalberto. Traduciré sus palabras.

Un tibio aplauso acogió este anuncio mientras Adalberto se ponía en pie y empezaba a hablar. Oí que mamá susurraba en voz alta:

—¿Qué está haciendo aquí? ¿Qué quiere?

Como le fallaba el oído, habló más alto de lo debido y sus palabras fueron oídas. Vi que algunas de las personas sentadas cerca de nosotros la miraban con cara de perplejidad.

—Mis nuevos amigos rusos —comenzó Adalberto en tono cálido y sincero—, traigo buenas noticias. Se está alcanzando un acuerdo de paz entre el Comité Militar Revolucionario y las Potencias Centrales. Vuestro comisario Piatakov y yo, junto con otros muchos, tenemos el privilegio de trabajar como negociadores de esta paz tan esperada.

Se produjo una pausa mientras el comisario traducía al ruso las palabras de Adalberto.

Al principio no hubo respuesta del público, solo silencio, pero luego, poco a poco, surgieron unos cuantos aplausos que crecieron hasta convertirse en una ovación sonora y luego clamorosa. A nuestro alrededor, al ser conscientes de todo el alcance de aquellas palabras, las gentes se echaban a llorar abiertamente, se abrazaban y expresaban a gritos su aprobación. Algunos incluso se acercaron al estrado y extendieron los brazos hacia el comisario y Adalberto en un gesto de agradecimiento y buena voluntad.

Pero papá, que no solo llevaba su vieja camisa de soldado, los pantalones de color caqui y las rozadas botas de oficial, sino que ese día había añadido sus charreteras de oficial desafiando al Fusil y a nuestros guardias, permaneció sentado en silencio, con la cabeza entre las manos.

—Yo también me alegro —dijo Adalberto, volviendo a hablar cuando se apaciguó el griterío en la sala—, más de lo que os podéis imaginar. Cuando era joven, antes de que esta terrible guerra barriese Europa, era un hombre de paz. Vine a Rusia con la Joven Iniciativa de Paz, un grupo formado por personas de distintos países, de Francia, Suecia, Italia e incluso Inglaterra. Nos unía un objetivo común: ser un ejemplo vivo de cooperación entre países y nacionalidades, demostrar que podíamos entendernos y no provocar conflictos entre nosotros. Creía en esa misión. A pesar de todo lo que nos ha ocurrido a mí, a mi país y al vuestro, sigo creyendo en ella.

Hubo otra pausa mientras traducía el comisario y más aplausos.

—Y mi amigo Iuri, que también fue miembro de la Iniciativa de Paz y al que conocí en este país hace muchos años, cree en ella también.

Iuri tradujo y luego se inclinó ante Adalberto. Los dos hombres se abrazaron. Fue un momento tan emotivo que me sentí conmovida. Todos los ideales en los que quería creer pero que había apartado de mi corazón y mi mente, la bondad, la esperanza, la confianza, los estrechos vínculos humanos que se desarrollan y florecen cuando prevalece la generosidad, parecían vivos en aquella sala demasiado caldeada, y me permití volver a creer en ellos.

—Han cambiado muchas cosas desde que vine a Rusia por primera vez —decía Adalberto—. Serví a mi país en la guerra. Fui herido. Mi barco resultó alcanzado por un proyectil británico y se hundió bajo mis pies. Aquel aciago día perdí a muchos amigos, excelentes oficiales y marineros. A punto estuve de ahogarme. A lo largo de la guerra cumplí con mi deber... y tuve suerte. Sobreviví. Muchos de los que servían a mi lado no sobrevivieron. Al recorrer esta sala con la mirada, soy muy consciente de que muchos de los que estáis aquí perdisteis a hijos, hermanos y padres en la guerra. Se derramó mucha valiente sangre rusa. ¡Que nunca jamás vuelva a suceder!

—Nunca jamás, nunca jamás —murmuraron muchos, santiguándose.

—¡Nunca jamás! —se oyó un grito áspero procedente del fondo de la sala—. ¡Nunca jamás! ¡Qué tontería! ¡Despertad, camaradas! ¡En este momento, hoy, en este mismo día, los rusos luchan! ¡No contra los alemanes, sino entre sí! ¡Los ejércitos de los Blancos atacan, mueren los buenos revolucionarios! Este hombre, este alemán con su uniforme elegante, quiere debilitaros, ¡convertiros en viejas, en críos cobardes y pusilánimes!

—¿Quién es ese? —gritó Piatakov—. ¡Arrestadle de inmediato!

Era el Fusil, enfurecido por todas aquellas palabras de paz.

—¡No puedes arrestarme! ¡Me envía el sóviet de Ekaterinburgo para luchar por la revolución!

—¡Y a mí me envía Moscú para hablar de paz y ordenar tu arresto inmediato! —vociferó Piatakov.

Entre maldiciones y protestas, el Fusil fue detenido por los soldados que vigilaban la puerta y arrojado al frío exterior.

—Ahora —siguió el comisario—, podemos concluir nuestra reunión.

Se serenó, miró a Adalberto y volvió a hablar:

—Hace años, cuando era muy joven, estudié para sacerdote —dijo en tono confiado—. Ingresé en un seminario importante y me pasé años estudiando mucho, con la esperanza de ser digno de mi vocación. Ya no profeso el cristianismo de mi juventud. En cambio, he depositado mi fe en vosotros, el pueblo ruso, y en otros de opinión similar que esperan construir un futuro mejor para todos nosotros. Pero sigo rezando, no al Dios cristiano, sino a la humanidad. A lo mejor que hay en nosotros. Con ese espíritu, unámonos en solemne súplica.

Quienes me rodeaban inclinaron la cabeza. La sala quedó en silencio, salvo por los gritos débiles del Fusil, que evidentemente continuaba sus protestas fuera, en la calle.

—Gran espíritu de la esperanza que nos unes a todos —empezó el comisario—, concédenos valor para ver más allá de lo que nos separa. Únenos. Danos paz. Juntemos las manos, amigo con amigo. Que esas manos alcancen todo el mundo, hasta que todo conflicto acabe, incluso el conflicto que pueda surgir entre nosotros. Lo pedimos en nombre de la humanidad, amén.

Mientras hablaba, se oyó el rumor de las manos que se entrelazaban. Cogí la mano de Olga a un lado y la de María al otro. Fue un momento que no olvidaré mientras viva.

56

*M*e quedé rezagada mientras la gente que había en el ayuntamiento de Tobolsk salía de la reunión. Me pareció que tenían el rostro iluminado de esperanza y ánimo. Esperaba para hablar con Adalberto y se lo dije a papá, que me pareció tan desanimado como enardecidos estaban los ciudadanos de Tobolsk.

—Haz lo que quieras, Tania. Hoy es un día triste para Rusia. Un día de deshonor y pérdida.

—Pero al menos habrá una paz honorable.

Papá negó con la cabeza. En sus finos labios se dibujaba una sonrisa irónica.

—Yo no estaría tan seguro. Vamos, niñas —les dijo a mis hermanas.

Echó a andar despacio hacia la salida, empujando la silla de ruedas de mamá.

—¡Es un escándalo! —oí que murmuraba ella—. ¡Me sorprende ver a ese muchacho aquí! ¡Un escándalo!

—Estoy convencida de que Adalberto ha venido para organizar nuestra liberación —le susurré a papá—. Sin duda es un consuelo.

—¿Un alemán? ¿No sabes, Tania, que los alemanes nos han robado casi la tercera parte de nuestro país? ¡Y la más rica! ¡Puedes estar segura de que su robo constará en tu dichoso tratado de paz! Y en lo que respecta a tu amigo Adalberto, sospecho que, en el mejor de los casos, está confundido. Los bolcheviques le utilizan para conseguir sus propios objetivos.

—Lo sabré cuando hable con él.

No había rastro del Fusil, pero nuestros guardias se adelantaron para llevar a la familia de regreso a la Mansión del Gobernador.

—La muchacha se queda —les gritó Iuri Piatakov a los guardias desde el estrado.

Alcé la mirada y vi que Adalberto me hacía señas para que subiese los peldaños y me reuniese con el comisario y con él.

—Has pronunciado un discurso precioso —le dije después de subir al estrado.

—Me ha salido del corazón.

—Pero ¿has visto cómo ha reaccionado papá? Se ha vuelto cínico. Desconfía de todo el mundo, incluso de ti. Y mamá ni siquiera te ha mirado. Me he sentido avergonzada por los dos.

—Entiendo cómo se siente. La derrota de Rusia ha herido su orgullo. Sin duda se siente responsable.

—Pero le obligaron a abdicar —dije—. No fue él quien perdió la guerra.

—¿No? Reconoce la verdad, Tania. Era un mal comandante, y empeoró a medida que avanzaba la guerra. Fue él quien permitió que Rusia cayese en la ruina, porque no hizo nada para impedirlo.

Aunque me dolía reconocerlo, sabía que Adalberto tenía razón y asentí.

—Pero la responsabilidad de la guerra no es solo suya —añadió—. Mi padre tiene que responder de mucho más. Él fue el agresor. Igual que cuando nos conocimos en Cowes, y mi padre intimidaba a los demás navegantes para que compitiesen contra él y así poder ganarles.

—Ganarles haciendo trampas.

—Sí.

Nos miramos, ambos afligidos, ambos llenos de tristeza.

—¡Parece que haya pasado mucho tiempo!

—Ahora no es necesario mirar atrás; solo debemos mirar hacia delante —dijo Piatakov—. De nada nos servirá buscar culpables. Además, estamos aquí en Tobolsk para hablar de otra cosa, ¿no es así?

Asentí una vez más.

—Eso espero.

—Aquí podemos hablar con libertad, me he asegurado... Tania, el Comité de Moscú está dividido acerca de cómo ocuparse de su familia. Es una decisión dura y debe tomarse pronto. Adalberto me asegura que puedo ser sincero, que es usted lo bastante valiente para afrontar la verdad. ¿Es eso cierto?

Respiré hondo.

—Sí —dije.

—Bueno, pues aquí está. Hay muchos que quieren eliminar a su familia lo antes posible. También hay otros, como yo, que quieren sencillamente sacarles de Rusia con garantías de que no cooperarán con ningún individuo o gobierno que pueda intentar restaurar el gobierno de los Romanov. Pero siempre surge el razonamiento de que, vivan donde vivan, ya sea en Siberia, Londres o Dinamarca, pues estos son los tres lugares más probables, atraerán una enorme publicidad y solidaridad, y todas las fuerzas que odian nuestra revolución se agruparán en torno a su padre y su hermano como heredero de este. Aunque dé su palabra de no reunirse con ellas ni alentarlas, se convertirá inevitablemente en su abanderado. Reunirán dinero, comprarán armas, reclutarán o contratarán combatientes. Su padre se convertirá en una causa, y nosotros, el Comité de Moscú, pareceremos demonios.

—Sin duda ya lo parecen por deponer a mi padre y mantener a nuestra familia en tan miserable cautiverio.

—Mi opinión personal es que si organizamos la liberación de su familia pareceremos clementes. Además, salvaremos muchas vidas.

Vacilé por un momento, sin saber si debía confiarles al comisario y a Adalberto lo que sabía sobre la Hermandad. Al final me decidí.

—Eso ya está ocurriendo. Existe un grupo…

Piatakov se echó a reír.

—Así que ha oído hablar de la Hermandad. Lo sabemos todo sobre ellos. No debe tomarles en serio. Son solo un grupo de viejos llenos de fantasías de gloria militar. Sus armas están oxidadas y no tienen la menor idea de cómo luchar contra un ejército de verdad, desde luego no contra nuestro Ejército Rojo. ¿Ha oído que tienen miles de miembros, miles de partidarios?

—Sí.

Él se rió por lo bajo.

—Sueños vanos, sueños vanos, como decía su padre hace años acerca del sueño de la democracia en Rusia.

Sin embargo, luego se endureció su expresión.

—La Hermandad no es ninguna amenaza para nosotros ni lo será nunca. Pero hay otros que reúnen armas peligrosas y reclutan a hombres jóvenes y capaces de luchar. Los gobiernos extranjeros les alientan e incluso les apoyan. Me temo que ese impulsivo que hablaba de guerra a gritos desde el fondo de esta sala tenía razón. Rusia se encuentra en guerra contra sí misma, y la guerra se extenderá. La revolución ya está sufriendo ataques. Se acerca el día del juicio final. Antes de que llegue ese día, estoy decidido a asegurarme de que su familia sea enviada a un lugar seguro.

—Por eso estoy aquí, Tania —intervino Adalberto—. He venido con una escolta de soldados, no miembros de la Guardia Roja. Esperan en Tiumén. Tengo troikas para llevaros allí.

—¿Cuándo podemos partir?

—Ah, ese es el problema —dijo el comisario—. Tengo que convencer al sóviet de Ekaterinburgo de que os deje marchar. Y acabo de arrestar a uno de sus miembros más vehementes.

—Le llamamos el Fusil. Es cruel, incluso con sus propios hombres. No deja de amenazar con traer a miembros de la Guardia Roja para que nos vigilen.

—Puede ser necesario que se las arreglen para salir de Tobolsk sin su permiso, sin el permiso del sóviet de Ekaterinburgo. ¿Pueden hacerlo?

—No lo sé. Lo intentaré.

—Hay que hacerlo deprisa, Tania. No sé durante cuánto tiempo puedo seguir manteniendo a los soldados aquí en condiciones seguras.

—Haré lo que pueda. Las monjas del convento de Ivanovski vienen cada día a la Mansión del Gobernador. Llevan mensajes para nosotros. ¿Dónde puedo encontrarle?

—Adalberto y yo estamos alojados en la casa del alcalde —dijo Piatakov—. Sin embargo, el alcalde no debe enterarse de nuestro plan. Cuando ustedes escapen, le echarán la culpa a él.

—Entiendo.

Miré al comisario, con sus ojos ardientes y su espesa barba, y recordé que había dicho que de joven fue seminarista.

—Comisario —dije—, usted estudió para el sacerdocio. Dígame, ¿sabe leer el eslavo eclesiástico?

—Lo he estudiado, sí, pero no lo domino. ¿Por qué lo pregunta?

—Mi madre ha estado recibiendo notas anónimas en un idioma que le parece eslavo eclesiástico, pero no puede leerlo. Aquí tiene una.

Me saqué un trozo de papel del bolsillo y se lo entregué a Piatakov.

—Dice:

Un mensaje espera. MM. Ivanovski.

—El convento de Ivanovski. Pero ¿qué significa MM?

No tenía la menor idea, pero decidí preguntárselo a las monjas. Adalberto y el comisario me llevaron al convento en su trineo y esperaron mientras hacía mis indagaciones.

—¿Tienen un mensaje de alguien llamado MM o de algún grupo que pueda llamarse MM? —le pregunté a la hermana que salió a recibirme.

—¿La *stárets*?

—Quizá. Solo MM.

—Hay una anciana *stárets* que vive en una pequeña isba en nuestros jardines. Tiene ciento diez años y se acuerda de Napoleón. Nunca sale de su isba. ¿Le gustaría conocerla?

—Sí, gracias.

—Venga esta noche, después de vísperas.

Cuando volví a la Mansión del Gobernador le envié un mensaje a Mijaíl pidiéndole que se reuniese conmigo en el sótano del convento al anochecer. Justo cuando estaba oscureciendo me las arreglé para bajar al sótano de la mansión y luego recorrer el frío y oscuro pasadizo que conducía al convento.

Mijaíl me estaba esperando. Ilusionada, le conté todo lo que había ocurrido ese día.

—¡Por fin! —exclamó, casi gritando—. ¡Ayuda de verdad, por fin! Y un comisario de buen corazón. ¿Es posible?

Me echó los brazos al cuello y yo le abracé fuerte.

—No creo que Adalberto pueda depositar su confianza en un traidor.

—Parece demasiado bueno para ser cierto. Debemos estar muy seguros.

—Ese es uno de los motivos por los que quería venir aquí, conocer a esa mujer que le ha estado enviando notas a mamá.

Nos mostraron el camino hacia la pequeña cabaña de troncos donde la *stárets*, que se llamaba María Mijáilovna, pasaba los días. Los jardines del convento eran muy extensos y la pequeña cabaña estaba oculta dentro de un bosquecillo, por lo que resultaba invisible desde la iglesia y los alojamientos de las monjas. Aunque nos habíamos abrigado en lo posible contra el frío, tiritábamos mientras avanzábamos por la nieve con faroles que oscilaban en nuestras manos. Al cabo de un rato llegamos y llamamos a la puerta.

—Entrad, niños —dijo una voz aguda y estridente.

Entramos y cerramos rápidamente la puerta a nuestras espaldas. Una sola vela ardía en la humilde habitación. Su luz era tan débil que apenas podíamos distinguir el cuerpo pequeño y frágil de la *stárets* tendido en la cama. Nunca había visto a nadie tan viejo. Tenía la cara tan arrugada y ajada como una pasa, rodeada de una aureola de pelo blanco. No obstante, cuando acercamos nuestros faroles y nos sentamos junto a la cama, vimos que era una cara dulce de ojos jóvenes y brillantes, con una sonrisa bondadosa y reconfortante.

La *stárets* extendió su delgada mano para bendecirnos.

—Sentíos jubilosos, novia sin corona y novio —dijo—. La guerra termina, los hombres buenos la están terminando. Sobreviviréis, os casaréis y tendréis muchos hijos. No viviréis en Rusia.

Señaló el guardapelo que yo llevaba al cuello colgado de una cadena. Lo abrí y me incliné para mostrarle las dos pequeñas fotografías que contenía, fotografías de mis padres, hechas en tiempos de su compromiso, muchos años atrás.

—La pesada cruz está sobre ellos —dijo, con voz vacilante—. No tienen que temerla, sino recibirla con alegría. Es su destino sagrado.

Al oír las palabras de la anciana mi corazón se volvió de piedra.

—No, no, debe estar equivocada. Ya no hay pesada cruz, ni fatalidad. Van a rescatarnos muy pronto.

Los ojos de la *stárets* se entristecieron. Sacudió su pequeña cabeza.

—Son los mártires Nicolás y Alejandra.

Fui tropezando hasta la puerta de la isba y salí. Mijaíl no tardó en seguirme.

—Solo es una anciana, Tania. No sabe qué ha pasado hoy. ¿Cómo podría saberlo?

Sin embargo, yo solo podía sacudir la cabeza y repetir «no, no» una y otra vez, en un vano intento por negar la fuerza de las palabras de la *stárets*.

—Acuérdate de la vara, Tania. Creíste que era especial, bendecida por el padre Grigori, y por eso te recuperaste. Pero solo era una vara. ¡Te curaste a ti misma! No des poder a las visiones sombrías de esta mujer creyendo en ellas. Cree en ti misma, en mí, en tu amigo Adalberto y en el comisario. Piensa que tu familia y tú estaréis pronto fuera de Tobolsk y de camino a la libertad, ¡y sucederá!

57

*M*e pasé toda esa fría noche despierta, dándoles vueltas y más vueltas a los acontecimientos de aquel largo día. La esperanza, la promesa de rescate y la escalofriante profecía de la anciana *stárets*. Traté de obligarme a pensar en términos prácticos y lógicos. ¿Cómo podía arreglármelas para sacar clandestinamente a mi familia de la Mansión del Gobernador y llevarla a algún lugar seguro en el que pudiésemos reunirnos con Adalberto y sus soldados? ¿Cómo podía hacerlo sin despertar las sospechas de nuestros guardias o alertar de nuestros planes al alcalde de la ciudad?

Tenía la certeza de que deberíamos dejarlo todo atrás. Sin embargo, eso no debía importarnos. Lo único importante era salvar nuestra vida.

Pensaba y pensaba, y cada vez que se me ocurría un posible plan también empezaba a ver razones por las que no funcionaría. Por fin, cuando iba a amanecer, caí en un sueño agotado.

Soñé con la libertad, con correr por el bosque en una cálida tarde de verano sin nadie que me detuviese o coartase. Soñé con la vieja *stárets*, tendida en su cama, ajada y moribunda. Luego soñé con los juerguistas que había visto mientras Adalberto y el comisario me acompañaban por las calles de camino al convento. Había muchos, gente vestida con fantásticos trajes de carnaval, pájaros, peces, vacas, monstruos míticos, la terrible bruja Baba Yaga y otros personajes de cuentos populares rusos. Llevaban máscaras muy elaboradas, pintadas y decoradas con plumas, lentejuelas, bocas sonrientes y largas narices puntiagudas.

En mi sueño estos personajes inverosímiles eran criaturas juguetonas, alegres y descontroladas, pero luego el sueño se volvió pesadilla y las figuras disfrazadas se convirtieron en furias que me perseguían aullando por la calle.

Aterrorizada, desperté sobresaltada.

Me incorporé en la cama, temblando, y recorrí con la mirada la habitación que compartía con mis hermanas, diciéndome que lo que me había asustado no era más que un sueño y que todo a mi alrededor era como de costumbre. Una vela ardía junto a la cama, sobre una mesita en la que guardaba mi Biblia y el álbum de fotos que me había llevado de Tsárskoie Seló con mis imágenes favoritas de nuestra familia.

Me puse a hojear el álbum. Allí estábamos de pequeñas, Anastasia en el regazo de mamá, María apoyada contra su silla, yo sentada a sus pies y Olga de pie junto a ella, todas muy solemnes. Estaban la abuela Minnie y la tía Ella, y una fotografía del *Standart* en Cowes. Una foto en particular atrajo mi atención. Era de nuestra familia entera en traje medieval, vestida para un baile de disfraces.

De pronto se me ocurrió una forma de escapar de nuestros guardias y reunirnos con nuestros salvadores.

Si nos permitiesen participar en las festividades por un día, o incluso unas horas, disfrazados (¿podrían las monjas confeccionarnos disfraces?), tal vez pudiésemos desaparecer y perdernos entre la multitud. Pero, por supuesto, estaríamos demasiado vigilados para eso; los guardias nunca nos perderían de vista.

¿O sí? Pensé que había un lugar en el que serían reacios a seguirnos. No querrían entrar en la catedral. Al principio de nuestro cautiverio, cuando nos permitían ir a misa, los guardias nos acompañaban a la iglesia pero nunca entraban. ¿Era porque todos los revolucionarios eran ateos? ¿Lo hacían para mostrar desprecio por las autoridades eclesiásticas? No lo sabía. Pero parecía razonable suponer que, si entrábamos en la catedral para un oficio, no nos seguirían al interior, sino que esperarían junto a la puerta o en los escalones hasta que volviésemos a salir.

¿Había alguna forma de que pudiésemos escapar cuando estuviésemos en la catedral? Georgi lo sabría. Tendría que preguntárselo. Mientras tanto, tendría que pensar en una forma de obtener permiso para asistir a la Maslenitsa.

Volví a acostarme y no tuve más pesadillas. A la mañana siguiente esperé que las monjas nos trajesen nuestras cestas diarias de comida, confiando en la posibilidad de que Mijaíl estuviese con ellas. Le di una nota para que se la llevase al comisario en la casa del alcalde. A continuación fui en busca de Georgi y encontré un lugar en el que pudiésemos hablar sin ser vistos. Le dije que el comisario Iuri Piatakov y su amigo el príncipe Adalberto ofrecían a nuestra familia una forma de escapar.

—La Hermandad está en contra, Tania. Estoy seguro de que su padre también lo está. Un plan ideado por dos jóvenes idealistas que desconocen lo cruel y traicionero que puede ser el mundo real. Será mucho mejor para su familia esperar a que se funda el hielo y nuestras fuerzas puedan tomar la ciudad como hemos estado planeando.

—No hay tiempo para eso. La mayoría de los miembros del Comité de Moscú en el poder quieren matar a nuestra familia. Piatakov es uno de los pocos que desea salvarnos.

—O eso dice.

—Voy a seguir su consejo. Y ahora necesito el suyo. La Hermandad y usted conocen la catedral mejor que nadie. Dígame, ¿hay alguna salida secreta? ¿Alguna salida que a nuestros guardias no se les ocurriría vigilar?

Reflexionó unos momentos.

—Hay una salida desde el campanario hasta el tejado. Solo la conocen los campaneros, porque casi nunca se necesita. También está la carbonera, pero no es lo bastante grande para que se escondan en ella más de una o dos personas. Para salir se requeriría ayuda desde el exterior, pues la rampa es empinada. ¿Por qué lo pregunta?

Le dije lo que estaba pensando, que si nuestra familia, disfrazada, pudiese asistir a las fiestas, tal vez pudiésemos escondernos en la catedral, donde tendríamos la seguridad de que los guardias no nos vigilarían, y esperar una oportunidad para escapar por alguna salida poco conocida.

Se quedó pensativo.

—Creo que no deberían hacerlo, Tania. Creo que deberían ceñirse al plan original. Pero, si insiste, ¿por qué no hacemos que otros ocupen su lugar? Entonces podrían entrar y salir libremente de la catedral, y los guardias no se enterarían.

—¿Cómo funcionaría eso exactamente?

—Ustedes entrarían disfrazados, y luego otros se pondrían sus disfraces y saldrían. Los guardias seguirían a los otros, sin darse cuenta de quiénes son.

—¡Si es perfecto!

Estuve a punto de besar a Georgi de tanto como me complacía su sugerencia. ¿Por qué no se me había ocurrido a mí?

—Pero como no creo que les den permiso, solo es un sueño.

Exacto, quise decir. Esto es un sueño, mi sueño de la noche anterior. Pero recordé que el sueño se había hecho pesadilla.

A pesar de la aprensión y el pesimismo de Georgi, se produjo el resultado que yo esperaba. En la nota que le envié a Iuri Piatakov a través de Mijaíl, le pedía al comisario que ordenase a nuestros guardias que nos dejasen celebrar la Maslenitsa con los ciudadanos por un día. Hizo lo que yo pedía, y el Fusil, barbotando furioso y muy ofendido por su arresto temporal el día de la reunión en el ayuntamiento, nos informó que a nuestra familia, más Daria e Iskra, se nos permitiría salir de la Mansión del Gobernador en la mañana del último día del carnaval, con una escolta de guardias, y que tendríamos que regresar esa noche a las diez en punto.

—Y si no regresan, ¡mandaré fusilar a cien ciudadanos de Tobolsk! ¡Les mataré yo mismo! —amenazó, sacando la pistola y agitándola en el aire—. ¿Lo oyen? ¡Les mataré!

Tenía cinco días para prepararlo todo y me puse manos a la obra.

En primer lugar estaba la cuestión de nuestros trajes. Me senté con mi cuaderno de dibujo y dibujé un arlequín, una oropéndola, una princesa del hielo, etc., un traje para cada uno de nosotros. Luego hablé con nuestras infalibles ayudantes, las monjas. ¿Podían confeccionar dos juegos de los trajes que yo había dibujado, uno para nosotros y otro para quienes ocupasen nuestro lugar, teniendo en cuenta nuestra estatura (nos conocían bien) y haciendo las prendas lo bastante holgadas para que no hiciese falta probárselas? Me aseguraron que sí, y que los trajes estarían acabados a tiempo para que los llevásemos el último día de la Maslenitsa. Necesitaríamos máscaras para acompañar cada traje, y sabía que Mijaíl podía comprarlas en el mercado.

Georgi se mostró tan sorprendido como consternado cuando le dije que nos habían dado un día de permiso; me di cuenta de que esperaba que mi plan no tuviese éxito. No obstante, era sincero en su deseo de vernos libres y de ser útil. Dijo que su familia y él ocuparían nuestro lugar; tenía incluso dos nietos de una estatura similar a la de Alexis y la pequeña Iskra.

¡Alexis! Hasta ese momento no me había detenido a considerar qué dificultades nos causaría su reciente ataque cuando hubiese que asistir a los festejos. Mi hermano había comenzado a recuperarse, y caminar ya no le resultaba completamente imposible. Sin embargo, no podía andar demasiado, y el día de la fiesta tendría que ir en brazos casi todo el tiempo.

—¿Su nieto será capaz de imitar la cojera del zarevich? —le pregunté a Georgi—. ¿Se acordará de hacerlo?

—Es muy listo y sabe lo importante que es su papel.

Aunque todo parecía ir sobre ruedas, a medida que pasaban los días sentía una persistente inquietud. La anciana *stárets* había profetizado que mis padres serían mártires. No podía librar mi mente de esa idea penosa, por más que lo intentase. Me obligué a pensar en la racionalidad firme y reconfortante de Mijaíl. Tenía razón al recordarme que la vieja religiosa no podía saber nada de Adalberto o sus soldados, ni del deseo sincero del comisario de que nos sacasen de Rusia para llevarnos a un lugar seguro. Mijaíl tenía un buen sentido común. Me estaba asustando por una quimera.

No obstante, era hija de mi madre, y mi crédula y supersticiosa madre siempre había depositado su confianza en los mensajes del más allá. Desde mi nacimiento estaba acostumbrada a tener a mi alrededor a curanderos y adivinos, y a oír hablar a mamá de iconos que lloraban y visiones maravillosas. Sin duda algunos eran farsantes, yo misma lo había visto. Pero no todos. Y sin duda la anciana María Mijailovna, que aguardaba la muerte tendida en su oscura cabaña, no podía tener motivo alguno para mentir acerca de lo que veía en el futuro.

Recé temblando mientras esperaba a que llegasen las primeras luces de nuestro día de permiso.

58

$\mathcal{E}$ra el último día de la Maslenitsa, y salimos de la Mansión del Gobernador de uno en uno, vestidos con nuestras galas de carnaval y tiritando por el gélido aire de la mañana. Papá, vestido de arlequín, salió primero, seguido de mamá, de rojo y oro, como imaginativa oropéndola. Yo era una plateada doncella de la nieve; Olga, una gata vieja y peluda; María, un curioso perro con manchas; Anastasia, un príncipe rana verde. La pequeña Iskra, vestida de gatito blanco con una larga cola y bigotes canos, daba saltos impaciente junto a su madre —una princesa del hielo toda de blanco—, y me quedé atónita al ver que las semanas de encierro en el sótano no habían hecho mella en su buen ánimo infantil. Alexis, con un disfraz de oso pardo que llevaba una corona dorada en la cabeza, iba en los fuertes brazos de Mijaíl, pero estaba ansioso por bajar y caminar, y mientras avanzábamos por la avenida de la Libertad, rodeados de nuestro cordón de guardias uniformados, se zafó de Mijaíl y echó a andar a trompicones para ver a los malabaristas y comprar avellanas y pan de jengibre en los puestos callejeros.

En cada esquina, ventrílocuos y actores cómicos, de pie en escenarios de madera construidos apresuradamente, divertían a la multitud; se burlaban de todo, incluso de la revolución y su política de dar tierras a los campesinos y pan a los hambrientos. Vi que nuestros guardias fruncían el ceño al oír algunos de aquellos chistes irreverentes, pero casi siempre se reían, comían blinis bañados en mantequilla y los remojaban con vodka de limón y pimienta, sin perdernos de vista en ningún momento.

Gracias a nuestros trajes estábamos en perfecta armonía con los centenares de personas que paseaban entre los puestos de comida y escenarios, las atracciones, trineos decorados y recintos preparados para el baile y la música. Había muchos arlequines, oropéndolas, princesas del hielo y animales grotescos, muchos Scaramouche como Mijaíl. Y es que los disfraces, al fin y al cabo, eran la mitad de la diversión de un carnaval; oculto tras una máscara, uno podía hacer lo que se le antojase. Las inhibiciones se dejaban a un lado, el instinto tomaba el poder. Salvo por los omnipresentes guardias, éramos libres de gritar, brincar, comer en exceso e incluso pelearnos.

Las peleas a puñetazos en grupos eran el sello característico de la Maslenitsa y nos paramos a mirar a los jóvenes desvestidos y sudorosos, en ropa interior a pesar del frío, que se peleaban entre sí, pegando y dando patadas y puñetazos como locos descontrolados. Cada vez que se arreaba un golpe decisivo o que un combatiente mareado se alejaba tambaleándose, ensangrentado o cojo, la multitud gritaba de entusiasmo. Después de quedarse mirando durante unos diez minutos, dos de nuestros guardias se arrancaron el uniforme y se les unieron. En la bronca que siguió, ambos hombres lanzaron unos cuantos puñetazos descontrolados y consiguieron herir a algunos de los otros luchadores, pero al final sucumbieron y abandonaron el tumulto para regresar junto a nosotros. Uno se apretaba el estómago y el otro se sujetaba la cabeza ensangrentada.

Los guardias heridos les dieron palmadas y puñetazos a los demás, exigiendo saber por qué no habían acudido en su ayuda.

—¿Cómo íbamos a hacerlo? Tenemos que vigilar a estos Romanov.

—Al diablo con ellos. El Fusil no está aquí ahora.

—¿Y si se escapan? Nos echarían la culpa y nos fusilarían.

—Pues yo digo que, como no nos paguen, no tienen derecho a fusilarnos.

—Y yo digo que habéis sido unos tipos valientes y os merecéis una recompensa —intervino Mijaíl, ofreciendo unos vasos altos de vodka a los dos guardias que habían participado en la pelea.

Cogieron el ardiente vodka y se lo bebieron.

Alexis e Iskra pedían a gritos ir al tiovivo y fuimos a buscarlo; nuestros guardias heridos volvieron a ponerse el uniforme y nos siguieron con paso cansino. Mientras contemplábamos cómo giraban los niños en el mecanismo a toda velocidad, mamá se quejó de que le dolía la pierna.

—¡Entonces siéntate, oropéndola! —contestó en tono áspero uno de los guardias—. ¡O vete volando!

Los demás se rieron burlonamente. Papá ayudó a mamá a llegar hasta un banco, donde se sentó con los brazos cruzados y con el ceño fruncido hasta que el tiovivo dejó de dar vueltas. Daria fue a sacar a Iskra de la atracción antes de que se detuviese del todo. La niña se sujetaba la cabeza.

—Está mareada. Necesita acostarse. La llevaré a casa de su tía Niuta.

Y se alejó sin esperar permiso de los guardias, llevando a Iskra de la mano.

—Regresa en media hora —gritó uno de los hombres a sus espaldas, pero su orden desganada se perdió en la música del carrusel.

Nos paramos a contemplar un oso bailarín y pensé en Lavoritia y la noche en que habían estado a punto de rescatarnos de Tsárskoie Seló. Esa noche, nuestro rescate, cuidadosamente planeado, había fracasado. ¿Tendríamos éxito esta vez? ¿Sería aquel nuestro tan ansiado día de libertad? Así lo esperaba.

Justo después del tiovivo habían creado una enorme montaña de hielo. María y Anastasia se subieron a la cima y bajaron deslizándose. Alexis también quería bajar deslizándose.

—No —replicó papá—. Sabes que puedes hacerte mucho daño.

—Hoy se acaba el carnaval. No podré hacerlo hasta el año que viene.

—Entonces tendrá que ser el año que viene.

Alexis siguió protestando y engatusando a papá. Mamá continuó quejándose de su pierna dolorida. Olga, que de pronto creyó ver a su vieja conquista Víctor entre la multitud, salió corriendo para hablar con él y se puso a chillar cuando tres de los guardias fueron tras ella y la trajeron de vuelta de malos modos.

Era demasiado para papá, que se acercó al puesto más cercano en que vendían vodka de muchos sabores y pidió grosella al metro.

Vi cómo colocaban la fila de vasitos brillantes en el mostrador del puesto y el vendedor llenaba cada uno con el oscuro líquido fragante. Beber vodka aromatizado «al metro» era una vieja costumbre, consistente en que un hombre (nunca había visto intentarlo a una mujer) probase su fortaleza bebiéndose toda una hilera de un metro de longitud de vasos llenos de licor. Exigía un estómago fuerte y casi siempre suscitaba aplausos y cantos entre los curiosos.

Miré a Mijaíl mientras mi padre empezaba a beber de los vasitos y quienes nos rodeaban empezaban a aplaudir y animarle. Tanto Mijaíl como yo intuimos que se avecinaban problemas. Demasiado bien sabíamos que cuando se sentía abrumado papá bebía en exceso, y luego se aislaba en un silencio somnoliento. Necesitábamos que estuviese alerta, no atontado, pero no nos atrevíamos a decirle por qué. No nos atrevíamos a contarle lo que iba a suceder esa noche, sabiendo que su reacción sería negativa.

Animé a María y Anastasia a distraerse participando en un concurso para ver quién podía comer más blinis. Anastasia, que siempre tenía hambre, participó con avidez, y la delantera de su traje verde de príncipe rana no tardó en quedar embadurnada de mantequilla. María también se puso a comer blinis, aunque a un ritmo más moderado y sin ponerse tan perdida. Al poco rato se alejó para contemplar a dos hombres que echaban un pulso. Papá y mamá fueron a sentarse uno junto a otro en un banco, y fue entonces cuando me di cuenta de que Alexis había desaparecido.

Supe enseguida dónde debía de estar: deslizándose por la montaña de hielo, desafiando las órdenes de papá.

—¡Mijaíl! Creo que Alexis ha vuelto a la montaña de hielo. ¡Tenemos que impedir que trate de subir a ella!

Corrimos con todas nuestras fuerzas hacia el brillante montículo transparente que se elevaba por encima de todas las demás construcciones de la ciudad. Había niños trepando por la parte posterior de la empinada construcción, arrastrando trineos, agarrándose a las cuerdas y subiendo por los peldaños tallados en el hielo. Cuando llegaban a la cima, se tendían en sus trineos y bajaban a toda velocidad por la cara resbaladiza de la montaña, chillando de emoción y miedo hasta que chocaban contra la nieve y se detenían.

Al principio no vimos a Alexis, y por un momento pensé que podía haberme equivocado acerca de su desobediencia; confié en que tal vez hubiese ido solo a comprar pan de jengibre o a buscar a Olga, que se había separado de nosotros para tratar de encontrar a Víctor. Pero entonces, al dar la vuelta hasta la parte posterior de la montaña, vi el marrón peludo de su disfraz de oso y la reluciente corona dorada. Tenía que ser Alexis. Cojeaba mucho, apenas podía arrastrarse hasta la cima. Evidentemente había tomado prestado un trineo, y hacía lo posible por subir con él.

Con una agilidad que nunca dejaba de asombrarme, Mijaíl alcanzó la montaña en un momento, abriéndose paso entre la multitud de niños que ascendían para tratar de llegar a la cima antes de que Alexis tuviese tiempo de subirse al trineo. Estaba a punto de conseguir su objetivo cuando vi horrorizada que Alexis se encontraba de pie en la cima del montículo, se tendía en el trineo y luego desaparecía de mi vista al iniciar el descenso.

Eché a correr hacia la parte anterior del montículo sobre la nieve helada y resbaladiza. Llegué justo a tiempo de ver cómo Alexis se desplomaba dibujando una mancha marrón contra la nieve y chillando de dolor.

59

*P*oco antes de las seis de la tarde cruzamos las altas y talladas puertas dobles de la catedral de San Juan de Tobolsk sin que nos acompañasen nuestros guardias, que se quedaron fuera, en los anchos peldaños de madera. Todos estábamos cansados y hambrientos, pues aunque el día había sido emocionante también había sido muy largo y tenso. Nuestros guardias, cada vez más borrachos, se mostraban agresivos, limitando más y más dónde podíamos ir y qué podíamos hacer, e incluso le habían negado a Mijaíl el permiso para volver a la Mansión del Gobernador a buscar al doctor Botkin cuando Alexis se hizo daño deslizándose por la montaña de hielo.

Olga estaba irritable, Anastasia tenía náuseas de tanto comer blinis, Alexis sufría, y mamá, lamento decirlo, necesitaba urgentemente sus gotas de Veronal (que no se había acordado de traer), por lo que estaba quejosa y con los nervios a flor de piel. No obstante, el carnaval tocaba a su fin, era la víspera de la Cuaresma y todos los creyentes piadosos estaban obligados a asistir a la misa. Resultaba impensable no acudir al oficio.

En cuanto ocupamos nuestros asientos se nos acercó un hombre con disfraz de arlequín.

—Georgi Kochetkov, de la Hermandad de San Juan, para servirle, padrecito —le susurró a papá—. Y mi familia también —añadió, señalando un grupo de figuras disfrazadas que se hallaban en una capilla lateral cercana.

Papá dirigió la vista a la capilla, se volvió hacia otro lado y a continuación miró de nuevo. Allí había una oropéndola de color rojo y anaranjado, una gata gris, una plateada princesa del hielo, un oso pardo con una corona dorada… En resumen, un duplicado de cada uno de nosotros.

—¿Qué es esto? —dijo en voz alta—. ¿Qué están…?

—Ven conmigo, papá, y te lo explicaré —le interrumpí.

Le llevé hacia un arco por el cual se veía el hueco de una escalera que ascendía. Supuse que sería la escalera que llevaba al campanario, desde el cual podríamos salir al tejado.

—Tengo que decirte algo muy importante. He esperado hasta ahora porque quería asegurarme de que todo saldría según lo planeado. Siento haberte ocultado el plan, pero he creído que debía hacerlo. Por favor, perdóname, papá.

Era difícil conocer su reacción, pues la máscara lo ocultaba todo salvo su mirada. El ligero temblor de su voz revelaba su fatiga y las secuelas del metro de vodka que había bebido hacía horas.

—Continúa, Tania.

—Georgi y su familia están aquí para ocupar nuestro lugar, de forma que en vez de volver a la Mansión del Gobernador a las diez podamos quedarnos aquí en la iglesia hasta que Adalberto y sus hombres nos rescaten. Todo está preparado.

—¿Y el plan que tenía la Hermandad de atacar Tobolsk en gran número?

—Nunca fue más que una esperanza. Además, el comisario dice que corremos mucho más peligro de lo que creemos. Tenemos que irnos ahora si queremos salvarnos.

Vi que se tambaleaba un poco y extendí el brazo para sujetarle.

—Tengo que pensar. Tengo que pensar —murmuró.

—Papá, tienes que actuar. Podemos hablar más después. Por ahora, tienes que volver con los demás y decirles sin titubeos que vengan a esta escalera, sin hacer ruido ni llamar la atención. Ahora mismo. Mijaíl te ayudará.

Vaciló.

—No confío en ellos, Tania. En tu Adalberto y ese comisario.

—Me parece que son los únicos en los que podemos confiar ahora.

—Esto no me gusta —dijo, pero volvió donde aguardaban los demás.

Yo me quedé donde estaba, observando. La catedral se llenaba, los miembros del coro ocupaban sus puestos. Algunos de los fieles iban vestidos con la ropa abrigada que habrían llevado a cualquier misa importante, pero la mayoría iba con sus galas de carnaval, lo que daba al acontecimiento un aire surrealista e incluso grotesco. Éramos personas reales, atrapadas en circunstancias reales y muy peligrosas. No obstante, al mismo tiempo éramos seres fantásticos, criaturas de cuento de hadas en un mítico reino de fantasía. Dobles cuerpos, dobles seres.

Desde mi posición ventajosa, me di cuenta de que papá tenía dificultades para convencer a los otros de abandonar el santuario y venir al hueco donde yo esperaba. Al final Mijaíl se separó de los demás, llevando a Alexis en brazos, y poco después vino papá sujetando a mamá, que parecía irritable y remisa, como un niño revoltoso. María, Anastasia, Olga y Daria les seguían caminando con desgana, Daria recorriendo la vasta nave con mirada escrutadora. No vi a Iskra y supuse que seguiría con Niuta y Nikandr.

Por fin estuvimos todos juntos al pie de la escalera y vi que Georgi y su familia se habían unido a los feligreses, situándose donde había estado mi familia.

—¡Tania! ¿Qué ocurre? —quiso saber Olga.

—Subiremos al campanario, donde podemos estar seguros.

—¿Cómo? ¿Por qué?

—¿Te refieres a esos peldaños? —se oyó la voz quejumbrosa de mamá—. ¡Sabes que no puedo subir esos peldaños!

—Te ayudaremos, mamá.

—¿Qué ocurre? —preguntó María—. No entiendo nada.

—Cuando lleguemos a nuestro lugar de destino, os lo explicaré.

Alexis, que hasta entonces había permanecido en silencio, empezó a gemir en ese momento.

—Le subiré a él primero —dijo Mijaíl mientras empezaba a subir con Alexis en brazos.

—Id con él —les dije a todos—. Yo iré la última y ayudaré a mamá.

Sin embargo, cuando papá y yo intentamos iniciar el ascenso con mamá entre nosotros, cogiéndola cada uno de un brazo, ella se liberó de un tirón y temí que se pusiera a gritar, como hacía cuando se sentía nerviosa e incómoda.

—¡No! ¡Me quedo aquí!

Y se sentó en los peldaños negándose a moverse.

Había empezado el oficio y las voces del coro llenaron la catedral, entonando las armonías tradicionales de la misa cantada. Aquella música etérea pareció calmar a mamá, que escuchaba en silencio.

Pero cuando poco después intentamos convencerla de empezar a subir otra vez, continuó sentada donde estaba. Parecía una oropéndola desaliñada y abatida a la que hubiesen cortado las alas (su traje se había deteriorado durante las actividades del día), con la cabeza gacha, indiferente. En ese momento Mijaíl se agachó y, al verla desfallecida y sin fuerzas, le habló con dulzura:

—Deje que la ayude a subir las escaleras, señora —empezó, aunque ella se retorció para que no pudiese sujetarla—. Las escaleras son el camino del rescate... de la libertad —añadió en un susurro.

Al oír esto se puso alerta y se irguió.

—¿Quieres decir que van a sacarnos de este lugar horrible?

—Sí. Esta misma noche.

—Pero no llevo mis cosas.

—Se nos proporcionará de todo.

—¡No! ¡Mis iconos! ¡Mi Veronal! ¡No puedo marcharme sin él!

Pero antes de que pudiese seguir protestando, Mijaíl la había cogido entre sus brazos y subía las escaleras tan rápido como podía. Papá y yo le seguimos.

En la parte superior del campanario había una pequeña habitación redonda, fría y vacía salvo por siete campanas, cuyo tamaño iba de grande a enorme, que colgaban de un artilugio metálico. Nuestras voces resonaban de forma sobrecogedora, mientras subía de abajo el sonido del coro.

No había dónde sentarse, excepto el polvoriento suelo de piedra.

—Ahora, Tania, dinos qué ocurre —exigió Olga después de dejarse caer.

—Sí, dínoslo —dijeron María y Anastasia casi al mismo tiempo.

—La verdad, es muy sencillo. Todo lo que tenemos que hacer es quedarnos aquí, aquí mismo, hasta la medianoche, momento en que Adalberto vendrá a buscarnos, con una escolta de soldados y tres troikas. Los centinelas de la ciudad vuelven a casa a medianoche. Habrá unos cuantos hombres de guardia, pero se mostrarán compasivos con nosotros. Nos dejarán ir donde queramos.

—¿No nos perseguirá el Fusil? —preguntó Alexis.

—No sabrá dónde encontrarnos.

—Cuando termine la misa —añadió Mijaíl—, a los guardias les parecerá que salimos de la iglesia, pero quienes saldrán serán otros vestidos igual que nosotros. Los guardias les seguirán creyendo que somos nosotros.

—Cuando se den cuenta de su error nos habremos ido —acabé, sonriendo ante la idea.

Anastasia se apretó el estómago.

—Voy a vomitar —dijo.

—¡No vomites encima de mí! —exclamó Olga, apartándose y tirando de su peludo traje—. ¡Eres una asquerosa! Ya llevas la ropa manchada de mantequilla. Ahora también la mancharás de vómito.

María se quedaba traspuesta.

—¿Cómo sabrá Niuta adónde llevar a Iskra ahora? Le dije que estaría en el santuario, no en el campanario —dijo Daria, angustiada.

—Puedes esperarla desde el tejado —sugerí, recorriendo la habitación circular con la mirada en busca de la puertecilla de la que me había hablado Georgi, la que dijo que llevaba al tejado.

No era fácil de hallar. No era una puerta propiamente dicha, sino una especie de trampilla, pintada del mismo verde mate que las paredes. Se abría desde arriba y no tenía tirador. Apenas era lo bastante ancha para que una sola persona lograse colarse por ella. Cuando traté de abrirla no pude.

—Debe de estar helada —dijo Mijaíl, y vino a ayudarme.

Sacó su kinjal, que llevaba sujeto a la cintura, bajo el disfraz de Scaramouche, y utilizó la hoja para retirar el hielo que se había formado en torno a los bordes de la puerta.

—¿Cuánto tenemos que esperar? —preguntó María.

—No mucho. Solo hasta medianoche.

—¿Tenemos comida?

Daria sacó un poco de pan de jengibre envuelto en una bolsa.

—He comprado esto para Iskra —dijo, dándole el pan de jengibre a María—. Puedes quedártelo.

Mi hermana lo desenvolvió y se lo comió.

—Estoy segura de que Niuta e Iskra no tardarán en estar aquí

—le dije a Daria—. No pierdas la esperanza. Tal vez Niuta haya decidido esperar a que termine la misa antes de venir a reunirse contigo.

—¿Por qué iba a hacer eso?

No tenía respuesta para esa pregunta, y en realidad yo también estaba preocupada, aunque trataba de no demostrarlo.

Aun así, hasta ese momento nuestro plan estaba funcionando. Papá se mostraba desconfiado, pero no se resistía. Supuse que estaría pensando, como acostumbraba a hacer, que todo estaba en manos de Dios. Mamá dormitaba con la cabeza sobre el hombro de Olga. La pobre Anastasia estaba echada con la espalda contra la fría pared de piedra. María se divertía jugando al tejo bajo las grandes campanas de hierro, evitando las cuerdas que colgaban de ellas a través de unos agujeros en el suelo y tarareando en voz baja la canción del coro.

Se oyó un chasquido cuando Mijaíl consiguió cortar el hielo que quedaba alrededor de la trampilla y la abrió. Daria se coló de inmediato por ella y salió a esperar a su hermana.

Me dije que solo faltaban unas horas. Solo unas horas, durante las cuales los guardias seguirían a Georgi y su familia, creyendo que éramos nosotros. Mientras tanto, solo tendríamos que esperar, seguros, a que llegasen nuestros salvadores.

60

*T*odos dormitábamos cuando oímos disparos, los gritos airados de muchos hombres y un repentino y atronador estruendo en el santuario de abajo.

—¡Han entrado! —dijo Mijaíl, mirando su reloj—. Son las diez y media. Han venido a buscarnos. ¡Rápido! ¡Salgamos al tejado! ¡Allí no nos encontrarán!

Las campanas empezaron a sonar sin previo aviso. El sonido era tan ensordecedor que nos dolían los oídos y, llevados por el instinto, echamos a correr escaleras abajo con la intención de escapar de él.

Mijaíl me agarró del brazo.

—¡No! ¡No, Tania! ¡Por ahí no! ¡Salgamos al tejado! ¡Es nuestra única posibilidad!

Pero su voz casi se perdía en el estrépito, y además mamá chillaba fuerte y sin parar. Se oyeron más estruendos procedentes de abajo, pero los disparos habían disminuido.

—¡Romanov! ¡Romanov! ¡Sabemos que estás ahí arriba! ¡Baja de inmediato! —dijo una voz áspera que no era la del Fusil.

Papá sacudía la cabeza como para expulsar de sus oídos heridos las dolorosas vibraciones de las horribles campanas. Los gritos de mamá parecieron hacerse aún más fuertes.

—¡Romanov! ¡Baja si no quieres que subamos ahí y te fusilemos! ¡Sabemos que tu familia está ahí contigo!

—¡Entrégate —se oyó otra voz desabrida— si no quieres que arrasemos Tobolsk y matemos a todos sus habitantes!

—¡Oh, no! ¡Oh, no! —gritaba mamá una y otra vez.

Mijaíl me tiraba del brazo, Alexis luchaba por levantarse del suelo y mis hermanas, paralizadas de miedo, miraban a papá, sin duda esperando que les dijese lo que debían hacer.

—¡Paren ese tañido! —gritó papá—. ¡Paren ahora mismo!

De forma sorprendente, las cuerdas se aflojaron. Las campanas interrumpieron su apremiante repique.

Papá empezó a bajar despacio las escaleras.

—Quítate la máscara, Romanov —dijo la voz áspera.

—Pero ¡no sois nuestros guardias! —respondió papá—. ¡Exijo saber quiénes sois!

—¡No es cosa tuya quiénes somos, explotador!

—¿Sois aquellos a los que llaman miembros de la Guardia Roja?

—¡Nos ha enviado el sóviet de Ekaterinburgo para arrestaros a todos!

—¿Os envía el comisario, Iuri Piatakov? —preguntaba papá.

—El traidor Piatakov ha sido fusilado. Nos envía el nuevo sóviet. ¿Dónde están los demás miembros de tu familia?

—No son importantes para vosotros. Llevadme a mí. Dejad que los demás se vayan.

—Mis órdenes son arrestaros a todos vosotros. Marido, mujer, un hijo y cuatro hijas.

Entonces no saben que Mijaíl, Daria e Iskra están con nosotros, pensé. ¿Qué les ha ocurrido a Georgi y su familia? ¿Dónde están los guardias de la Mansión del Gobernador?

—Si no venís todos ahora mismo quemaremos la ciudad, empezando por este lugar de superstición. ¡Antorchas!

Oí rumor de pasos. Me pareció percibir olor de humo, aunque tal vez fuese mi imaginación a causa del miedo.

—¡Salvajes! —gritó papá.

—¡Tú eres el salvaje, explotador! Te lo digo por última vez, venid ahora mismo o Tobolsk será destruida.

—¡Tania! —susurró Mijaíl en tono apremiante—. ¡Tienes que venir!

Daria entró por la trampilla tiritando.

—Hay mucha gente en la calle —dijo—. Ha venido cuando las campanas han empezado a sonar. No veo a Niuta. ¿Qué será de mi Iskra? —se preguntó llorando.

—¡Silencio! —dije—. Papá se está entregando. No saben que Mijaíl y tú estáis aquí. ¡Vuelve a salir!

—Pero ¿qué sucede? ¿Dónde están los demás?

Mamá, Alexis y mis hermanas habían empezado a bajar las escaleras, siguiendo a papá. Sentí el fuerte impulso de ir con ellos, pero Mijaíl me sujetó con fuerza.

—¡Silencio! —nos susurró a Daria y a mí—. ¡No habléis! ¡No os mováis!

—¡Todos vosotros! —gritó la voz áspera—. ¡Quitaos las máscaras ahora mismo! ¿Dónde está la cuarta hija?

Lancé un grito ahogado.

—Está enferma —oí que decía papá—. No está aquí.

—¡Mentiroso! ¡Muéstranosla si no quieres que os fusilemos a todos!

Liberé el brazo de un tirón, pero Mijaíl volvió a agarrarme enseguida.

—¡No! ¡No debes hacerlo! ¡Debes esperar a Adalberto, en el tejado, con Daria y conmigo!

En los larguísimos momentos de incertidumbre que siguieron, vi que Daria se quitaba la máscara. Tenía la cara extrañamente serena. Empezó a bajar las escaleras.

—Estoy aquí —dijo—. Ya bajo.

—¿Daria? —murmuré, pero entonces Mijaíl me tapó la boca con la mano.

—¡No! ¡Deja que se vaya! ¡Deja que se vaya!

Daria se volvió hacia mí.

—Sé que Iskra ya no vendrá —dijo en voz baja—, pero no puedo marcharme de aquí sin ella. Iré en su lugar. Que Dios le acompañe, Tania. Gracias.

No puedo describir la angustia que sentí al oír sus pasos mientras bajaba por las escaleras. Habían ocurrido demasiadas cosas en poco tiempo. Dejé que Mijaíl me llevase sin hacer ruido hasta la trampilla y hasta el tejado. El viento recio me azotaba la cara, que enterré en el pecho de Mijaíl. Este me condujo al lado resguardado de la torre y nos refugiamos juntos del viento y del horror que se desarrollaba dentro de la iglesia. Poco a poco me fui entumeciendo, hasta que ya no pude sentir nada en absoluto. No podía soportar permitirme reaccionar ante lo que estaba ocurriendo. Ni siquiera podía soportar llorar al observar, desde el tejado, mientras los miembros de la Guardia Roja ataban las manos de sus nuevos prisioneros, mi querida familia, y se los llevaban en mitad de la noche.

61

*N*unca volví a ver a mi familia.

Mijaíl y yo nos refugiamos entre las monjas, en la diminuta isba donde la *stárets* María Mijailovna terminaba su larga vida. Pero no nos atrevimos a permanecer mucho tiempo allí. Al cabo de unos días Georgi Kochetkov nos llevó a un granero de un pueblecito junto al Irtish, donde pasamos la Cuaresma escondidos en el henil.

Nos casamos en ese pueblo, un soleado día de primavera.

Aunque no teníamos anillo y yo no tenía vestido de novia, Mijaíl me hizo una corona nupcial con heno del pesebre y entretejí en ella unas campanillas, primeras flores de aquella primavera. Nos arrodillamos ante el sacerdote del pueblo, que no tenía ni idea de que estaba uniendo a Mijaíl Gamkrelidze de Daguestán, descendiente lejano del rey de Imeretia, y Tatiana Romanova, hija del antiguo zar Nicolás II.

En nuestra noche de bodas, pasada entre las vacas que mugían y los caballos que resoplaban, Mijaíl y yo nos abrazamos con una pasión nueva para mí. Había disfrutado muchas noches maravillosas entre los brazos de Mijaíl, pero había algo nuevo en el fuego que despertó entre nosotros después de convertirnos en marido y mujer.

Tras estar prisionera durante tanto tiempo, era libre de pronto; tras verme obligada a ocultar y reprimir mis emociones mientras vivía entre guardias y soldados, entonces dejé que se desataran, dando rienda suelta como nunca a mi deseo por Mijaíl y a mi alegría al hacer el amor. Él sentía la misma locura, y cuando tras muchas horas de placer nos tendimos el uno junto al otro, contemplando los primeros colores débiles del alba que iluminaban el cielo, nos miramos, ruborizados y exultantes, riendo y abrazándonos de puro gusto.

¿Cómo podía sentir tanto placer sabiendo que mi familia se hallaba en las brutales manos de los miembros de la Guardia Roja, ante un futuro incierto y con un peligro presente muy real? No tengo respuesta para eso, aunque he examinado mi corazón una y otra vez. Todo lo que puedo decir es que era una joven enamorada y felizmente casada, y que cuando yacía entre los brazos de mi marido, labio contra labio, corazón contra corazón, miembro contra miembro, encontraba un bálsamo para mi espíritu herido, y tanto él como yo encontrábamos esperanza.

Era una esperanza que íbamos a necesitar en los días que se avecinaban.

A finales de la Cuaresma supimos que mi padre, mi madre y mis hermanos habían sido llevados a Ekaterinburgo y entregados al sóviet regional de los Urales.

La historia recorrió toda Rusia oriental, pues era un relato sensacional: la huida del antiguo zar y su familia, y la dramática captura de aquellos pretendidos traidores por parte de los heroicos miembros de la Guardia Roja.

Sin embargo, era una historia incompleta. Yo sabía que era incompleta, pues nada se decía de mi huida. A mí no me habían capturado. Daria había ocupado mi lugar. Yo, por mi parte, me limité a tomar su nombre y asociarlo con el apellido Gradov, adoptado por mi marido.

Repetía mi nuevo nombre, mi nueva identidad, cien veces al día. Ya no soy Tatiana Romanova, soy Daria Gradov. Me decía que, mientras me obstinase en esa nueva identidad y la verdadera Daria continuase interpretando el papel de Tatiana, la segunda hija del antiguo zar estaba segura.

Nadie me perseguiría. Nadie me encontraría.

Pero el temible sóviet regional de los Urales era implacable en sus juicios, como continuamos descubriendo por las escasas crónicas que nos llegaban. Los bolcheviques de Ekaterinburgo se mostraban despiadados con todos aquellos a los que veían como traidores. En mis peores horas temí que con el tiempo los miembros de la Guardia Roja llegasen a perseguirme, me encontrasen y nos matasen a Mijaíl y a mí. Supongo que era este miedo, en parte, lo que hacía que el tiempo que pasábamos juntos fuese tan agradable y tan valioso.

Nos enteramos de que reinaba la confusión en Ekaterinburgo. Rusia se hallaba realmente en un estado de guerra civil, tal como había insistido en gritar a pleno pulmón el Fusil en el ayuntamiento de Tobolsk. Los revolucionarios bolcheviques trataban de aferrarse a su nuevo poder y los monárquicos, los Blancos, intentaban recuperar todo lo que se había perdido desde el comienzo de la revolución. En aquel verano, el verano de 1918, un ejército Blanco se aproximaba a Ekaterinburgo.

Se avecinaba una tormenta, una tormenta terrible.

Cuando los camaradas de Mijaíl en el recientemente reconstituido Quinto Regimiento Circasiano cruzaron Tobolsk de camino hacia el este, decidimos abandonar la seguridad de nuestro pueblo remoto y unirnos a ellos a pesar del riesgo que asumíamos, confiando en que las fuerzas de los Blancos volviesen a tomar la ciudad y en que mi familia fuese liberada.

Llegamos demasiado tarde. Antes de que pudiésemos alcanzar Ekaterinburgo, los bolcheviques, entre ellos el temible Fusil, decidieron actuar.

Apenas soporto escribir lo que ocurrió. Pero el mundo lo sabe. El mundo lo sabe desde hace muchas décadas. Mi padre y mi madre, mis hermanas Olga, María y Anastasia, y mi hermano Alexis, junto con algunos de nuestros criados, fueron fusilados en el sótano de la casa en la que les habían encarcelado.

Fue una matanza cruel y despiadada de personas inocentes y sé que quienes la llevaron a cabo están ardiendo en el infierno, hasta el último de ellos.

Lo que el mundo nunca ha sabido hasta ahora es que Daria, hermana de Niuta y amiga mía, también murió asesinada, porque los miembros de la Guardia Roja creyeron que era Tatiana.

Albergo la esperanza de que, al morir, mis familiares recordasen que yo no estaba con ellos y abrigasen la confianza de que estuviese libre y viva.

Mijaíl me ha dicho muchas veces que no debo sentirme culpable por haber sobrevivido y porque las personas más cercanas a mí no lo hiciesen. «Si tu padre estuviese aquí —me dice Mijaíl—, diría:

"Tania, mi querida Tania, hiciste bien en seguir adelante, en salvarte. Yo pensaba seguirte. No debes llorar mi muerte"». Papá se alegraría por cada día de vida que he tenido. Diría: «Mi querida Tania, todo está en manos de Dios».

Hago lo posible por recordar eso mientras contemplo el icono de san Simón Verjoturye colgado en mi pared e imagino que llora por todo lo que ha ocurrido, y mientras miro la pulsera de oro que llevo en la muñeca y que nunca me he quitado desde que mamá me la regaló cuando tenía diecinueve años. La he llevado, y siempre la llevaré, en memoria de mi querida mamá, aunque ahora tengo la muñeca carnosa de una anciana rechoncha.

Desde ese día de julio de 1918 en que murió mi familia he llevado su sangre y sus esperanzas. Todos los males que se desencadenaron en Rusia cuando era niña ya se han agotado, y el pueblo ruso, que aún es mi pueblo a pesar de todos los años que llevo viviendo en Canadá, puede respirar libre. Me felicito de su libertad, como me he felicitado todos estos años de la mía. Mi esperanza es que mis hijos, nietos y bisnietos se enorgullezcan de ser quienes son, descendientes de emperadores, y recuerden con amor a la familia que nunca conocieron. Mi familia. La familia de Tatiana Romanova, también conocida como Daria Gradov, hija del zar Nicolás II de Rusia y de la zarina Alejandra.

Y ahora le escribo a todo aquel que lea este relato de mi vida, recordando en todo momento a mi querida familia y agradecida por haberme salvado: todo está en manos de Dios.

Epílogo

Cuando murió mi tía Niuta, hallé entre sus papeles la historia de Tatiana Romanova sobre su familia y su propia huida, y tras mucho pensar decidí divulgarla.

No sé con exactitud cómo o cuándo tuvo ocasión la antigua gran duquesa de enviarle su historia a mi tía, o cuándo supo siquiera que esta había sobrevivido. Puede que mantuviesen correspondencia o que otros habitantes de Pokróvskoie que escaparon de la revolución y del amargo período que le siguió llegasen hasta Canadá y se pusieran en contacto con la mujer que decía llamarse Daria Gradov.

Ignoro si Tatiana hubiese querido compartir su historia con el público. El tiempo sobre el que escribe parece ahora muy lejano, y la historia en sí no resulta fácil de creer, aunque yo la creo de principio a fin. Mi tía Niuta hablaba a menudo de la familia a la que sirvió; se enorgullecía de haber servido al zar, aunque solo se atrevía a decírnoslo a mi tío Nikandr y a mí. Muchos detalles de la historia eran cosas que ella me había contado. Además, el icono, la pulsera de oro y el pequeño joyero de terciopelo que acompañaban el manuscrito son de la época anterior a la revolución. Lo sé; los hice autentificar antes de devolvérselos a los parientes de Tatiana —o sea, Daria— que viven en Yellow Rain.

No sé si al mundo le importará saber que una de las hijas del último zar sobrevivió, pero a mí sí me importa. Y es que, al fin y al cabo, tal como ella dice en su manuscrito, ayudó a traerme al mundo en aquella lejana época de antes de la revolución, en la clínica para trabajadores de la ciudad de las chimeneas, y le estoy agradecida.

ISKRA MELNIKOVA

Nota al lector

Aunque en esta ficción histórica la heroína Tatiana sobrevive hasta una edad avanzada y cuenta su extraordinaria historia, la verdadera Tatiana Romanova no sobrevivió. Fue ejecutada con su familia en Ekaterinburgo en 1918, y todas sus esperanzas, proyectos y amores murieron con ella.

La hija del zar es una recreación imaginativa de la historia de Tatiana, con muchos personajes y acontecimientos inventados y añadidos al contexto histórico. Ficción y realidad se entrelazan en esta narración; Mijaíl Gradov es un personaje imaginario, así como Daria, Constantin y otros. Lo que espero que surja de este cúmulo de invención es una imagen del mundo de Tatiana Romanova y de la oscuridad que se cerró sobre él al término de su breve vida. La verdadera Tatiana no pudo escapar de esa oscuridad, pero la de ficción la superó, y vive en estas páginas y en nuestro corazón.

Este libro ha sido impreso en los talleres
de Novoprint S.A.
C/ Energía, 53 Sant Andreu de la Barca
(Barcelona)